素质教育系列丛书

财经就业指导

主　编◎唐树伶　王海燕
副主编◎吕　昕　张春青　高　艳　高　焕

電子工業出版社
Publishing House of Electronics Industry
北京·BEIJING

内容简介

本教材以“面向就业、服务财经、思政导向、关注学生”为原则，以河北省第二届精品在线开放课程“财经就业指导”建设成果为基础，以高职财经专业岗位需求调研为起点，结合高职学生的特点及其在求职择业中的实际问题，精选职场中的经典案例，构建了六大项目，分别为：知人者智，自知者明——自我认知；恒心铁杵磨成针——岗位能力；磨刀不误砍柴工——前期准备；横看成岭侧成峰——心理调适；真刀真枪上战场——职场演练；知彼知己，百战不殆——就业政策与权益保护。每个项目下又设置了若干任务，将就业知识点与职场实际情况对接，帮助学生分析就业形势，明确自身条件、特点、职业目标、岗位能力，力求为财经学子打通就业“最后一公里”。

本教材可作为财经专业的教学用书，也可作为初入职场的社会学习者完善自我的精神食粮。

图书在版编目（CIP）数据

财经就业指导 / 唐树伶，王海燕主编 . —北京：电子工业出版社，2023.4

ISBN 978-7-121-45119-5

Ⅰ . ①财… Ⅱ . ①唐… ②王… Ⅲ . ①大学生－就业－高等职业教育－教材 Ⅳ . ① G647.38

中国国家版本馆 CIP 数据核字（2023）第 033182 号

责任编辑：张云怡　　　特约编辑：田学清
印　　刷：天津画中画印刷有限公司
装　　订：天津画中画印刷有限公司
出版发行：电子工业出版社
　　　　　北京市海淀区万寿路 173 信箱　　　邮编：100036
开　　本：787×1092　1/16　印张：15.5　字数：387 千字
版　　次：2023 年 4 月第 1 版
印　　次：2023 年 4 月第 1 次印刷
定　　价：59.00 元

凡所购买电子工业出版社图书有缺损问题，请向购买书店调换。若书店售缺，请与本社发行部联系，联系及邮购电话：（010）88254888，88258888。

质量投诉请发邮件至 zlts@phei.com.cn，盗版侵权举报请发邮件至 dbqq@phei.com.cn。

本书咨询联系方式：（010）88254573，zyy@phei.com.cn。

前言

随着大数据、人工智能时代的到来，云计算、财务共享中心、财务机器人、区块链、风险预警等新兴信息技术应运而生。这些新兴信息技术在给企业带来高效和便捷的同时，也引发了财经学子“就业慌”的现象，出现了“一毕业，就失业”“一岗难求”“本科生一操场、硕士研究生一礼堂、博士研究生一走廊”的求职流行语。面对这种严峻的就业形势，如何让高职学生在职场中占据一席之地、在求职路上少走弯路，成了值得思考的问题。基于此，本团队致力于打造《财经就业指导》教材。

本教材以“面向就业、服务财经、思政导向、关注学生”为原则，以河北省第二届精品在线开放课程“财经就业指导”建设成果为基础，以高职财经专业岗位需求调研为起点，结合高职学生的特点及其在求职择业中的实际问题，精选职场中的经典案例，构建了自我认知、岗位能力、前期准备等六大项目。每个项目下又设置了若干任务，将就业知识点与职场实际情况对接，帮助学生分析就业形势，明确自身条件、特点、职业目标、岗位能力，力求为财经学子打通就业“最后一公里”。

本教材的特色如下。

一是打破固有模式，创新教材体例。本教材以“感官认知、趣味引领”为出发点，对就业指导理论知识进行了重构，设计了六大项目，每个项目中又设置了思政导读、学习目标、思维导图、案例导入、项目小结、课后测试题等内容，以满足当前职业教育改革对高职教材的易学性和数字化的需要。

二是丰富教材资源，拓展学习空间。本教材运用了大量的图片、表格、案例等资源，并将微课、视频、动画、测试、在线测评等设置成二维码的形式，实现纸质教材与在线学习资源的融合，启发学生对就业指导理论知识的感知意识，增强知识的可读性与应用性。

三是融入思政元素，深化财经素养。本教材挖掘了专业知识中的思政元素，将正确的价值观和就业观“基因式”地融入课程。课程主题为“内正其心，外正其容”，并将思政元素融入每个项目，如自我认知（千里之行，始于足下）、岗位能力（尊重自己的岗位，成就美丽的人生）、前期准备（凡事预则立，不预则废）、心理调适（业精于勤，荒于嬉；行成于思，毁于随）、职场演练（一技在手，走遍天下）、就业政策与权益保护（先入为主不可取，多方论证是关键），旨在培养学生具备良好的思想道德素质，使学生成为具有正确的职业观和社会责任感、自律诚信、爱岗敬业的新时代财经人。

本教材由唐山职业技术学院唐树伶教授、王海燕副教授担任主编，唐山职业技术学院吕昕副教授、张春青副教授、高艳老师，以及河北恒达会计服务有限公司高焕总经理担任副主编。其中，项目一由张春青编写，项目二和项目五由王海燕编写，项目三由吕昕编写，项目四由高焕编写，项目六由高艳编写，全书由唐树伶统稿和定稿。

由于编者水平有限，书中难免存在不足之处，敬请广大师生批评、指正。

目录

项目一 知人者智，自知者明——自我认知

项目音频导学

思政导读

《道德经》第三十三章中说：“知人者智，自知者明。胜人者有力，自胜者强。知足者富。强行者有志。”意思是，能够了解别人的人只能算是聪明，能够了解自己的人才算是真正的有智慧。能够战胜别人的人只能算是有力，能够战胜自己的人才算是真正的强者。能够知足且淡泊财物的人才算是真正的富有。能够自强不息的人才算是真正的有志气。

启示

大学生要真正了解自己，明确自身优势和劣势，在人生的不同阶段知道自己追求的目标，清楚自己要做的事情，这是就业的前提和基础。

学习目标

素养目标

- 热爱生命，阳光自信，对自身优势和劣势及以后要从事的职业有明确的认识；
- 对自身的能力有清晰的认识，能够在学习和工作中主动提升核心能力；
- 树立符合实际的职业价值观，将个人价值融入社会价值。

知识目标

- 掌握老虎、海豚、企鹅、蜜蜂、八爪鱼五种先天特质的的人的特点；
- 掌握职业能力的构成，及时更新知识结构；
- 理解 12 类职业价值观。

能力目标

- 能分析自身优势和劣势，在工作和生活中扬长避短；
- 能根据社会的发展和专业的需要，及时更新核心能力；
- 能结合自身实际，确立正确的职业目标。

思维导图

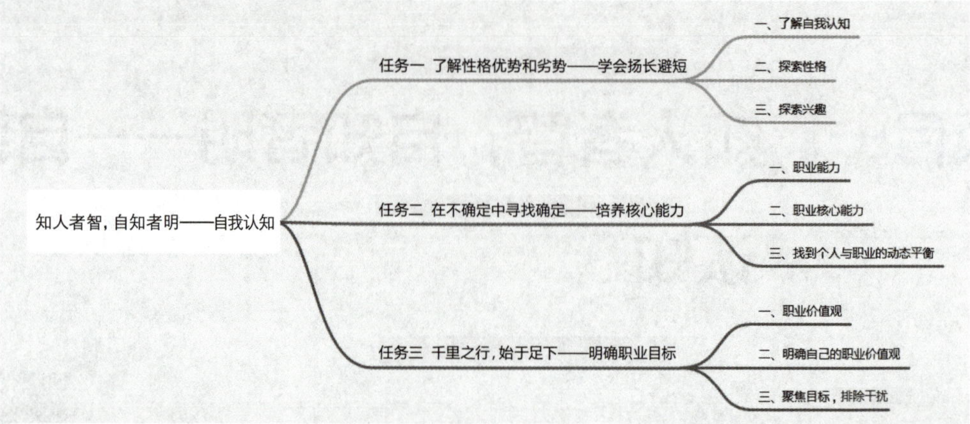

任务一　了解性格优势和劣势——学会扬长避短

案例导入

为什么要进行自我认知

你知道自己的优势是什么吗

小丽是某高校会计信息管理专业的学生，2020 年毕业后在一家会计师事务所工作。但她并不喜欢自己的工作，尤其是在核对数据时，她经常会出现问题，为此多次受到老板的批评。小丽也很苦恼，觉得自己的工作能力很差。但小丽的写作能力很强，很喜欢写小说，有着 10 多万个粉丝。小丽自己也说："我一写小说就两眼放光、浑身有劲，但一看到这些数据就头大。你说，我为什么一定要天天和这些数据较劲呢？"

案例分析

为什么小丽会过着这么拧巴的生活呢？我们可以看到，小丽现在的工作并不是她喜欢的，也不是她擅长的，她真正热爱的工作是写小说，这说明她在选择职业前没有进行充分的自我认知，造成性格与工作内容的冲突，这就是她感觉很拧巴的原因。

因此，在选择职业前一定要进行自我认知，了解自己的优势和劣势，发挥自身的长处。

一、了解自我认知

职业性格分析——自我认知

（一）自我认知

自我认知是一个人在社会化过程中逐步形成的对自己及其与周围环境关系的认知，包含生理自我、心理自我和社会自我。

1. 生理自我

生理自我也称外在自我，是人们可以直接观测到的自我因素，是自我中最凸显的部分。

一般而言，生理自我是指对性别、身高、体重、身材、外貌等身体特征的认知。生理自我是个人最基本的信息，也是求职中影响第一印象的重要因素。

2. 心理自我

心理自我是指对性格、智力、情感、能力、需要、价值观等方面的认知。心理自我无法直接观测得知，有学者将其分为三个部分：心理自我的动力系统、心理自我的效能系统和心理自我的风格系统。

（1）心理自我的动力系统。个体的动力倾向不同，表现出的兴趣、价值观也不同。这就解释了为什么做同样的工作，有的人干劲十足，有的人则无精打采；为什么有的人喜欢做教师，有的人则喜欢做医生或设计师。探索心理自我的动力系统可以帮助我们找到让自己兴奋的职业。

（2）心理自我的效能系统。探索心理自我的效能系统可以帮助我们弄清自己擅长的职业。例如，为什么有的人与人沟通驾轻就熟，面对计算机却常常束手无策？为什么有的人操作机械游刃有余，却不能组织或策划一场活动？这是因为每个人的能力不同，其中涉及潜能、技能、自我效能等因素，这些因素构成了个体的效能系统。

（3）心理自我的风格系统。探索心理自我的风格系统可以帮助我们弄清自己适合的职业。我适合做这份工作吗？为什么有的人工作起来雷厉风行，有的人则慢条斯理？为什么有的人常常注意到细节，有的人则擅长发现潜在的信息？这是因为每个人的风格千差万别，其中涉及气质、性格等因素。财务工作需要严谨、认真细致的工作风格，销售工作需要灵活、善于协调的工作风格，我们在选择职业前要有清醒的认知。

3. 社会自我

社会自我是指对社会角色、地位、承担的社会义务和享受的社会权利等方面的认知。例如，每个人都会有出生地和居住地的老乡，会有毕业院校的校友，会有工作中的同事，这是我们的社会角色。在不同的社会角色层面，我们要承担相应的义务、享受相应的权利。作为大学生，我们有遵守学校规章制度的义务，也有合理合规地向学校提出要求的权利。

拓展案例

小橡树的选择

有一个美丽的花园，那里有苹果树、李子树、梨树和玫瑰花，它们都幸福而快乐地生活着，只有一棵小橡树愁容满面。可怜的小橡树被一个问题困扰着，那就是——不知道自己能做什么。

苹果树说：“做一棵苹果树吧，只要努力，就会像我一样结出美味的苹果。”

玫瑰花说：“不对。你看我开出的花多漂亮，还是努力做一朵玫瑰花吧！”

小橡树听了它们的话，就努力地伸展枝叶、汲取养分。但仍没有在苹果树结满苹果的时候，结出一颗苹果；也没有在玫瑰花开满枝头的时候，开出一朵花。小橡树很难过。

一天，小鸟来到花园，在知道了小橡树的困惑后，说：“你不应该把生命浪费在努力成为别人希望你成为的样子上。你就是你自己，你要试着了解你自己。要想做到这一点，就要倾听自己内心的声音。”说完，小鸟就飞走了。

听了小鸟的话，小橡树闭上了眼睛，静静地倾听自己内心的声音，终于感觉到了自己。小橡树大声地说：“我永远都结不出苹果，因为我不是苹果树；我也不会每年都开花，因为我不是玫瑰花。我是一棵橡树，我的使命就是长得高大挺拔，给鸟儿栖息，给行人遮阴。我有我的使命，我要努力完成它！”

小橡树开始为实现自己的目标而努力。很快，它就长成了一棵大橡树，填满了属于自己的空间，赢得了大家的尊重。

（二）自我认知的内容

1. 性格探索

心理学家认为，我们每个人的行为都具有某种一致性，也就是说，我们天生具有某种适应能力，在生活中对自己、对他人、对事情表现出一致的适应方式，这就是我们的性格。性格的特质会影响职业行为。如果能找到一个与性格相符的职业环境，那我们会更自信、更容易取得成就。例如，外向型的人会更适合与人际相关的工作，内向型的人更容易匹配内省和研究的工作。每个人的性格各不相同，没有绝对的好坏之分，但了解自身性格，能够更好地指导我们选择适合自己的职业。

2. 兴趣探索

兴趣探索

孔子曾说过：“知之者不如好之者，好之者不如乐之者。”深厚的兴趣会使个体产生积极的学习态度，自觉克服困难、排除干扰，从而有所成就。兴趣以需要为基础。人们若对某件事物或某项活动产生需要，就会热衷于接触、观察这件事物，积极从事这项活动，并注意探索其奥妙。兴趣又与认识和情感相联系。人们若对某件事物或某项活动没有认识，也就不会对它有情感，因而不会对它有兴趣。反之，认识越深刻，情感越炽烈，兴趣也就越浓厚。大量研究表明，兴趣和工作满意度、职业稳定性、职业成就感之间存在着明显的关联。

3. 能力探索

明尼苏达工作适应理论中提到，能力是指“我们能做什么”。例如，我们能够说服别人改变想法，能够集合优秀的人，能够修理家用电器，这都表明我们具有某种潜在的、有价值的能力，并且有些能力是直接和职业相关的。当企业选择我们时，就会关注这些能力带来的价值。能力是一种个性心理特征，是能够顺利完成某种活动的心理条件。每个人从出生到现在，都会积累许多能力，我们需要对能力进行分类和梳理，这对于知道自己具备什么能力、适合做什么工作至关重要。

4. 价值观探索

价值观是我们在生活和工作中所看重的原则与标准，是个体行为背后的深层动机，对个人的职业选择和发展起到重要的激励、影响作用。随着社会的快速进步和发展，现代社会的职业模式发生了重要变化，传统单一的职业模式受到冲击。职业价值观是人们在选择职业时重要的决策标准。如果你不确定你的职业价值观，就无法做出明智的决策。当有两项工作同时摆在你面前时，你需要清楚什么对你更重要，是社会地位，还是经济报酬？是人际关系，还是安全感？只有有了职业价值观的引领，你做出的决策才会更明智。

当然，随着社会环境的变化和个人需求的变化，职业价值观也会发生变化，在后面的课程内容中我们会学习如何树立适合自己的职业价值观。

（三）自我认知的作用

（1）进行正确的自我认知，有助于在人生的旅途中找到自己的位置，确定自己的发展目标和职业发展路径。在选择职业之前，进行正确的自我认知能够帮助我们选择更合适的职业。

（2）进行正确的自我认知，有助于拓宽择业视角，增加职业选择，提高自身核心竞争力。只有通过自我认知的完善，充分了解自己的性格特点、兴趣爱好和能力特长，才能开阔视野，在未来的世界中给自己更多的选择，充分发挥自身的优势，让自己在职场中迅速脱颖而出。

（3）进行正确的自我认知，有助于增强自己的稳定性，提升自己的心理韧性和幸福感。我们在任何工作中都会遇到困难，进行清晰的自我认知能够让我们有能力克服困难，避免拧巴的人生。

拓展案例

做适合自己的工作

小袁大学毕业后，到一家连锁的教育机构工作。由于专业成绩好，一开始机构安排她做专业课程的培训讲师，主要工作是给学生和家长上公开课。没想到小袁工作得很吃力，花很多时间做准备，但讲课的效果并不好，没能吸引学生和家长。小袁不知道如何把自己的知识用学生能接受的方式传递出去，学生好像听不懂她的授课内容，家长也经常提一些问题，打断她的授课思路。同时，她很想在专业上进行深入的研究，但备课占据了她太多时间。她的主管一度怀疑她的工作能力，想要辞退她。

后来，机构的人力资源部经理针对她的情况做了职业咨询和指导，发现小袁内向的性格占优势，并且善于以独特的视角系统地思考问题，于是对她做出了工作调整，让她到新成立的咨询部门提供一对一的个别指导。这很符合小袁内向、擅长小范围深度交流的性格特点，也符合她以抽象思维认知世界的特点。调整之后，小袁觉得工作非常有趣，能够专注于每个学生的特点并提供独特的解决方案。她很快胜任新的工作，并开发出一套细致且有针对性的辅导策略，很受家长的欢迎。随着经验不断丰富，她开始担任咨询部门的主管，带领新员工工作，并准备将自己的工作成果编成教材出版。

（四）自我认知的原则

（1）适度性原则。过高的自我评价往往使自己脱离现实，从自信走向自负；过低的自我评价容易使自己忽略自身的长处，缺乏自信。

（2）全面性原则。既要看到自身优势也要看到自身劣势。

（3）客观性原则。我们对自己的评价要以客观事实为依据，如说自己的演讲能力强，就要问问自己，参加过哪些演讲比赛并获得了哪些奖项。

（4）发展性原则。要用发展的眼光看待自己、展望未来。

二、探索性格

性格特点对职业行为有直接影响。我们在选择职业前要先分析自身性格，如果能找到一个与性格相符的职业环境，那我们会更容易在工作上取得成就。但需要明确的是，性格反映的是一种个体行为方式的倾向性，没有绝对的好坏之分，并非外向的性格就是好的，内向的性格就是坏的。我们通过了解自身性格，能够知道自己的优点和缺点，从而在工作选择、人际沟通等方面做到有的放矢。

那么，如何才能科学地分析自身性格呢？性格测试的方法有多种，本书主要提供两种较为流行的方法，分别是迈尔斯—布里格斯性格类型指标（MBTI）测评系统和先天特质系统。

（一）运用 MBTI 了解自身性格

美国的迈尔斯和布里格斯在瑞士心理学家荣格的人格类型理论基础上，根据个人在运用心智方面具有的不同倾向，制定了各自的行为模式，主要包括 4 种维度、8 种性格特点、16 种性格类型，这就是 MBTI 测评系统。MBTI 量表测量的 4 种维度代表 8 种相对的性格特点，它们的含义解释如下。

（1）内向型（I）与外向型（E）维度：是从内心世界还是从外部世界获取能量。

I：从内心世界获取能量，自省、安静而显得内向，通过思考形成自己的意见，擅长书面沟通，兴趣专注，当情境与事件对他们有重要意义时会主动行动，在其他情况下会先思考，后行动。

E：通过与人交往和行动而得到活力，关注外部环境，喜欢谈话，通过交谈形成意见，好与人交往，善于表达，兴趣广泛，在工作中积极主动，先行动，后思考。

（2）感觉型（S）与直觉型（N）维度：获取信息的方式是感觉还是直觉。

S：通过感觉来获取信息，习惯注意那些确实已出现的信息，观察细致，注意记住细节，经过详细推理一步步得出结论，相信自己的经验。

N：通过直觉来获取信息，习惯注意整个事件的全貌与内在联系，忽视新的可能性，靠直觉得出结论，相信自己的灵感。

（3）思考型（T）与情感型（F）维度：做决策的方式是依据逻辑还是依据价值观和情绪。

T：做决策时会将自己从情境中分离出来，对事件的正反两方面进行客观分析，按照逻辑做出决策，目标是找到一个能应用于所有相似情境的准则，擅长分析，爱讲理，喜欢运用因果推理寻求一个合乎真理的客观标准，可能显得不近人情。

F：做决策时会将自己代入情境并试图理解每个人的感受，依据价值观和情绪做出判断，目标是营造和谐的氛围，使每个人都能作为独特的个体被对待，善于体贴他人，感同身受，受个人价值观的引导，富有同情心，可能显得心肠太软。

（4）判断型（J）与知觉型（P）维度：是喜欢有组织的生活还是喜欢随意的生活。

J：喜欢过一种井井有条的生活，按计划行事，注重事情的结果，按部就班，喜欢组织和管理自己的生活，喜欢制订计划，喜欢把各种事情落实敲定，不喜欢计划变更带来的压力。

P：喜欢过一种灵活自发的生活，更愿意理解和体验生活，而不是控制生活，不愿被过于详细的计划束缚、随意开放，适应随时改变方向，不喜欢把事情过早确定下来，以留有改变的各种可能性。

以上 8 个字母可以看作组成性格的独立元素，不同的组合代表的性格类型也不同。例如，ESTJ 类人具有以下特点：渴望向别人表达自己的观点（E），对环境有敏锐的观察力（S），意志坚强（T），做事有计划（J）。而与之相对的 INFP 类人具有相反的特点：比较宁静自在（I），擅长内省与思考（N），友善温和（F），热衷于探索事物发展的各种可能性（P）。这两种人做事各有所长，如果要协调一个多人参与的项目，那 ESTJ 类人会做得更出色，但如果要创作一篇想象力丰富的文章，那 INFP 类人会更游刃有余。

16 种性格类型的特点和可能的职业

性格类型	特　点	可能的职业
创业者 ESTP	实际、乐观、坚毅、机智、灵巧、风趣、敏感，有着戏剧般活跃的心态，具有洞察事物的本领，喜爱冒险、刺激，能够在危急时刻保持镇静并自如操作，不拘礼仪，通过亲身感受来学习新事物，享受与他人相处	管理人员、企业家、推销人员、仲裁者、辩护律师、实业家、房地产开发商、演艺制作人
手艺者 ISTP	平和寡言，热衷于学习艺术和手艺，向往对他人产生影响，喜好寻求刺激，性格坚毅、谨慎，喜欢孤独，非常无畏，善于观察，信服可靠的事实，能够很好地利用资源、把握时机	商人、机械师、手艺者、宝石匠、驾驶员、外科医生、美术家、运动员、音乐家
表演者 ESFP	最具天赋的展示者，表达能力极强，热衷于学习技巧和手艺，乐观、自信、活泼、机智、健谈、冲动、任性，不喜欢孤独，容易受到诱惑，对忧虑的承受力最差，慷慨大度、仁慈友好，具有情绪表现力和深厚感情	舞台表演者、小学教师、房地产代理商
创作者 ISFP	热衷于学习技巧和手艺，实际、乐观、自信、友善、宁静、谨慎、沉默寡言，对任何活动都非常投入，专心致志地工作，很少支配别人，很客观，善于观察周围的人和物	护士、园艺家、林业家、兽医、教师、画家、雕刻师、编舞者、导演、作曲家、剧作家、小说家、诗人、厨师、时尚设计师
监督者 ESTJ	热衷于学习商业技能，沉迷于道德理论，尽职、悲观、坚韧、热心、勤奋，信赖权威，向往归属感，寻求安全保障，脚踏实地	法律工作者、政治家、警务人员、军人
检查者 ISTJ	严肃认真、通情达理，能够出色地完成任务，尽职、坚韧、朴素、矜持、保守，信赖权威，向往归属感，较有耐心，值得信赖	银行核查员、审计员、会计税务代理、图书管理员、牙科医生、验光师
供应者 ESFJ	热衷于为他人服务，承担社会贡献者的角色，尽职、生性友善、温柔、外向、风度翩翩、健谈，信赖权威，向往归属感，喜好交际，擅长与人协作，富有同情心，情感充沛	推销员、教师、教练、私人秘书、办公室接待人员
保护者 ISFJ	尽职、生性友善、情深义重、宁静、善于斟酌、乐于助人、谨慎、古道热肠、真挚，富有同情心，具有坚定的意志，做事彻底，俭省，喜欢独立工作，值得信赖	监护人、图书馆馆员、中层管理人员、综合性开业医生、保险代理人
教导者 ENFJ	希望学习有关人文方面的知识，痴迷于信念，满腔热情、信赖直觉、向往浪漫、珍视赞誉，善于安排事物，乐观、外向，有卓越的感召力，值得信赖，是天才领导者，重视和谐的人际关系	大众传播者、临床医学家、教育家、基础护理医师
劝告者 INFJ	比较隐秘，敏于理解，满腔热情，宁静而矜持，内涵丰富，有可能表露出一种理解超自然的想象能力，有远见卓识，富有诗意，有优秀的语言才能，重视集体和睦，善于聆听	临床医学家、临床心理学家、精神病医学家、特殊领域教师及作家

续表

性格类型	特　点	可能的职业
奋斗者 ENFP	富有感染力，活泼、有生气，喜欢调查和研究，对新奇事物有极大热情，善于表达，不愿受约束，热心、敏锐、率直，有出色的直觉力，积极向上，有良好的公众形象	政府官员、新闻记者、演说家、小说家、电影编剧、剧作家
化解者 INFP	喜好隐居，矜持，刻意而谨慎，在工作中具有适应力，欢迎新思想、新知识，有出色的语言才能，时刻警惕来自外界的侵犯	政府工作者、视传工作者、社会工作者、人文学科方面的大学教育家
陆军元帅 ENTJ	聪敏、自主、坚定、坦率、直言，信赖理性，渴求知识，本性果断，善于谋划，极端的实用主义者	陆军元帅、高层管理人员
策划者 INTJ	精于理论，善于洞察外界事物的规律并形成长远计划，本性果断，善于谋划，矜持、思想开明、自信、意志坚强，工作态度持久、坚定	科学研究人员、经营主管人员
发明家 ENTP	思维敏捷，能够激励他人，信赖理性，渴求知识，好奇心强，忽视标准、传统和权威，擅长功能分析，健谈，多才多艺	教师、创新事业中的称职领导
建筑师 INTP	聪敏、自主、坚定、顺从、性情平和，全神贯注于技术，性情矜持，注意力高度集中，简明扼要，有敏锐的观察力	教师、逻辑学家、数学家、技术专家、科学家

（二）运用先天特质了解自身性格

在人格心理学领域，有学者发现大约有五种特质可以涵盖人格描述的所有方面，于是提出了人格的“大五模式”。研究证实，这五项人格因素是最核心、最稳定的人格特质，称为“大五”，即外倾性（言谈、社会交往和自信的程度）、随和性（随和、合作和可信任的程度）、责任意识（对工作的责任感、可靠性、坚持不懈和成就导向）、情绪稳定性（平静、热情和安全的程度）和经验的开放性（好奇的、智慧的、有想象力和创造性的、有艺术细胞的）。为了让人们能快速了解其个性，动物行为学专家从200多种动物中找出老虎、海豚、企鹅、蜜蜂、八爪鱼五种动物，证实其行为与人的行为相似。先完成下面的测试，分别得出五种动物的分数，其中得分最高的动物性格代表着我们的主性格。

先天特质测试题

序　号	描　述	得　分	序　号	描　述	得　分
1	遵守纪律的		16	公正的	
2	个性温和的		17	无法忍受冲突的	
3	有活力的		18	勇于学习的	
4	面面俱到的		19	中庸的	
5	喜欢独立作业的		20	外向乐观的	
6	广交朋友的		21	注意细节的	
7	喜欢事实和数据的		22	爱说话的	
8	富有同情心的		23	善于协调的	
9	善于谈判的		24	愿意冒险的	
10	有远大抱负的		25	足够有耐心的	
11	讲求精确的		26	小心谨慎的	
12	适应能力强的		27	犹豫不决的	
13	组织能力强的		28	传统的	
14	积极主动的		29	亲切而热情的	
15	害羞的		30	工作足够有效率的	

规则：想象你20多岁，根据上面每个项目的描述与自己相符合的程度打分，“绝对不是”打1分，“不是”打2分，“有时候是，有时候不是”打3分，“是”打4分，“绝对是”打5分。不要过多考虑，根据你的第一感觉打分。

测试规则

把第5、10、14、18、24、30题的得分加起来就是“老虎”的分数；
把第3、6、13、20、22、29题的得分加起来就是“海豚”的分数；
把第2、8、15、17、25、28题的得分加起来就是“企鹅”的分数；
把第1、7、11、16、21、26题的得分加起来就是“蜜蜂”的分数；
把第4、9、12、19、23、27题的得分加起来就是“八爪鱼”的分数。

老虎特质

1. 老虎特质

1）老虎与人的行为相似性分析

老虎很少成群行动，它们一般会独自猎食，对自己的实力很有自信。当老虎饥饿时，会锁定羚羊等大型动物作为目标，屡次出击，这代表人勇于尝试、相信自己、胸怀大志的性格特点。

2）老虎特质的人的行为细则

老虎特质的人自信，敢于挑战未来，能够锁定大目标，抓住机会，但也容易“见树不见林”，忽略对细节的掌握。对于需要做出决策的事情，老虎特质的人一般能够迅速、果断地做出决策，不会瞻前顾后。他们很少有后悔的事情，也不喜欢受他人指导，希望自己掌握一切。

3）老虎特质的人的优势与劣势

一般情况下，老虎特质的人很有自信，且勇敢、执行力强。但过度的自信容易让人走向自负，存在缺乏耐心、容易冲动的不足。老虎特质的人坚信自己是正确的，因此在团队合作中容易出现不与人配合的问题。在面对需要解决的问题时，他们虽然能够迅速做出决策，但是一般会忽略细节，需要多次修正。

4）老虎特质的人的沟通特点

一般情况下，老虎特质的人在倾听的时候只想听概要和重点，如果对方一直铺垫，没有给出结论，那他们会很着急，直接问：“你到底想说什么？”在说话的时候，老虎特质的人显得很豪迈、有权威性，他们很少询问他人的观点，当有不同意见的时候，也会想尽办法说服对方同意自己的观点。即便有问题需要向他人寻求帮助，他们也会对对方的回答进行多番推敲，不会完全听他人的观点。

海豚特质

2. 海豚特质

1）海豚与人的行为相似性分析

海豚是一种群居动物，非常活跃，喜欢随船嬉戏。海豚特质的人一样不怕生，喜欢呼朋引伴，特别喜欢交朋友，社交能力很强。海豚很喜欢学人唱歌，从人类行为学的角度看，海豚特质的人有较强的表达能力，喜欢与他人分享自己的观点。

2）海豚特质的人的行为细则

海豚特质的人不怕生，容易注意到新鲜的人、事、物，容易跟不同的人接近。他们的社交能力强，喜欢和大家在一起，经常成为团队中最活跃的那个，喜欢团队合作，但工作的耐心不够。他们的表达能力强，沟通方式幽默，擅用画面陈述事件。

3）海豚特质的人的优势与劣势

虽然海豚特质的人的表达能力相对较强，但是也会表现得有些粗心、莽撞。他们表达的观点没有经过充分的思考，也没有顾及周围的环境，容易祸从口出。他们很喜欢尝试新鲜的事物，适应能力较强，但专注力不强，很难长时间坚持一件事。海豚特质的人不喜欢单独行动，而是喜欢集体出游、团队合作，也很容易和团队中的其他人打成一片。

4）海豚特质的人的沟通特点

在与人沟通时，海豚特质的人非常需要他人的认同。如果你对他们分享的观点、经历表示赞同，那他们会非常开心，反之他们就会很失望，就像没有得到承认。我们在海洋馆中看到的海豚非常聪明，能和人互动，表演节目，海豚特质的人也是人群中的“开心果”。他们是天生的乐天派，对事情不会太执着，不会钻牛角尖，对什么事都不会有太多担心。

3. 企鹅特质

企鹅特质

1）企鹅与人的行为相似性分析

企鹅椭圆形的外形看起来非常可爱，它们成千上万栖息在一起，是一种群居动物。对应企鹅特质的人具有待人亲切、善于与人合作、有耐心、不容易发脾气的特点。

2）企鹅特质的人的行为细则

一般而言，企鹅特质的人比较慢热，与人相处时会循序渐进，很少像海豚特质的人那样和谁都能迅速打成一片。我们常说，与企鹅特质的人相处是非常舒服的，有一种如沐春风的感觉。在与人合作时，他们总是默默付出，不会斤斤计较，遇事也会以和为贵，哪怕自己吃亏也会让大家满意。在做事的时候，企鹅特质的人非常有韧性和耐力，他们会慢慢克服许多困难，坚持到最后。

3）企鹅特质的人的优势与劣势

一般情况下，企鹅特质的人踏实稳健，非常有耐心，专注力强。但他们的适应能力较差，并不喜欢面对变化的环境，不喜欢从事变化性强的工作。因此，如果工作的同事一两年就换一批，他们就会觉得难以接受。企鹅特质的人容易听从经验，从惯性思维出发判断问题，有时会显得有些反应缓慢、相对保守。

4）企鹅特质的人的沟通特点

企鹅特质的人非常需要他人的关心。因此，当企鹅特质的人向你倾诉某件事的时候，无论事情对与错，你都需要首先站在他们的立场上，表示理解和关心。他们希望人际关系和谐稳定，其乐融融，很少与人发生矛盾，在人群中容易充当“和事佬”。

4. 蜜蜂特质

蜜蜂特质

1）蜜蜂与人的行为相似性分析

蜜蜂在生活中有明确的分工。蜂王的任务是产卵，雄蜂的任务是繁衍后代，不参加酿造和采集生产，工蜂的任务是采集食物、哺育幼虫。蜂巢内的各种工作基本上全是工蜂负责的，它们非常认真。据统计，工蜂每酿出 1 千克蜂蜜，飞行的距离相当于绕地球 11 周。从人类行为学的角度看，蜜蜂特质的人要求团队内有明确的分工，一旦接受了任务，就一定会全力做好。蜜蜂特质的人对团队中的公平正义有很高的要求，就像如果雄蜂不繁衍后代，那工蜂会联合将它逐出蜂巢。

2）蜜蜂特质的人的行为细则

蜜蜂特质的人注重团队中的分工，他们遵守团队规范，也很在意同事的职责范围。对于自身职责范围内的事情，他们会在承诺后贯彻到底。但如果让他们做不属于职责范围内的事情，那他们一般不会轻易去做。在他们的世界中，认真严谨是必须做到的。我们常说，如果要求不迟到 1 分钟，那蜜蜂特质的人一般不会迟到 60 秒。在他们的世界中，时间是以秒计算的。另外，他们认为公平正义、同工同酬很重要，有强烈的是非判断，甚至会将此设置为自己的原则。除非遇到极特殊情况，否则他们不会做违背自身原则的事。

3）蜜蜂特质的人的优势与劣势

一般情况下，蜜蜂特质的人在做决策前会深思熟虑、考虑全面，工作标准高、执行力强，在一定程度上希望把事情做到极致。但这种太过于追求完美的态度也会给团队成员带来压力。蜜蜂特质的人很认真、重承诺、守规则。因此，如果他们是普通的员工，那老板会很放心地将任务交给他们。但在有些情况下会显得不够灵活、不懂变通，容易钻牛角尖。

4）蜜蜂特质的人的沟通特点

蜜蜂特质的人注重公平秩序，认真工作，渴望自己的工作得到认可和肯定。他们喜欢制订计划，不喜欢计划被干扰、活动规则被改变。我们经常会被身边蜜蜂特质的人所表现出的严谨和认真所折服。同学们，你们还记得海豚特质的人的沟通特点吗？蜜蜂特质的人凡事要问“为什么”，而海豚特质的人往往会反问“哪有那么多为什么”。所以，我们在沟通时一定要注意对症下药。

5. 八爪鱼特质

八爪鱼特质

1）八爪鱼与人的行为相似性分析

八爪鱼多生活在海底的洞穴或岩石缝隙中，它们害怕强光，遇到危险可以迅速改变体色。这象征着人类行为中的中庸思想。八爪鱼有八个触角，被认为是无脊椎动物中智力最高者。

2）八爪鱼特质的人的行为细则

八爪鱼特质的人面对新的人、事、物不会轻易表达意见，他们会不停地收集信息。他们做人周到，让身边的人感到很贴心；做事周密，面面俱到，想得很周全，有统揽大局的先天优势。

3）八爪鱼特质的人的优势与劣势

八爪鱼被称为“海底博士”，八爪鱼特质的人也像一部“活字典”，兴趣广泛，对很多事情都有所了解，但他们并非事事都精通，缺乏持久的专注力。八爪鱼特质的人擅长整合资源，整合能力强，但有时会给人留下善变、没有原则的印象。

4）八爪鱼特质的人的沟通特点

八爪鱼特质的人需要安全感。他们需要大多数人都表达意见，这样自己能够清楚地了解他人的想法。在与他人沟通的时候，他们喜欢与大多数人都有交集，很少独自坚持一个观点。就像八爪鱼不喜欢强光一样，八爪鱼特质的人也不喜欢在环境不明朗前做自我剖析，他们需要与大环境保持互动。

（三）性格探索中的挑战

1. 性格测试不准怎么办

任何性格测试都不能百分之百地还原人的真实性格。人的性格是很复杂的，测试工具只能提示和参考，帮助我们树立探索自己的意识。如果测试结果和自己的认识有偏差，那这正是探索自己的好机会：不相符的地方在哪里？是什么造成了这样的偏差？也许是理想中的性格左右了测试结果，或者发现了性格中不易被觉察的部分，这都是进一步了解自己的机会。

2. 能否改变性格以适应职业

性格是相对稳定的人格特征，构成了与众不同的自己。世界上有不同性格类型的人，也有相应的不同类型的生活方式。心理学家荣格认为，人在40岁之后，人格中处于相对次级位置的特征会被重新挖掘、变强，人会觉察和体验不曾有过的感受，或者尝试不曾做过的事情。这也解释了当前为什么存在较多的中年创业或人到中年重新寻找职业领域的现象。但一个人的优势性格在整个生涯中仍然占主导地位，它决定着一个人对职业性质的要求和职业幸福感。

3. 怎样使用性格测试的结果寻找合适的工作

首先，要理解每种性格的内涵，充分了解自己具有什么样的独特的性格；其次，要了解不同职业对人的性格有什么要求，有些职业在不同的工作岗位上对人的性格要求是不同的；再次，尽可能多地列出那些符合自身性格的工作岗位作为备选；最后，详细讨论自身性格与工作岗位匹配的优势在哪里，以加强对自身性格的进一步了解。经过不断探索练习，就会将性格探索和工作岗位匹配运用得更熟练。

三、探索兴趣

（一）霍兰德职业兴趣类型理论

霍兰德职业兴趣类型理论是一种探索个人职业兴趣的理论。该理论认为，人的人格类型、兴趣与职业密切相关，从事与兴趣相关的职业，可以使人更积极、更愉快地工作；且职业兴趣与人格之间存在很高的相关性，个人特质应该和适合这种特质的工作联系起来。霍兰德将大多数人的兴趣归为6种类型：实用型（R）、研究型（I）、艺术型（A）、社会型（S）、企业型（E）和事务型（C）。同时，将社会中的职业归纳成以上6种类型。每个人会追求与自己同类型的工作环境，这类环境能契合自己的个性、施展自己的能力、展示自己的价值，也能使人胜任职业角色并更好地解决问题。阅读6种霍兰德职业兴趣类型，思考在日常生活中有哪些与之相符的事例支持自己的判断，找出最符合自己的 3 项，并按照相符程度递减的顺序排序，最相符的排在第一，标出它的代码，如 ASI，这就是你初步探索的自己的霍兰德职业兴趣类型。

6 种霍兰德职业兴趣类型

	个人特征	喜欢从事的活动	职业环境的要求	典型职业
实用型（R）	给人的印象是诚实的、坦白的，脚踏实地，喜欢用实际行动代替语言表达，重视实际的具体事务	对于操作机器、修理仪器等需要技术与体力的活动表现出浓厚的兴趣，不喜欢办公室工作，不善交际	具体明确，需要动手操作的职业环境，通常需要运用到特殊的技术	园艺师、木匠、建筑工人、工程师、兽医、计算机硬件技术人员
研究型（I）	属于思想家而非实干家，独立、温和、头脑聪明、思考理性、有逻辑，重视知识学习，重视方法，能提出新的想法和策略	喜欢探索和理解事物，喜欢学习和研究那些需要分析、思考的抽象问题，喜欢阅读和讨论有关科学性的议题，喜欢独立工作	能运用智慧独立工作，不需要处理复杂的人际关系，不喜欢领导和竞争等需要企业能力的工作	实验室人员、生物学家、化学家、大学教师、研发人员
艺术型（A）	有创意，重视自我表达，有丰富的想象力和创造力，乐于独立思考，不喜欢受人支配，对美的事物敏感	喜欢文学、艺术、音乐、表演等具有创造性与变化性的工作，重视作品的原创性，不喜欢文书处理等传统性的工作	以非传统的方式表达自己，鼓励个人的表现能力，鼓励感性与情绪的充分表达、自由开发，可以无拘无束地进行创作	作家、编辑、音乐家、摄影师、导演
社会型（S）	个性温和、友善、乐于助人、有服务精神，容易与人相处，有责任心，喜欢和大家一起完成工作	喜欢从事与人接触的工作，喜欢倾听别人，能够敏锐地察觉到别人的感受并积极回应，喜欢与人合作	鼓励人与人之间的和谐相处，工作环境中充满经验交流与指导，愿意负社会责任	教师、社会工作者、心理咨询师、护士
企业型（E）	精力充沛、工作积极、社交能力强，善于沟通和协调，看中经济和社会地位上的成就，行动力强	喜欢领导和支配别人，劝说别人接受自己的观点，不喜欢花太多时间做科学研究	接受承担风险、领导和支配别人的文化，重视升迁、绩效、权力、说服力	律师、政治家、企业家、营销人员、媒体运营商
事务型（C）	较为保守谨慎，值得信赖，重视细节，做事准确、有条理、按部就班，不喜欢改变、创新和冒险	喜欢有秩序的工作并在别人的领导下工作，乐于合作和服从，希望明确工作规范和标准，喜欢对文字、数据等进行细致有序的处理	有组织能力、听取并遵从指示的能力，按时完成工作并达到严格的标准，有组织、有计划	会计、秘书、行政人员、投资分析员

在霍兰德所划分的六大类型中，实用型（R）和研究型（I）对事物较为关注，企业型（E）和社会型（S）对人群较为关注，事务型（C）对数据较为关注，艺术型（A）对观点较为关注。而且这六大类型不是并列的，而是有着清晰的边界，每种类型与其他类型之间存在着不同程度的关系，大体可以分为三类关系。

1. 相邻关系

如 RI、IA、AS、SE、EC、CR，属于这种关系的两种类型的个体之间共同点较多，如属于 RI 类型的人都不太偏好人际交往，在这两种职业环境中也都较少有机会与人接触。

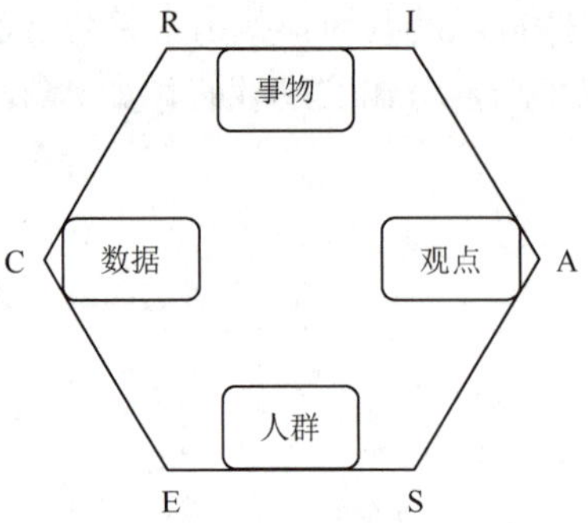

霍兰德职业兴趣六边模型

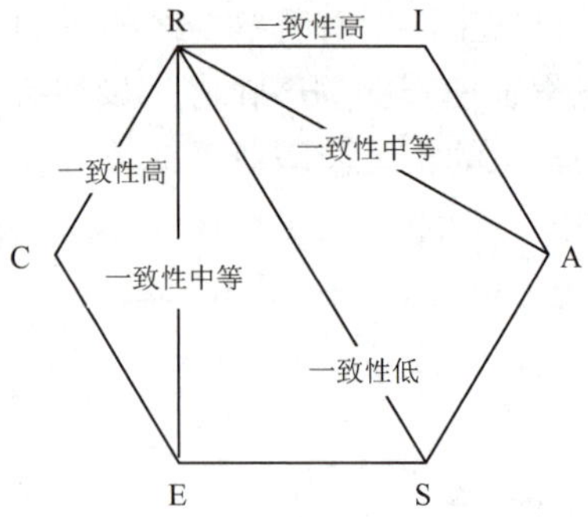

霍兰德职业兴趣类型的相互关系

2. 相隔关系

如RA、RE、IC、IS、AE、SC，属于这种关系的两种类型的个体之间共同点较相邻关系少。

3. 相对关系

六边形上处于对角位置的类型之间就是相对关系，如RS、IE、AC，属于这种关系的两种类型的个体之间共同点少。因此，同一个人同时对处于相对关系的两种职业环境都感兴趣的情况较为少见。

一般而言，人们倾向于选择与自己的职业兴趣相匹配的职业环境，如实用型的人希望在技术性或技能性的职业环境中工作，以便更好地发挥个人的潜能。但在职业选择中，并非一定要选择与自己的职业兴趣完全对应的职业环境。因为个体本身常是多种职业兴趣类型的综合体，单一类型显著突出的情况不多，而且影响职业选择的因素是多方面的，不能完全依据职业兴趣类型，还要参照社会的职业需求及获得职业的现实可能性。因此，个体在做职业选择时会不断妥协，寻求相邻的职业环境，甚至相隔的职业环境，在这种环境中，个体需要逐渐适应。但如果个体寻找的是相对的职业环境，则意味着所选择的是与自己的职业兴趣完全不同的职业环境，这样工作起来可能难以适应，甚至每天工作得很痛苦。

（二）应用霍兰德职业兴趣类型理论

经过多年的发展，霍兰德职业兴趣类型理论在教育、培训、管理等领域有了越来越多的实践和应用。许多企业在招聘时，会通过对应聘者职业兴趣的测评判定其类型，尽量安排与其职业兴趣相匹配的岗位，以提高工作效率。

大学生在进行职业兴趣测评时，通常出现几种典型的情况，如职业兴趣与所学专业不匹配、同时拥有两种职业兴趣类型等，这就需要继续扩展对职业世界的探索。

1. 寻找职业兴趣与所学专业的良好匹配

有些大学生由于各种复杂的因素，没能根据个人职业兴趣选择专业，导致对所学专业不感兴趣，而对自己感兴趣的方面又缺乏专业技能，于是寄希望于转专业或通过升本、考研来改变专业方向。这种职业兴趣与所学专业不匹配的情况常令大学生感到困扰。

实际上，专业类型与职业类型不完全相同的情况很多，而专业类型与兴趣不匹配，并不意味着与职业类型也不匹配。同一个专业可以匹配多种类型的职业，如与外语专业相关的职业特征具有艺术型的特点，偏重创造性的语言应用，可以从事翻译工作（ASE），同时具有社会型的特点，偏重提供语言服务，加强人际联系和沟通，可以从事跨文化的教育咨询工作（SEA），还可以从事具有企业型特点的相关工作，偏重宣传、激发、管理和引导，如导游（ESA）。因此，同样是外语专业，由于兴趣偏好不同，职业领域也不同。

2. 为多种兴趣找到职业平台

在现实生活中，同时拥有两种职业兴趣类型的人并不少见，如同时拥有社会型和实用型两种职业兴趣类型。这两种职业兴趣类型处于六边形的相对位置，社会上同时提供与人打交道的机会和与物打交道的机会的职业不多，但还是有些职业可以兼顾的，如体育教练既有身体操练技术，又有帮助运动员克服困难、实现目标的强烈愿望。即使未匹配到合适的职业，也可以偏重其中一个类型来选择，而将另一个类型作为生活中的爱好来平衡，或者在工作中发展出个人的独特性。

任务二　在不确定中寻找确定——培养核心能力

案例导入

2050 年的财务是什么样的

随着财报制定者不断对财报进行补充和完善，也许未来财报不会消失。但财务人员，尤其是会计很可能被淘汰，因为现在已经有财务机器人可以做记录信息、统计数据的工作，甚至可以对合规问题和审计工作实现全查！

人工智能的最大价值是取代重复性强、没有增值的工作，让人有更多时间关注“沟通”和“战略”层面的工作。这意味着，人工智能时代对财务人员提出了更高的要求，不需要他们记录信息，而是要使用信息，如利用信息进行风险控制及做出财务决策。

案例分析

当下只关注数字的财务人员显然是要被淘汰的。为什么这样说？如果财务人员不了解行业发展的动态，不了解公司业务的市场行情，那他们怎么能做出准确、客观的报表呢？就算报表数字毫无错误，但对企业的发展又有什么意义呢？因此，一定要培养自身的核心素养，养成战略大局观，只有这样才能从数字的局限中脱离出来，关注一些更有价值的东西，才能对企业更有用，也才不会被社会淘汰。

一、职业能力

（一）能力的内涵及分类

1. 能力的内涵

能力是能顺利完成某一活动所必需的心理条件。每个人从小到大会积累很多能力，如语言能力、社交能力等。我们需要对自身的能力进行梳理，找出自己最具优势的能力。

2. 能力的分类

每个人的优势能力各不相同。根据美国心理学家霍华德·加德纳的研究，智力是在某种社会和文化环境的价值标准下，个体用以解决自己遇到的真正难题或生产及创造出某种产品所需要的能力。智力不是一种能力，而是一组能力，智力并非以整合的方式存在，而是以相互独立的方式存在。智力包括八种智能，分别如下。

（1）言语语言智能：指人对语言的掌握和灵活运用的能力，表现为用词语思考，用语言和词语的多种不同组合方式来表达复杂的意义。

（2）数理逻辑智能：指人对逻辑结果关系的理解和推理思维的表达能力，表现为用逻辑方法解决问题，有对数字和抽象模式的理解能力，以及认识和解决问题的应用推理能力。

（3）视觉空间智能：指人对色彩、形状、空间位置的正确感受和表达能力，表现为对视觉世界有准确的感知，产生思维图像，有三维空间的思维能力，能辨别和感知空间物体之间的联系。

（4）音乐韵律智能：指人感受、辨别、记忆、表达音乐的能力，表现为对环境中的非言语声音，包括韵律、曲调、节奏、音量、音质的敏感。

（5）身体运动智能：指人的身体的协调、平衡能力，以及运动的力量、速度、灵活性等，表现为利用身体交流和解决问题，熟练地进行物体操作并完成需要良好动作技能的活动。

（6）人际沟通智能：指人对他人的表情、语言、手势动作的敏感程度及对此做出有效反应的能力，表现为个人能觉察他人的情绪和情感并做出适当的反应。

（7）自我认识智能：指人认识、洞察和反省自身的能力，表现为对自己的感觉和情绪敏感，了解自己的优缺点，用自己的知识来做出决策、设定目标。

（8）自然观察智能：指人能够观察自然的各种形态并对物体进行辨认和分类、能够洞察自然或人造系统的能力。

霍华德·加德纳认为，实践证明每种智能在人类认识和改造世界的过程中都发挥着巨大的作用，具有同等的重要性。在该理论的基础上可以认识到，每个人都要看到自己的长处，并且有信心找到适合自己的方向。不同的人有不同的能力，不能用单一的能力标准来衡量一个人的能力大小。我们应该主动分析自身具有哪方面的优势能力，从而进行有针对性的培养。

拓展案例

发现自己的优势

吴刚今年36岁，在一家国际互联网公司做创意总监。他对自己的职业满意度非常高，公司也很欣赏他的业务能力和管理能力。

但中学时吴刚的成绩中等，且语文和数学成绩较差，因此未受到父母和教师的重视，他对自己未来的职业成就也没有过多的期待。

幸运的是，吴刚一直坚持绘画和摄影的爱好。他喜欢观察生活中的细节，并用画笔或镜头捕捉且表现出来。但这在当时被家长认为是“耽误学习”的活动。进入大学后，吴刚学的是平面设计，他的个人能力开始展现出来，他设计的作品常受到教师的称赞。

大学毕业后，吴刚顺利进入这家国际互联网公司，从美编做起，一直做到创意总监，整个过程非常顺利。在进入职场后，语文和数学方面的能力已不是他工作的重点，而较高的视觉空间智能成了他的优势。

（二）职业能力的内涵及构成

1. 职业能力的内涵

职业能力是人们从事某种职业所必须具备的、并在该职业活动中所表现的多种能力的组合。

从具体的职业领域来看，职业能力是指个人将所学的知识、技能、态度在特定的职业活动或情境中进行迁移与整合所形成的能完成一定职业任务的能力。没有相应的职业能力，也就很难适应相应的工作。例如，销售人员每天和人打交道，用业绩说话，因此一位合格的销售人员需要具备较好的社交能力和表达能力；而财务人员每天和数字打交道，用数据说话，因此一位合格的财务人员需要具备较好的数据分析能力、计算机应用能力和做事严谨认真的态度等。

职业能力的发展随着年龄的增长而变化，具有一定的规律性。环境和教育对能力的形成有重要影响，但二者都以人的能力结构为基础。同时，职业能力的发展离不开人的主观努力，即人的自觉能动性。例如，财务专业的大学生在刚走进大学校门的时候，不具备基本的财务能力，但经过几年的专业学习和实践，在毕业时具备了熟练的计算机应用能力和财务软件操作能力。

2. 职业能力的构成

职业能力的构成

职业能力包含以下三种能力。

（1）一般能力。通常指手眼协调能力、文字和语言运用能力、形体知觉能力、颜色分辨能力、数学运用能力、空间判断能力、手的灵巧度等。

（2）专业能力。通常指从事某职业具备的专业技能。例如，出纳岗位的专业能力包括系统的财务知识、能够熟练应用财务软件，营销岗位的专业能力包括对所销售产品的掌握。

（3）综合能力。综合能力也称职业核心能力，是人们在职业生涯中的基本能力。它适用于各种职业，适应岗位的不断变换，是伴随人一生的可持续发展能力，主要包含以下四类。

一是跨职业的专业能力。例如，计算机应用能力，即能够使用计算机处理各种问题；外语能力，即能够运用外语进行沟通；写作能力，即能够清晰流畅地表达观点。

二是方法能力。例如，信息收集和筛选的能力，制订工作计划、独立决策和实施的能力，准确进行自我评价的能力和接受他人评价的承受力。

三是社会能力。通常指团队合作能力、人际交往能力和协作共事能力。社会能力的高低直接影响着我们在工作中能否高效配合同事，能否高效沟通和解决各方面的问题。

四是个人素养能力。随着社会的发展，个人的社会责任心及诚信意识会被越来越重视。爱岗敬业、诚实守信、踏实工作的人往往会受到别人的肯定。

（三）大学生如何培养职业能力

1. 通过专业知识的学习来培养专业能力

专业知识是指在行业、环境、工作、活动等特定的条件下，履行岗位职责、完成工作任务所必需的知识。它与所从事的职业密切相关，具有一定的针对性和适用范围，包括专业理论、专业技术等方面的知识。如果你的专业是财务会计类专业，你就必须具备熟练的财务技术，只有这样才能适应社会的发展要求。一个人的专业能力越强，他在职业活动中所发挥的作用就越显著。

2. 通过通识知识的学习来培养职业核心能力

通识知识是指在普遍的条件下，一个人开展工作和完成与工作相关的生活、学习等方面活动所必需的知识。它是一个人开展工作、完成活动的前提，具有普遍的适用范围。高素质技能人才以高素质为前提，因此要通过通识知识的学习、社团与学科竞赛等活动的开展有意识地锻炼职业核心能力，提高综合素质。随着社会对职业要求的不断提高，单纯的专业能力已不能满足工作发展需要，因此从业人员需要具备广博的综合知识和基本能力，培养沟通能力、创新能力等职业核心能力。

3. 通过社会实践锻炼来培养可迁移能力

可迁移能力是指那些能够从一份工作中转移并运用到另一份工作中的、可以用来完成许多类型工作的技能。大学生能在校内学习到很多知识，但在实践工作中，我们运用的不是一种能力，而是多种能力的整合，或者能力的迁移。有企业人力资源专家曾建议，大学生在简历中应抓住重点，“不要告诉我你学了什么、做了什么，请告诉我你会什么”。这主要是指可迁移能力，如能和他人进行良好的沟通、能协调解决问题、具备良好的情绪和较强的抗压能力等。

完成能力探索表，看看自己具备哪些能力。

能力探索表

我的辉煌历程		我具备的能力
最自豪的事情		
获得过的最高荣誉		
家人、朋友对我最多的赞誉		

二、职业核心能力

（一）沟通能力

沟通是人与人之间信息、思想和情感的交流。父母与子女之间、老板与员工之间、同事之间、夫妻之间、朋友之间都需要沟通。可以说，人活在世上就必须与别人沟通。开展积极、主动的沟通有益于形成良好的人际关系。例如，良好的亲子沟通可以让父母和子女之间多一些理解和爱心，老板与员工之间的真诚沟通可以提升企业的凝聚力和向心力。

在职场中，同事之间因缺乏沟通而导致的冲突和矛盾并不少见。很多人喜欢独来独往，不喜欢与人交流，更不喜欢与人沟通，结果在执行任务时经常走弯路，甚至误入歧途，不能较好地完成任务。这些人总是疲于应付工作中出现的问题，他们埋怨问题太多、时间太少，总是被问题压得喘不过气来，可是他们很少思考造成这种状况的原因是什么。这在很大程度上是他们没有与人进行有效沟通的结果。有人说："猫狗是仇家，见面就掐。"其实，猫和狗之所以"见面就掐"，主要是因为在沟通上出现了问题。例如，"摇尾摆臀"在狗看来是友好的意思，在猫看来成了挑衅；而"呼噜呼噜"的鼾声在猫看来是放松、友好和休闲的意思，在狗看来成了示威，当然要"掐"了。

培养沟通能力，要注意以下几个方面。

一是要相互信任。信任是沟通的基础。如果沟通的双方彼此不信任，那沟通的结果必然是失败的。没有信任，与问题相关的种种信息就不能得到有效的传递，从而不能进行深层次的沟通。

二是要简明扼要，重点突出。不要用晦涩难懂的词语阐述问题、发表意见，同时尽量避免含糊其词。

沟通能力是一种职业核心能力

三是要注意把握沟通时机。实践证明，正确的沟通时机是发现问题并且充分了解问题的那一刻，只有在这个时候沟通才会顺畅。

四是要积极聆听。聆听也是沟通的基础。不仅要用耳朵听，还要用眼睛看，用大脑思考。

（二）合作能力

俗话说，没有优秀的个人，只有优秀的团队。在竞争越来越激烈的现代社会中，合作能力愈发凸显其重要性。在这个复杂多变的社会中，一个人的力量是有限的，甚至很渺小，人只有融入团队才能取长补短、共同进步。

所谓团队，并不仅是某个在一起工作的团体。团队并不是一群人的机械组合，而是一个有机的整体，团队成员除具备独立完成工作的能力外，还必须具备与他人合作完成工作的能力。

培养合作能力，要注意以下几个方面。

一是要认同自己所在的团队。团队的认同感是指团队成员对一些重大事件与原则问题，通常有共同的认识和评价，这是团队成员的共同目标。

二是要提升自己在团队中的信任力。理解是信任的基础。

三是要培养自己主动做事的协作品格。在工作中，主动做事能够让你脱颖而出，激发你的潜能，使你超越自我。

（三）问题解决能力

问题解决能力是指人们运用观念、规则、一定的程序与方法等对客观问题进行分析并提出解决方案的能力。初级的能力表现为能够发现一般的显性问题，能够初步判断问题，可以简单处理问题；高级的能力表现为能够在自己熟悉的领域较容易发现隐藏的问题，有一定的发现问题的技巧，具备一定的分析能力，能够根据现象探求解决问题的途径并找到答案，可以较好地解决问题。

培养问题解决能力，要注意以下几个方面。

一是要认真对待问题，不能逃避。问题不会因为你不面对它就自动消失，只有尽早面对问题，才能尽快解决问题。

二是要认真分析问题，透过错综复杂的现象找到问题的本质。有些问题看起来在表面，但深挖下去会发现与其他问题有复杂的联系。

三是要抓住主要矛盾，解决关键问题。“射人先射马，擒贼先擒王”就是这个道理。

四是要及时总结，认真复盘。问题出现说明存在漏洞，在问题得到解决以后，要及时复盘，思考完善现有状况的方法，避免“两次踏进同一条河流”。

（四）自我学习能力

自我学习能力是指树立终身学习的观念，掌握自我学习的方法，及时自省反思的能力。这是一个人保持持续成长的一种极为重要的能力。随着时代进步的速度越来越快，不具备自我学习能力的人很快就会被淘汰。有人说，康师傅最强大的竞争者不是今麦郎，而是外卖；富士康员工最大的对手不是同事，而是机器。一个人要及时走出自己的舒适圈，及时进行自我学习。

培养自我学习能力，要注意以下几个方面。

一是要勇于走出舒适圈。只有走出舒适圈，才能更清楚地看到学习的必要性，进一步看到面临的挑战。

二是要树立合适的目标。合适的目标是学习的动力。只有在有目标之后制订计划、执行计划，才能逐步实现目标。

三是要掌握方法，学会学习。学习需要方法，需要工具。要善于运用互联网工具提高学习效率。

四是要培养每天读书的好习惯。人的一生是需要学习的，学习的一种好方法就是读书。可以制定每天至少读书半小时的任务，并坚持去做。

（五）信息处理能力

信息处理能力包括收集信息的能力、判断信息的能力和运用信息的能力。收集信息的能力是指对于给定的目标，能选择适当的手段，自主地、不遗漏地收集信息的能力。判断信息的能力是指从众多的信息中选择必要的信息，判断其内容，并从中引出适当信息的能力。运用信息的能力是指以一定的表现方法，采取一定的形式，对信息进行整理、表现的能力。随着信息社会的发展，人们不仅要接收信息，还要以一定的形式发表自己的观点、意见和看法，这就需要具备信息处理能力。

培养信息处理能力，要注意以下几个方面。

一是要注意筛选信息。在纷繁的信息中，能快速排除干扰项，确定有用信息，也就是“去粗取精，去伪存真”的能力。

二是要注意切分信息。我们在处理信息时容易把几条信息混在一起当成一条信息，这时候需要把一条信息剖析成多个层次来帮助理解和分析。

三是要注意锁定核心信息。准确把握问题处理中的核心信息，能够做到事半功倍。

（六）创新能力

就个人而言，创新能力是指个体运用自身的知识、能力和素养创造性解决问题的能力。创新能力直接影响个人的工作水平。一个具备创新能力的人能够主动在工作和生活中发现问题，开动脑筋解决问题。

培养创新能力，要注意以下几个方面。

一是要有创新意识。例如，在生活中要善于观察、发现问题，并能够克服困难、解决问题。

二是要有创新思维。发散思维是创新思维的核心。面对同样一个问题，具备创新思维的人能够从不同的角度提出多种解决方案，从而另辟蹊径。

三是要有创新方法。创新能力可以通过训练与培养得到提高，掌握创新方法可以帮助个人更好地解决问题。

除此之外，随着社会的发展，表达能力、信息技术应用能力等也在职业发展中显得越来越重要。大学生要注重培养自身多方面的技能，成长为多元人才。

拓展案例

未来受欢迎的 6 种能力

未来受欢迎的 6 种能力

丹尼尔·平克在《全新思维：决胜未来的 6 大能力》里提到一个观点：世界已经从过去的高理性时代，进入一个高感性和高概念的时代，因此设计感、共情能力、讲故事的能力、整合的能力、娱乐感、意义感，这 6 种能力是非常稀缺且重要的。

（1）设计感。优秀的设计总能创造出一种新的解决方式，让事情得以顺利进行。在 2022 年北京冬奥会开幕式上，以“二十四节气”为主题的倒计时短片，用“中国式浪漫”美学惊艳了全世界，也让全世界领略了这一中国古老历法的独特文化魅力。

（2）共情能力。共情能力是一种能设身处地体验他人处境，从而达到感受和理解他人情感目的的能力。例如，微信总能做出一些我们特别想用、但没有想到的功能，就是因为微信的产品经理能够挖掘出用户都没意识到的需求。

（3）讲故事的能力。所有著名的畅销书作家、好的导演……都是讲故事的高手。《狙击手》是张艺谋导演拍摄的一部抗美援朝题材的电影。片中宏大的战争场面是由无数个体组成的，张艺谋团队选择从一个小切口切入，将故事凝聚在一个小团队和其中的个体身上，聚焦战场上个人的命运、个人的蜕变、个人的成长等方方面面。张艺谋在采访中说道：“观众是跟随人物看故事的，我一直在锻炼在电影创作中讲好人物故事的能力。”

（4）整合的能力。行业不断跨界，领域不断变化，最强的人不是总在从头学习的人，而是持续整合的人。《21 世纪商业评论》的发行人吴伯凡老师是从生态学的角度去讲商业、讲管理的，深受读者的欢迎。

（5）娱乐感。简单来说，娱乐感就是一种“让你觉得好玩的能力”。经典游戏《俄罗斯方块》其实是一款没有任何目的的游戏。它既不救公主也不找宝藏，唯一需要做的就是将方块连成一行并消灭。但即使这样，人们也愿意一直玩下去，因为大家享受这个玩的过程。

（6）意义感。意义感是一个人自我领导和领导他人的能力。微软百科投入了将近 1 亿元的预算、集结3000多名专业人士、花了8年时间去编撰词条，但最后还是不得不宣告失败；而维基百科只用微软不到1%的资源，却在10多年的时间里发展出将近1300万条词条和250种语言。它靠的是什么？靠的就是“全球所有人共享所有信息”的意义感。在一个变化的时代，意义感对我们的驱动更加深远。

三、找到个人与职业的动态平衡

什么职业最幸福

有的同学总是羡慕有些人不用上班，不用打卡，是“自由职业者”，但其实自由职业的本质并不是自由，而是职业能力。一位优秀的销售人员不用去坐班，但需要完成既定的销售目标；一位优秀的会计师有充分的就业自由，可以做财务，也可以做审计，可以做咨询。

（一）明尼苏达工作适应理论

找到个人与职业的动态平衡

明尼苏达工作适应理论起源于美国明尼苏达大学，是由罗圭斯特和戴维斯提出的，强调人境符合的心理学理论。该理论认为：只有当工作环境能满足个人需求（内在满意），个人也能顺利完成工作要求（外在满意）时，个人在该工作领域才能持久发展。也就是说，个人需要努力维持与工作环境之间的一致关系，一致性越高，个人的工作满意度就越高，个人在该工作领域也就越持久。

明尼苏达工作适应理论把职业分成4个要素。一是个人能力。例如，一个人的学业水平、能力、资源等。二是个人需求。例如，经济收入的需求、个人前途的需求、个人工作成就感的需求等。三是职业要求。例如，工作的结果、绩效、指标等。四是职业回馈。即通过工作个人能够有哪些收获，包括物质收获和名誉地位。

如果一个人的能力与他的职业总是很匹配，他的绩效高、打分好、等级高……这就意味着组织对他很满意，简单来说就是他比较“成功”。如果一个人总是很满意组织给他的回馈，觉得自己在组织中有成长、收入高、氛围好……他就会比较“幸福”。对个人来说，适合的职业是既成功又幸福的；对企业来说，适合的职业是这个员工能干好的，也是他想干的。但是，这种平衡并不是一直存在的，一旦这种平衡被打破，两者之间就有一方需要做出改变，而如果这种情况持续得不到改变，一方就会出现抱怨情绪。

（二）如何找到个人与职业的动态平衡

当个人的能力与工作要求相匹配时，个人就容易发挥自己的潜能，并获得满足感。反之，当个人去做力所不能及的事情时，就会感到焦虑，产生挫败感。性格和兴趣因素虽然对工作满意度有重要影响，但它们不直接影响工作效率，不直接决定工作完成情况。因此，做自己能够胜任的工作，培养和发展个人能力，发挥潜能，才是企业和个人共同的追求。

那么在工作中，应该如何找到个人与职业的动态平衡呢？其核心在于提高自身的职业能力。

一是不断充实自己，提高自己的综合素质。毕业证书和职业资格证书只是个人进入某一行业、企业的敲门砖，只有在职场中快速、有效地解决问题，才能显示自己的能力。而且随着社会的快速发展，个人必须树立终身学习的观念，不断更新自身知识结构和能力结构，以适应不断变化的社会环境需求。

二是让企业看到自己的价值。明尼苏达工作适应理论认为，个人对环境满意的另一面，就是企业对个人满意。在复杂的企业环境中，无论从事哪个环节的工作，都要认认真真做好，让企业看到自己的价值。

三是实现个人与集体的双赢。没有平凡的工作，只有平凡的态度，要以积极主动的心态对待每份工作，这既是对企业的贡献，更是对自身能力的历练。广东某职业院校的行政管理人员根据学校行政工作的实际情况，结合自己所学的专业知识，将项目管理中的甘特图技术运用到学校行政督办事项管理中，设计了“督办事项工作台账”，不仅让督办事项的管理人员可以实时、有效地掌握督办事项的进度和资源分配，还能够加强过程的可视化管理、人员的实时沟通，把责任和任务落到实处，让督办事项有序进行，提高了行政管理效率，确保了督办事项的落地。

完成能力提升表，通过对比现在已经拥有的能力和还需要发展的能力，找出自己应该努力的方向。

能力提升表

我以后想从事的职业		
一般能力	我已经拥有的	
	还需要发展的	
专业能力	我已经拥有的	
	还需要发展的	
综合能力	我已经拥有的	
	还需要发展的	

拓展案例

财务人员如何快速融入业务

在华为内部，任正非谈及对财务人员的要求，不止一次说过如下的话：如果财务人员不懂业务，就只能提供低价值的会计服务；财务人员必须有渴望进步、渴望成长的自我动力；没有项目经营管理经验的财务人员不可能成长为CFO（首席财务官）；称职的CFO应随时可以接任CEO（首席执行官）。财务人员融入业务，是华为对财务人员的基本要求。为此，华为甚至制订了财务干部与业务干部的双向交流计划。

任正非明确要求，财务干部要懂些业务，业务干部应知晓财务管理。企业内应有序开展财务和业务干部的互换及互通，只有混凝土结构的作战组织，才能高效、及时、稳健地抓住机会点，在积极进攻中实现稳健经营的目标，使企业推行的LTC、IFS能真正发挥作用。

从各业务部门抽调人员到财经管理部任职，加强财经组织的业务建设，改变财经组织一直以来简单、固执、只会苦干不会巧干的做法。用任正非的话说，此举是在财经组织里加入一些沙子，是为了形成混凝土，并非要取代财务人员。当然，换岗的业务人员要先通过专业的考试。

财务人员融入业务，好说难做，具体的路径有哪些、如何快速做到？任正非给财务人员指出了三个方向。

方向一：参与项目管理。

企业的规模越大，财务人员的分工越细，导致财务人员往往只能专注一小段工作，很难窥探财务工作的全貌。基层财务人员要想尽快掌握会计整体，最好的选择是做项目财务。一个项目相当于一家小企业的完整发展周期，全面且贴近业务，财务人员经历了这样的循环，可以为转身成为 CFO 奠定基础。

方向二：参与经营分析。

华为推崇经营分析，而不是单纯的财务分析。华为要求财务分析一定要结合实际，服务业务部门，否则分析报告的作用有限。具体而言，财务分析要透过财务数据挖掘背后的业务原因，指出问题、找出对策、落实责任、到期考核。这样下来，财务分析自然突破了财务的范畴，成了一把手工程。

方向三：参与预算预测。

财务人员必须不断与业务人员沟通才能得出务实的结论。计划与预算、核算是什么关系？计划是龙头，制订计划的人一定要明白业务。只有计划做好了，预算与核算才有依据来修正、考核计划。计划是方向，预算是量化，核算是校验，三者互相促进，关键点是做计划的人要懂业务。

《华为基本法》第八十一条规定："公司以及事业部和子公司的财务部门，应定期向财经管理委员会提交预算执行情况的分析报告。根据预算目标实现程度和预算实现偏离程度，考核财务部预算编制和预算控制效果。"财务对业务的支持从事后走向事前，预测是可以为之的举措。进行准确的预算预测有助于企业做出正确的决策，可以优化企业的资源配置。在财务分析报告的结尾处往往要对全年经营指标进行预测。预测准确与否，从某种程度上讲也是检验财务分析效果好坏的标尺。

任务三　千里之行，始于足下——明确职业目标

案例导入

价值观是目标背后的动力

明确职业目标

小云和小丽共同毕业于一所专科学校的会计专业，两人都到了一家大企业上班。小云的职业目标是成为大企业的 CFO，因此她除完成每天繁重的工作任务外，还会在业余时间准备会计师考试，非常辛苦。但小丽对工作没有太多的要求，只希望自己有份稳定的工作，让自己经济独立就可以。因此，小丽在工作中按部就班地完成上级交代的任务，很少加班，日子过得很舒适。十年后，小云成功成为一家企业的 CFO，成为炙手可热的人才，而小丽还在当时的企业做当时的工作。面对不断涌入的新人，她有些担心自己是否能保住现在的职位。

案例分析

小云和小丽对未来的职业发展有着明显不同的选择。小云追求的是成为CFO，更直接说是权力和地位。小丽追求的是身心健康，工作不能有太大的压力。其实，小云和小丽的选择代表着两种职业价值观。

一、职业价值观

（一）职业价值观的含义和作用

价值观是一个人对人、事、物和自身行为结果的意义与作用的总体评价，简单而言是一个人对好坏的判断标准。价值观是目标背后的动力。职业价值观是人生目标和人生态度在职业选择方面的具体体现，也就是一个人对职业的认识和态度，以及他对职业目标的追求和向往。个人的理想、信念、世界观对职业的影响集中体现在职业价值观上。我们在选择职业的时候，需要知道哪些对自己来说是最重要的、哪些是可以退而求其次的，而这个选择的标准就是职业价值观。由于所处的人生阶段不同、社会环境不同，人的需要会发生变化，从而使职业价值观发生变化。因此，大学生应根据需要及时审视自己的职业价值观。

心理学领域的马斯洛需要层次理论认为，人的需要有5个级别，通常被描绘成金字塔内的等级。从层次结构的底部向上看，分别为：生理需要（经济保障、工资待遇）、安全需要（人身与财产、工作稳定、工作条件）、归属与爱的需要（人际关系、团队合作）、尊重的需要（成就、声望、地位）、自我实现的需要（发展和成长、创造性、社会意义）。马斯洛认为需要层次越低，力量越大，潜力越大。随着需要层次的上升，需要的力量相应减弱。在高级需要出现之前，必须先满足低级需要。在从动物到人的进化中，高级需要出现得比较晚，婴儿只有生理需要和安全需要，自我实现的需要在成人后才会出现。只有人类才有自我实现的需要。

拓展案例

李响的职业选择

李响今年40岁，他的职业经历很丰富。从师范学校物理专业毕业后，为了追求稳定的工作，他进了一所中学做教师。工作几年后，他做出了不少成绩，在物理方面的科研成果还获得过市级奖项。此时，有培训公司出很高的薪资邀请他做物理教师，带领学生做科研工作，这实际上和他目前的工作内容很像，只是需要他从这所中学辞职，到公司上班。权衡之后，他并没有答应，因为这家培训公司处在闹市区，所做的事情非常商业化，而自己喜欢在安静、单纯的环境中工作，学校的氛围让他感到舒适。另外，每年的两个固定假期让他可以享受和家人在一起的时光。

又过了几年，他的老同学给他打电话，说自己现在在一家科研单位工作，邀请他加入一个物理新项目研究小组做科研工作，为一家公司做产品研发，薪资很高并且有出国的机会。这对李响来说有很大的吸引力，因为这个薪资比当教师高出好几倍，而且可以去国外工作。但为此就要离开学校，失去每年的两个固定假期，这让他很难接受。另外，长期在国外工作也让他担心不能陪在家人身边，将来会有家庭方面的遗憾。经过反复比较，他还是放弃了这个机会，虽然有些遗憾，但还是留在学校让他感到踏实、稳定。

两年后，由于教学和科研成果都非常出色，他担任了物理教学组的组长，学校正好有人事调整的机会，他又被聘为重要的管理干部，任副校长兼教务处处长。一开始，李响非常乐于接受这样的安排，因为这意味着他得到了晋升，职业生涯有了新的挑战。他很努力地在新的岗位上工作，也慢慢积累了管理方面的经验，但过多的行政工作使他不得不减少了上课时间。仔细权衡后，相比行政工作，他更喜欢和孩子在一起上课，因此他辞去行政职务，潜心教学，直到退休。

（二）职业价值观的分类

12 类职业价值观

职业价值观体现了一个人对工作相对稳定的、内在的追求。对于职业价值观的分类，不同的学者有着不同的方法。我国学者阚雅玲提出 12 类职业价值观。

第一类：收入财富。持有这类职业价值观的人将薪酬作为选择职业的重要依据，追求工作报酬，并以此改善生活质量，彰显自己的能力。

第二类：兴趣特长。持有这类职业价值观的人将兴趣和特长作为选择职业的首要标准。在很多时候，他们会拒绝做自己不喜欢、不擅长的工作。

第三类：权力地位。持有这类职业价值观的人有较高的权力欲望，希望影响或控制他人。

第四类：自由独立。持有这类职业价值观的人希望工作时间有弹性，不受到太多束缚，如自由职业者。

第五类：自我成长。持有这类职业价值观的人希望工作能够为自己提供培训和锻炼的机会，从而在工作中不断提高自己。

第六类：自我实现。持有这类职业价值观的人希望工作能够为自己提供平台和机会，从而实现自身价值。

第七类：人际关系。持有这类职业价值观的人将工作场所的人际关系视为重要指标。同事关系的和谐程度直接影响着其工作欲望。

第八类：身心健康。持有这类职业价值观的人要求工作免于焦虑和过度劳累，不希望有过大的压力。

第九类：环境舒适。持有这类职业价值观的人要求工作环境舒适。如果每天的通勤时间达 4 小时，办公场所嘈杂拥挤，那这类人很可能辞职。

第十类：工作稳定。持有这类职业价值观的人不追求高收入和高声望，而是要求工作免于奔波、相对稳定，不接受频繁换工作。

第十一类：社会需要。持有这类职业价值观的人根据组织号召，为社会做贡献，希望从事公益性工作。例如，江西省新余市“最美乡村教师”蒋国珍，他生活极度俭朴，用全部收入奖励来资助贫困学生。在他的职业价值观中，排在第一位的就是社会需要。

第十二类：追求新意。持有这类职业价值观的人讨厌一成不变的工作内容，希望工作内容经常变换。例如，设计师、导演等职业。

职业生涯规划大师唐纳德 • E. 舒伯提出了工作价值量表。该量表将职业价值观分为三个维度。一是内在价值维度，指与职业本身性质有关的因素，包括 7 个因子——智力激发、利他主义、创造发明、独立自主、美的追求、成就满足、管理权力。二是外在价值维度，指与工作内容无关的外部因素，包括 4 个因子——工作环境、同事关系、上司关系、多样变化。

三是外在报酬维度，指在职业活动中能获得的因素，包括4个因子——声望地位、安全稳定、经济报酬、生活方式。

唐纳德·E. 舒伯的职业价值因子

职业价值因子	内　涵
智力激发	工作的目的和意义在于提供独立思考、学习和分析事物的机会
利他主义	工作的目的和意义在于直接为大众的幸福与利益出一点力
创造发明	工作的目的和意义在于能让个人发明新事物、设计新产品或发展新观念
独立自主	工作的目的和意义在于允许个人以自己的方式和步调来做事，不受太多限制
美的追求	工作的目的和意义在于努力使这个世界变得更好，而且能得到美的享受
成就满足	工作的目的和意义在于能看到自己努力工作的具体成果，不断完成自己想要做的事，并以此获得精神上的满足
管理权力	工作的目的和意义在于能赋予个人权力来策划工作、分配工作并管理下属
工作环境	工作的目的和意义在于追求比较舒适、轻松、自由、优越的工作条件及环境
同事关系	工作的目的和意义在于能与志同道合的伙伴一起愉快地工作
上司关系	工作的目的和意义在于能与主管平等且融洽地相处，获得赏识
多样变化	工作的目的和意义在于能尝试不同的工作内容，工作内容丰富多样、富有变化
声望地位	工作的目的和意义在于提高个人身份或声望，所从事的工作在人们的心中有较高的社会地位，自己受到他人的尊重
安全稳定	工作的目的和意义在于提供安定生活的保障
经济报酬	工作的目的和意义在于能获得优厚的报酬，使个人有能力购买想要的东西
生活方式	工作的目的和意义在于能选择自己的生活方式，并实现自己的理想

创新工场的创始人李开复曾说过，一个人要想取得成功，就必须拥有正确的价值观，因为价值观是指导所有态度和行为的根本因素。如果你重视生活的稳定性，就不要选择需要一直出差的工作；如果你不喜欢按部就班的生活，看中创造性，那设计类工作将是不错的选择。

一个人只有明确自己的职业价值观，才能明白工作的目的和意义是什么，在面对多种职业选择的时候，才能清楚自己的需要，做出明智的决定，最终找到适合自己的职业。

二、明确自己的职业价值观

有人认为高薪的工作是好工作，有人认为稳定的工作是好工作，也有人认为受人尊重的工作才是好工作。关于“什么是好工作”这个问题，每个人都有自己的答案。因为每个人的职业价值观不同，所以判断职业好坏的标准也就不一样。那么，如何才能明确自己的职业价值观呢？

拓展案例

你最想干什么

赵明的困惑

学生赵明：“老师，我想在毕业时考初级会计师，可是我的拖延症太厉害了，每天上完课、参加完各种活动，我根本不想学习，怎么办呢？”

老师：“你为什么要考初级会计师呢？这并不是毕业的必需条件。”

学生赵明：“因为在获得初级会计师资格后，我能增加自己的就业机会，以后才有可能过上更舒服的日子。”

老师：“如果你只是想过更舒服的日子，那怎么能期待自己放弃现在的舒服，付出百分之百的努力呢？关于自己的职业发展，你最关注的是什么呢？先别给出答案，我们来做个测试。”（老师拿出纸和笔）

（一小时后）

学生赵明：“通过这个测试我明白了自己真正的职业价值追求。我觉得既然选择了会计专业，即使毕业不需要，我也会要求自己考初级会计师。因为只有这样，我以后才能找到更好的工作，才能把我的优势发挥出来。”

老师：“对，价值观是目标背后的动力，它没有好坏、对错之分，也会随着人生境遇发生改变，却是我们职业前进的方向。”

从上面的案例中我们能够发现，学生赵明一开始以为自己的职业价值观是追求舒适的生活，但经过测试，他才知道自己真正的职业价值观是实现自我价值。

关于如何明确自己的职业价值观，有专家提到了一个有用的工具，主要包含以下几步。

明确你的职业价值观

首先，请留出空余时间，找一个安静、不被打扰的地方，拿出纸和笔，回答这样6个问题。

（1）生命中什么对我来说最重要？

（2）什么会让我充满动力？

（3）我最享受什么？

（4）当生命结束的时候，我会为什么事情感到高兴？例如，我做了什么、我取得了哪些成就、我是谁等。

（5）我最崇拜、欣赏的人是谁？他身上有哪些特质？

（6）什么最让我生气或难过？

你需要从这些问题的答案中提炼出10个代表职业价值观的词语。如果问题的答案相似，那你可以进行归类。例如，生命中家庭对你来说最重要，你最崇拜某人也是因为他很爱他的家人，那这两个问题就是一个答案，都是家庭或爱。

其次，在写出这10个代表性的词语后，你需要对它们进行排序。在很多时候，排序是很困难的。如果你实在很纠结，那可以问自己：“在这两个职业价值观中，如果事关生死，那我会选择哪个？”通过这样的方式把10个职业价值观排列出来，像下面这张表格一样填好顺序。

这是一张已经排好序的表格，这位同学将自我价值的实现排在了第一位。

明确自己的职业价值观（例）

职业价值观排序	
1. 自我价值的实现	2. 家人 / 爱
3. 自我成长	4. 环境舒适 / 健康
5. 工作稳定	6. 自由 / 旅行
7. 财富	8. 认可
9. 独特 / 创造	10. 公益 / 感恩

我们要明确：一个人在不同的年龄段、不同的生活境遇中，对职业价值观的选择会有改变。

最后，在将提炼的职业价值观排好序后，请写出你的一个 5 年目标。要写明这个目标为什么对你来说很重要，体现了你的哪些职业价值观，也就是目标背后的动力。动力越大，你就越有可能为实现目标而付出不懈的努力。

三、聚焦目标，排除干扰

（一）目标的作用

目标是一个人前进的方向。哈佛大学曾针对目标、规划对人的影响进行长达 25 年的调查研究。第一次研究结果显示：27% 的人没有目标，60% 的人目标模糊，10% 的人有清晰但较短的目标，3% 的人有清晰且长远的目标。之后，这群年轻人开启了自己的职业生涯。25 年后，调查者又对这些调查对象进行回访，结果显示：3% 有清晰且长远目标的人，25 年来几乎不曾改变自己的人生目标，在确定目标后就一直努力不懈，他们中有的是创业者，有的是行业精英。25 年前，他们就明确知道自己想要什么，而其他人不清楚或不是很清楚。由此可见，目标对一个人的人生有巨大的指引作用，它就像迷雾中的灯塔，总能指出归航的路。

拓展案例

小云的目标

老师：“小云，你从一个普通学校的会计专业学生，做到如今百亿级企业的 CFO，用了多长时间？”

小云：“我毕业后到小公司做审计 2 年，到全球四大会计师事务所之一做审计 4 年，管理并带团队 4 年，管理上市公司的审计团队 2 年，这样算起来一共 12 年。”

老师：“从你的简单描述中我们能看出，你对未来有明确的目标和清晰的思路。你是如何对自己的职业生涯进行规划的呢？”

小云：“我认为，在这个世界上最大的浪费就是走弯路，因为时间和生命是最宝贵的。我刚开始工作时起点不高，在小公司做审计，但我的路径很清晰，就是做专业的工作。在进入上市公司的审计团队以后，我一直在刻意提高自己的项目管理能力，为以后的发展打基础。”

老师：“你身边的同事也都是这样有清晰目标的人吧？毕竟我们很容易受他人的影响。”

小云：“其实不是。有 2 年时间，公司人事变动频繁，同事都无心工作。在这段时间，我就定位职业外发展——用大量的时间学习，准备会计师考试，丰富人脉、增加通用技能。正是这 2 年的储备，让我做好充足的准备跳槽到更好的公司发展。”

（二）目标的分类

从时间的角度来看，目标可以分为长期目标、中期目标和短期目标。要想实现长期目标，就必须逐步实现中期目标和短期目标。

1. 长期目标

长期目标一般是 5 年以上的目标。人们在生活中很容易忽视长期目标。有人认为，5

年以上的目标太遥远了，时间变化很快，制定那么长远的目标最终很可能会改变。其实长期目标是一种战略性目标，不需要太具体，但需要有指导性。

制定长期目标需要考虑几个方面的问题：是否符合自己的职业价值观、对自己的目标是否有足够的兴趣、目标是否有挑战性、经过努力目标是否能够实现等。

2. 中期目标

中期目标一般是 3～5 年的目标。中期目标是在长期目标的基础上制定的，如毕业后是进入职场，还是继续深造，抑或是创业。相比长期目标，中期目标较为具体，需要结合自己的专业、兴趣、能力和掌握的社会资源制定，要用明确的语言做出定量的说明，最好有可以评估的标准。

3. 短期目标

短期目标通常是每月、每周的目标，是中期目标和长期目标的具体化。短期目标必须切合实际，有可操作性，明确规定完成任务的时间。每个人要养成制定短期目标的习惯。一般而言，短期目标的制定可以遵循以下几个原则。

（1）短期目标是具体的，而不是模糊的。不是“我要进行专升本”，而是“从现在起，我每天花两小时准备专升本考试”。

聚焦目标，排除干扰

（2）短期目标是量化的。例如，期末考试我每门科目的成绩都要在 85 分以上。

（3）短期目标是可以实现，但要有一定挑战性的。这样的目标既立足于人的自身水平，又可以激发人的潜能。

（4）短期目标是有价值的。实现短期目标能让你感受到成就感和价值感。

（5）短期目标是有时间期限的。要规定在多长时间内完成目标，如“我要在三个月内通过英语四级考试”。

（三）执行目标的方法

聚焦目标，排除干扰

目标制定后，最重要的就是执行。当今社会，执行力是体现一个人综合素质的重要指标。只制定目标不执行，或者执行不到位，最后不会有收获，这样的人也会成为“思想上的巨人，行动上的矮子”。任何目标与规划都需要脚踏实地，一步步执行。下面介绍两种执行目标的方法。

1. 倒推法

倒推法就是从结果出发，一步步往前倒推该干什么，直到当下。我们往往习惯于应用“条件导向法”，即从现有的条件出发，条件有多少，就做多少，也就是说，条件决定结果。而如果以期望的目标从后往前来推导，你就会发现很多问题都能迎刃而解。倒推法有对全局的考虑，可以集中精力；能够看到行动与结果的关联，便于坚持；能够让所有行动处于正确的位置，提高效率。

小贴士

用倒推法制作一幅关于学习英语的路线图

第一步，拿出一张白纸，在白纸的左右两边各画一个圈，左边是现在，右边是提升英语水平。

第二步，我们知道英语水平的提升需要在词汇、阅读、口语、写作四个方面付出努力，因此需要在“提升英语水平”的左侧画四个圈，分别写上自己在这四个方面的具体要求。例如，词汇量达到 5000 个。

第三步，一步步分析词汇量达到 5000 个需要怎么做，把想到的途径写下来。这里以背单词为例进一步倒推。

第四步，思考背哪个级别的单词，是四级还是六级。

第五步，思考背单词需要怎么做，得出结论：需要每天坚持半小时。

按照这样一步步倒推，关于学习英语的路线图就制作出来了。

“千里之行，始于足下。”在制定目标时，第一步一定要很小，是你现在就可以做的。例如，每天至少安排半小时背单词，每天背 50 个单词。

2. 最小每日行动

虽然很多人在理论上能够认识到执行目标很重要，但是不得不承认，在实践中还是有很多人对目标只有三分钟热度，无法坚持执行。出现这种问题的一个重要原因是，我们无法看到当下所做的小行动和大目标之间的关联。其实，每个大目标都是由一个个小行动构成的。因此，我们需要把路线图中的每一步细化成小行动，也就是每日最小行动。

每天花一点时间，做一件可以帮助你达成目标的事情。如果你希望减肥 20 斤，那你的最小每日行动应该是每天晚上不吃碳水化合物类的食物。注意：一次最好只制定一个最小每日行动，因为同时坚持多个很难完成。

根据学习到的方法，在下表中制订你的行动计划吧。

制订你的行动计划

姓　名	
要实现的目标	
完成目标的时间	
最小每日行动	

项目小结——敲黑板，画重点

学会扬长避短：

老虎特质的人的优势：自信、勇敢、执行力强。劣势：缺乏耐心、容易冲动、不与人配合、忽略细节。

海豚特质的人的优势：表达能力和适应能力较强、喜欢团队合作。劣势：有些粗心、莽撞，专注力不强。

企鹅特质的人的优势：踏实稳健、有耐心、专注力强。劣势：适应能力较差、反应缓慢、相对保守。

蜜蜂特质的人的优势：工作标准高、执行力强、很认真、重承诺、守规则。劣势：不够灵活、不懂变通，容易钻牛角尖。

八爪鱼特质的人的优势：兴趣广泛、整合能力强。劣势：缺乏持久的专注力、善变、没有原则。

霍兰德职业兴趣类型：实用型、研究型、艺术型、社会型、企业型和事务型。

培养核心能力：

一般而言，职业核心能力包括沟通能力、合作能力、问题解决能力、自我学习能力、信息处理能力、创新能力。随着社会的发展，表达能力、信息技术应用能力等也在职业发展中显得越来越重要。

明尼苏达工作适应理论认为：只有当工作环境能满足个人需求（内在满意），个人也能顺利完成工作要求（外在满意）时，个人在该工作领域才能持久发展。

要想找到个人与职业的动态平衡，核心是提高自身的职业能力。一是不断充实自己，提高自己的综合素质；二是让企业看到自己的价值；三是实现个人与集体的双赢。

明确职业目标：

短期目标通常是每月、每周的目标，是中期目标和长期目标的具体化。短期目标必须切合实际，有可操作性，明确规定完成任务的时间。一般而言，短期目标的制定可以遵循以下几个原则：（1）短期目标是具体的，而不是模糊的；（2）短期目标是量化的；（3）短期目标是可以实现，但要有一定挑战性的；（4）短期目标是有价值的；（5）短期目标是有时间期限的。

课后测试题——闯关测试验所学

前三道测试题的具体内容见二维码。

在线测试

四、综合训练

(1)结合职业能力和职业核心能力的相关知识讨论：你认同未来受欢迎的6种能力吗？作为财务人员，你认为自己需要具备哪些能力？

（2）结合自身专业和实际情况，制定个人的长期目标、中期目标和短期目标，并运用倒推法细化短期目标，制定最小每日行动。

（3）“与人不求备，检身若不及”出自《尚书·商书·伊训》。这句话的大概意思是：对待别人不应过于苛求，要看到别人的长处、优点；而对待自己要严格，要经常认识自己的不足。只有这样才能保持谦虚、谨慎，既能学到别人的长处，又能改正自身的缺点。请结合所学所感和自身生活实际，谈一下你对这句话的理解。

项目二 恒心铁杵磨成针——岗位能力

项目音频导学

思政导读

祝穆《方舆胜览·眉州·磨针溪》中说：“世传李太白读书山中，未成，弃去，过是溪，逢老媪方磨铁杵，问之，曰：‘欲作针。’太白感其意，还卒业。”这里的“磨铁杵，欲作针”的意思是，只要功夫深，铁杵磨成针。比喻只要有决心，肯下功夫，不管多难的事也能做成功。

启示

对财务人员来说，每天做着一些重复性的财务工作，更需要有恒心、细心和毅力。只有经过一点一滴的积累，才能实现自己的华丽转身，成为一位合格的职场财务人。

学习目标

素养目标

- 热爱财务工作，具有严谨细致的工作作风和职业习惯；
- 熟悉财经法纪，遵纪守法，清正廉洁，树立正确的人生观、价值观；
- 具有较强的人际沟通能力，愿意运用所学知识服务社会。

知识目标

- 掌握各个财务岗位工作守则的基本要求；
- 掌握财务人员日常业务核算和管理的基础知识；
- 掌握企业会计核算理论、核算方法和会计报表的编制方法。

能力目标

- 能熟练使用各种票据、计算器、计算机、点钞机、保险柜等工具；
- 能识别原始凭证、填制记账凭证、登记账簿、期末对账、编制报表，并进行财务分析；
- 能运用互联网技术独立完成票据结算、财务数据申报、纳税申报等业务。

思维导图

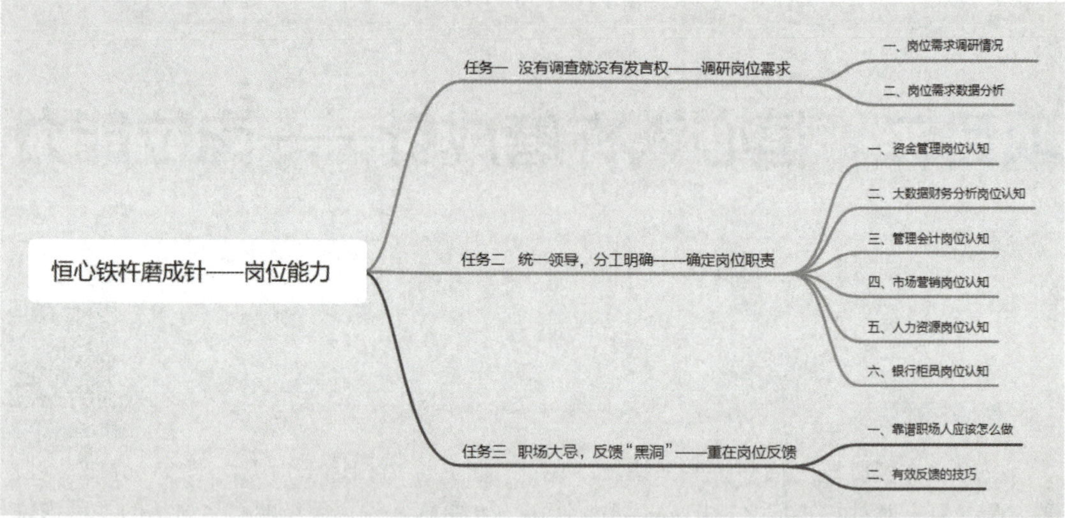

任务一　没有调查就没有发言权——调研岗位需求

案例导入

职场知识知多少

杨同学是 ×× 高职院校 2021 届毕业生，所学专业是会计信息管理专业。毕业后，他想找本专业的工作，可是找了一段时间一直没有回音。后来，他就什么工作都投简历。但是，到那些基层单位面试时，用人单位又觉得他一个大学生做这种工作肯定待不住。由于一直找不到工作，他只能回家待业，直到现在都不敢出来找工作，感觉很困惑。

案例分析

杨同学遇到的这种情况是现在大学生中普遍存在的。因为他们在选择工作时是盲目的，他们的工作经验和专业知识也是欠缺的，再加上他们不明确自己下一步找工作的位置在哪里，所以最终失败。因此，在找工作前，必须对职场进行系统化的了解，如职场里到底有哪些行业？行业的发展趋势是怎样的？行业里又有哪些岗位？岗位的具体要求及趋势是怎样的？

其实大学生就业并不难，关键是要了解职场、明确目标，只有知彼知己，才能求职成功。

一、岗位需求调研情况

为调研财经专业岗位需求，我们设计了调研问卷。鉴于财经专业比较多，

岗位需求调研问卷

因此我们选择和现代信息技术结合比较紧密的“会计信息管理专业”作为代表，调研了60家单位，单位性质包括事业单位、国有企业、民营企业等，所属行业分布均匀，单位规模层次全面，对于后续数据分析具备可参考性。

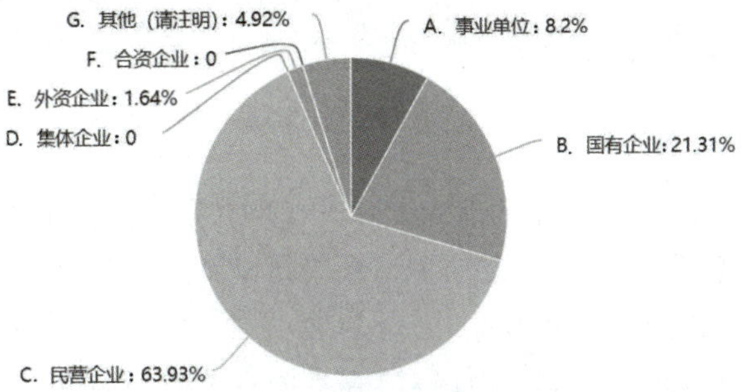

被调研单位性质

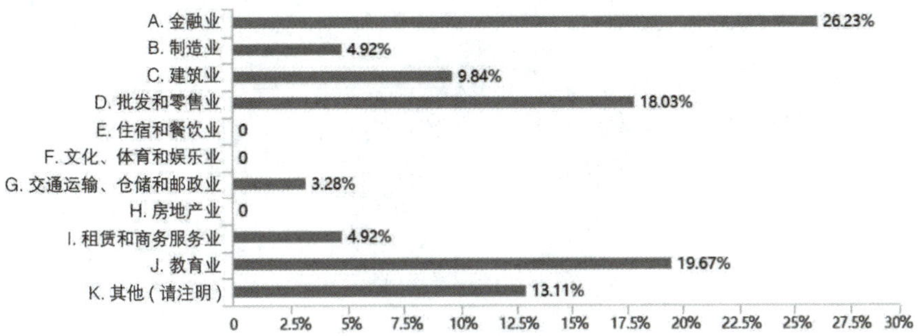

被调研单位所属行业

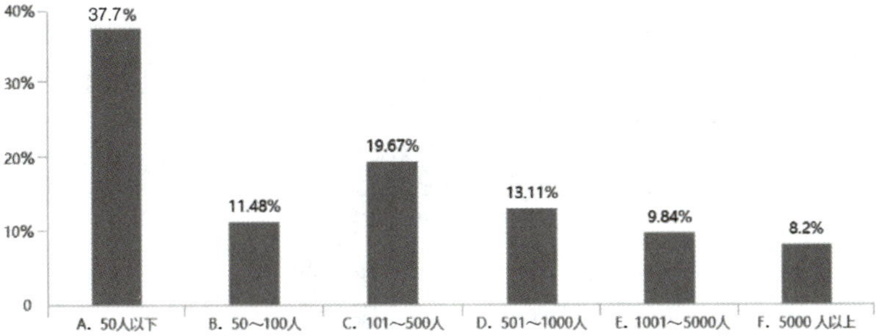

被调研单位规模

调研问卷的内容主要包括被调研单位的基本信息、被调研单位对会计信息管理专业人才的岗位需求情况、被调研单位对会计信息管理专业人才的岗位能力要求（知识要求、能力要求和素质要求）等，调研结果以期为后续的“财经就业指导”课程教学提供新思路。

小贴士

“小贴士”的详细内容《孙子兵法·谋攻篇》具体见二维码。

孙子兵法·谋攻篇

二、岗位需求数据分析

岗位需求情况

（一）岗位需求情况

会计信息管理专业毕业生的职业发展路径一般为资金管理岗位、财务核算岗位、税务管理岗位、成本信息管理岗位、会计信息系统维护岗位、财务系统维护岗位、大数据财务分析岗位、会计主管、财务经理、财务总监、大型集团公司财务总监、大型跨国集团公司财务总监等。被调研单位对会计信息管理专业人才的岗位需求情况是我们确定就业指导方向的重要依据。

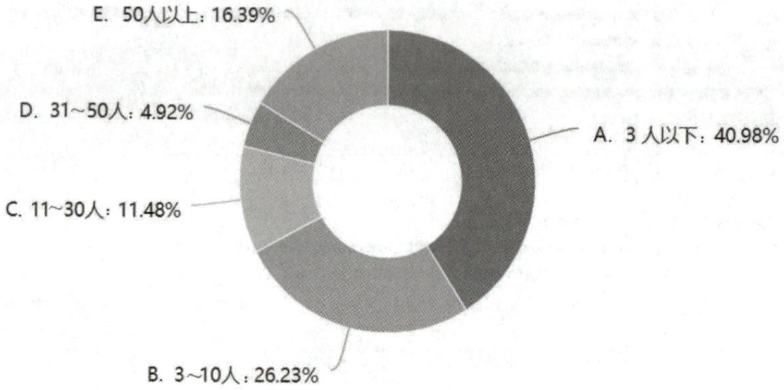

被调研单位现有会计信息管理专业人才数

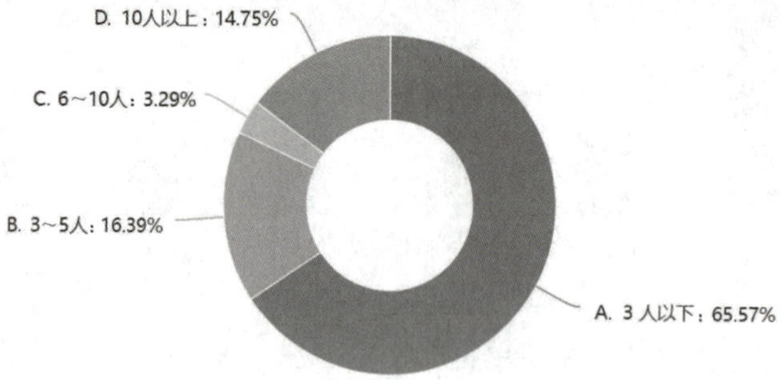

被调研单位拟招聘会计信息管理专业人才数

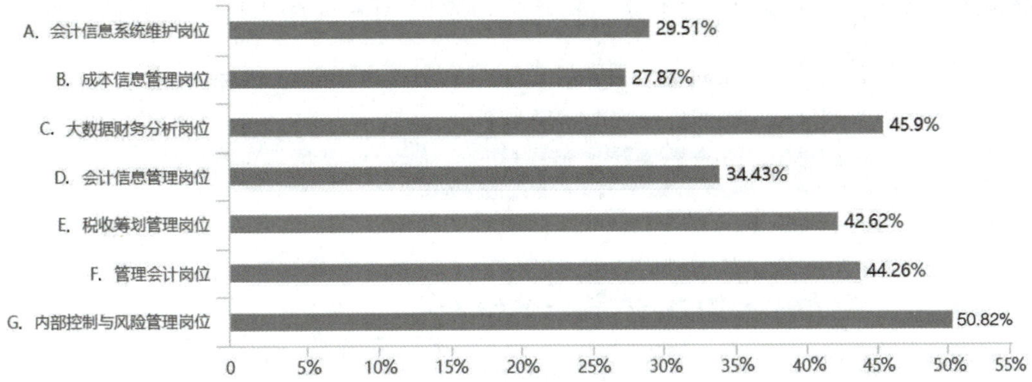

被调研单位需求岗位（多选题）

此次调研结果显示：被调研 60 家单位现有会计信息管理专业人才数 3 人及以上的比例达到 59.02%，拟招聘人才数 3 人及以上的比例为 34.43%，说明目前就业市场有需求，但竞争激烈，因此要培养学生的求职能力，提升其就业竞争力。被调研单位对于岗位的需求，以内部控制与风险管理岗位、大数据财务分析岗位、管理会计岗位为主，符合当前会计转型发展需要。因此，在对财经学子进行就业指导时，应培养前沿岗位所需要的岗位技能。

（二）岗位能力要求

经济趋于下行时，各类用人单位的经营成本逐步加大，用人单位对专业人才的要求也越来越高，对人才的知识要求、能力要求、素质要求等都提出了相当高的标准。

1. 被调研单位对会计信息管理专业人才的知识要求

下图显示：被调研单位普遍认为会计信息管理专业人才要有较为扎实的专业技术，只有这样才能有较强的财务分析能力；还应该重点掌握行业法律法规，精通国家在税收制度上的减免政策和《中华人民共和国票据法》等相关法律制度，只有这样才能为企业服务，解决企业的实际问题；还应该具有一定的计算机应用知识，只有这样才能掌握财务信息系统的特性，和现代大数据技术接轨。

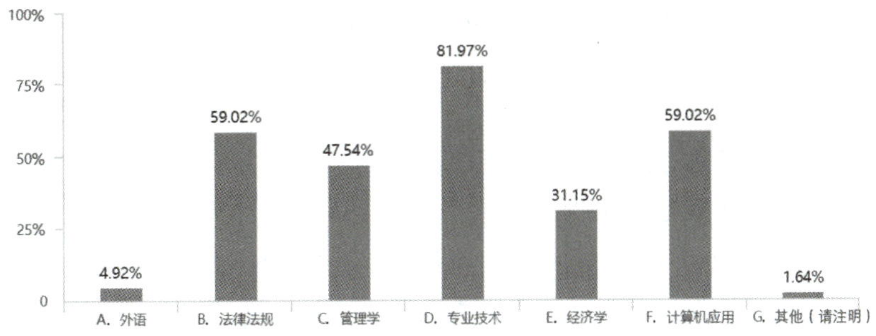

被调研单位对会计信息管理专业人才的知识要求（多选题）

2. 被调研单位对会计信息管理专业人才的能力要求

下图显示：被调研单位在专业技术能力方面比较看重财务分析能力（88.52%）和财务软件运用能力（80.33%）。作为一位合格的从事财务工作或审计工作的人员，应该具备较强的专业技术能力，这种能力直接关系到其工作成果，直接影响到其生存发展的机会。

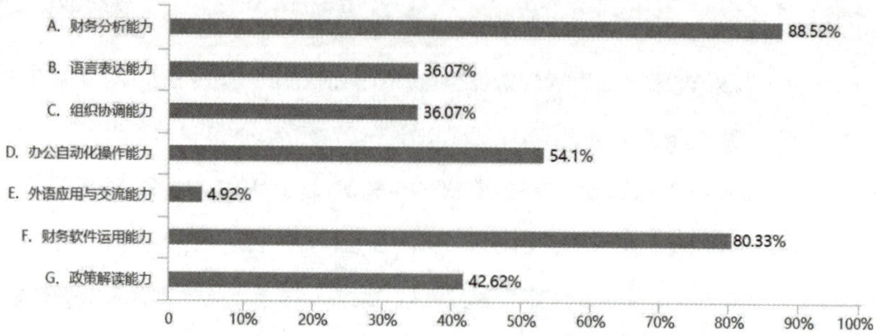

被调研单位对会计信息管理专业人才的能力要求（多选题）

3. 被调研单位对会计信息管理专业人才的素质要求

下图显示：被调研单位的素质要求前四名分别是责任心（80.33%）、诚实守信（67.21%）、团队合作精神（57.38%）、敬业精神（55.74%）。责任心会使员工热忱地、自觉地投入工作，对于工作中遇到的问题，会不断地学习和掌握现代分析方法与思维方式，改进自己的知识结构，丰富自己的头脑，更新自身思想观念；诚实守信是做好财务工作的基石；团队合作精神已成为人才评价的重要标准、组织发展的核心动力，正确认识与着力打造团队合作精神，不仅是建设高素质职工队伍的根本保证，也是促进组织目标又好又快实现的内在必然要求；敬业精神是在工作中认真踏实、恪尽职守、精益求精的工作态度。

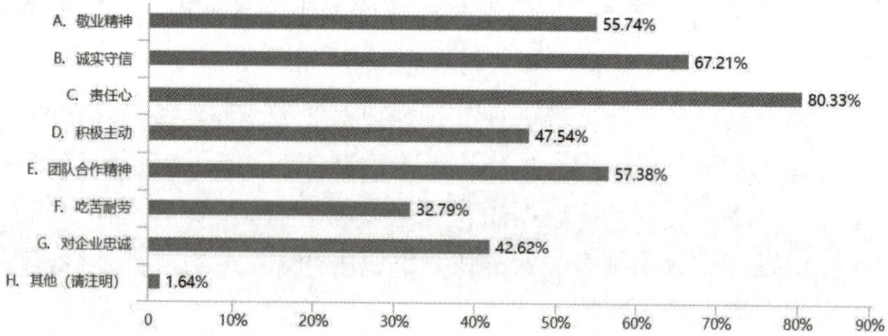

被调研单位对会计信息管理专业人才的素质要求（多选题）

（三）调研思考与相关建议

1. 确定财经人才就业相关标准，重点把握社会需求岗位

“财经就业指导”课程要适应社会需求，围绕财经人才就业的岗位群，逐步建立就业相关标准，强化学生的综合素质和职业技能培养，使学生具备较强的适应产业发展和岗位迁移的基本能力。

2. 切实缩短学校与企业的距离，真正实现教育服务产业

“财经就业指导”课程要坚持以服务产业为宗旨，以就业为导向，以提高质量为核心，以增强特色为重点，以合作教学、合作育人、合作就业、合作发展为主线，创新体制机制，深化教育教学改革，围绕国家战略规划，系统培养技能型人才。

3. 加大校外实训基地建设力度，切实提高学生实操能力

“财经就业指导”课程要明晰就业目标，深化校企合作，实现财经专业与企业岗位对接，促使校企合作共同开发专业课程和教学资源、校企共同完成教学任务，突出财经人才培养的针对性、灵活性和开放性。

（四）调研结论

通过调研，我们了解到在就业指导过程中要积极探索和企业对接的长效机制，吸纳社会、行业和企业的智力资源与物质资源，将能力培养、求职技巧、政策解读等融入实际工作中，进一步加快就业指导的校外师资队伍建设、财经就业实训基地建设，实现学校与社会的结合，构建适应经济社会发展需要的、符合财经专业实际的、灵活多样的就业指导模式和途径。

任务二　统一领导，分工明确——确定岗位职责

案例导入

定规划，学技能

有一本书中提到一位董事长给大学生的 18 条忠告。他是这样说的：“我曾经面试过一位财经专业的毕业生，她应聘的是会计岗位。因为她有在校内会计工厂实习的经验，而且是一个非常可爱的女孩子，所以我在跟她交谈了不到 5 分钟的时候就准备聘用她。但出于招聘的起码原则，我要求看她填制过的会计凭证和会计账簿。她给了我一个 U 盘，里面有很多非常整齐的会计凭证和会计账簿。但是，为确保万无一失，我决定让她当场处理几笔真实业务并进行简单分析，于是给她了一些原始凭证。她用了很长时间才完成，并且在账务处理上出了问题，她的表现让我非常失望。

“我向她表示了我的遗憾。她难过地对我说：‘我承认我不是一位非常优秀的会计人员，但我有同行业的工作经验，除了会计，我还可以做产品销售。而且我的文笔不错，适当分担文案的工作也没有问题。’我问道：‘那你能够胜任产品策划工作吗？’她看着我，摇了摇头。我能感觉到迷惘和惆怅正从她的眼中轻轻闪过，只要她有任何一方面的专长，我就会聘用她。可是，我拿着她这颗萝卜实在不知道该放进哪个坑里。”

最后，这位董事长总结，在用人单位的眼中，一百个百分之一并不是百分之百，而是零。

案例分析

这位毕业生失败的根本原因在于她没有自己的专长，也就是人们常说的“样样都懂，但样样都不精”，而没有属于自己的核心竞争力。在求职的时候，需要先弄清楚自己的核心竞争力，并基于这种核心竞争力来制作简历并选择应聘的岗位。而就业其实就是把自己

当作一款商品推销出去。如果没有能让自己脱颖而出的专长，在现在的就业市场中，恐怕就会落个无人问津的下场。

基于这位毕业生失败的教训，我们应该从现在开始就有意识地培养自己的专长，以便在应聘时能够脱颖而出。当然，这种培养不能漫天撒网、过于随便，必须有针对性。如果今天学会计，明天学营销，后天又去学习银行柜员的技能，那到头来只会“竹篮打水一场空”，把自己变成一个“四不像”。当今社会，随着“大智移云物区”时代的发展，社会分工越来越细，所以要想成功就得有属于自己的优势。任何企业在招聘的时候都是按照岗位来招人的，决定应聘者能否被聘用的也只是他能否胜任这个岗位。如果不能胜任，那尽管他懂得再多，可能也难逃失败的命运。

三个砌墙工人的故事

一、资金管理岗位认知

（一）职责引领

资金管理岗位即出纳岗位。出纳工作是会计循环中的起始环节，是连接国家与企业、企业与企业、企业内部各部门经济关系的中间环节。出纳在企业中的工作很多，如物资的采购、工资的发放、零星费用的开支、税款的解缴等。

所谓“在其位，谋其政”，出纳人员应对出纳岗位的工作内容和任务有一定了解，理解出纳的含义、出纳人员的职责和权限。只有有了对这些知识的宏观了解，才能掌握出纳工作的重点，在具体实践中得心应手。

1. 出纳的含义

在“出纳”一词中，“出”是支出的意思，“纳”则是收入的意思，这两个字合在一起非常准确地表明了出纳业务的核心要义，也就是货币资金的收入与支出。一般而言，“出纳”一词有三层含义：一是出纳业务，二是出纳工作，三是出纳人员。

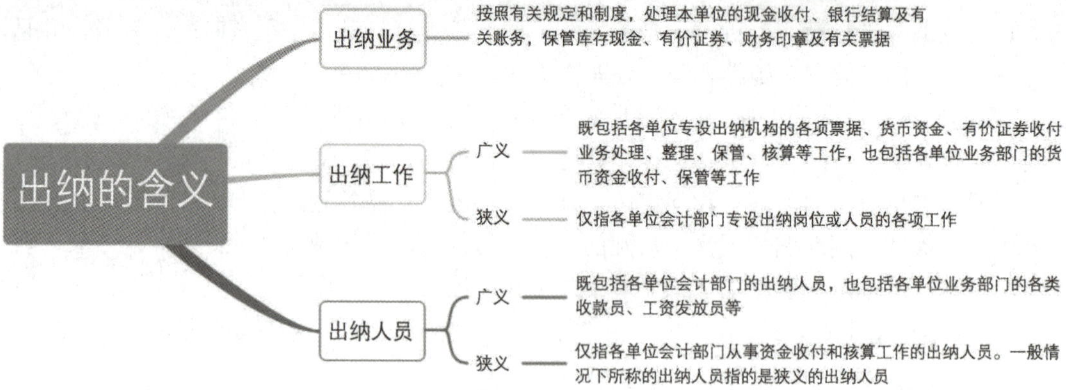

出纳的含义

小贴士

“小贴士”的详细内容“网上银行操作”具体见二维码。

网上银行操作

资金管理岗位的职责

2. 出纳人员的职责和权限

1）出纳人员的职责

出纳是会计工作的重要环节，涉及的是现金收付、银行结算等活动，而这些又直接关系到员工个人、单位乃至国家的经济利益，一旦出了差错，就容易造成不可挽回的损失。因此，明确出纳人员的职责和权限是做好出纳工作的基础。

根据《中华人民共和国会计法》《会计基础工作规范》等法律法规的规定，出纳人员的职责如下图所示。

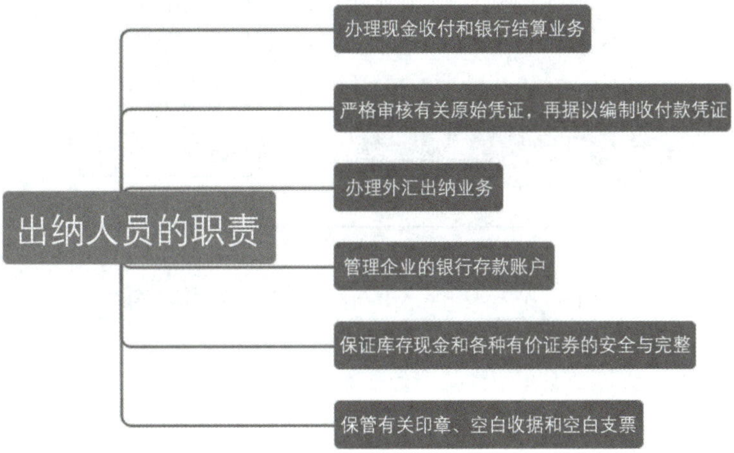

出纳人员的职责

2）出纳人员的权限

根据《中华人民共和国会计法》《会计基础工作规范》等法律法规的规定，出纳人员的权限如下图所示。

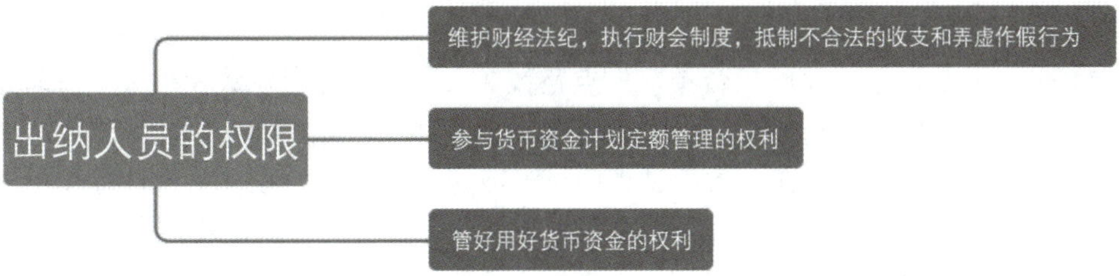

出纳人员的权限

（二）技能导航

资金管理岗位的技能

出纳人员直接掌管一家企业的现金和银行存款，每天都要与成千上万的金钱打交道，所以在企业经营的过程中，出纳人员的道德素质对企业的安全经营十分重要。拥有高道德素质并不是对出纳人员的唯一要求，了解工作权限、掌握并遵守财经法纪和财会制度、具备扎实的业务技能才是其高效完成工作的重要保障。

那么，要想成为一位合格的出纳人员，应该具备哪些具体的素质呢？又有哪些基本的业务技能是出纳人员需要掌握的呢？

下面首先列出了出纳人员的基本素质要求，然后针对出纳人员应掌握的基本业务技能进行了详尽的介绍，包括点钞、辨别真假币、规范书写、印章的保管与使用。

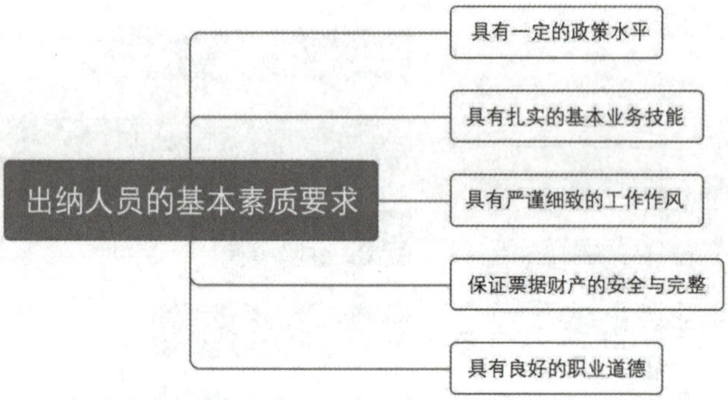

出纳人员的基本素质要求

1. 点钞

掌握正确的点钞技巧是出纳人员必备的素质之一。出纳人员要通过刻苦锻炼，掌握一种或几种手工点钞的方法，做到点钞快、准。

1）点钞的基本程序

出纳人员在办理现金收付业务时，一般应按下列程序进行。

（1）审查现金收付款凭证及其所附原始凭证的内容，看其是否填写齐全、清楚，两者的内容是否一致。

（2）依据现金收付款凭证的金额，先点整数（大数），再点零数（小数），即先点大额票面金额，再点小额票面金额，先点成捆的（暂不拆捆）、成把或成卷（卷指铸币）的（暂不拆把、卷），再点零数。在点数的过程中，一般应边点数，边在算盘或计算器上加计金额。点数完毕，算盘或计算器上的数字和现金收付款凭证上的金额应相同。

（3）从整数至零数，逐捆、逐把、逐卷地点数，在拆捆、拆把、拆卷时应暂时保存原有的封签、封条和封纸，点数无误后才可扔掉。

（4）点数无误后，即可办理具体的现金收付业务。

2）点钞的常用方法

点钞可分为手工点钞和机具点钞。机具点钞易学易懂，在此不再赘述。目前，虽然许多企业都配备了点钞机，但由于种种原因，机器点完后，出纳人员往往还要用手工再行点验。这就要求出纳人员必须熟练掌握一种或几种手工点钞的方法，刻苦训练，以达到能够既快又准地点验钞票的目的。手工点钞的方法很多，常用的主要有以下两种。

（1）手持式点钞法。

它又分为单指单张点钞法、单指多张点钞法、四指拨动点钞法等。其中常用的是单指单张点钞法，其操作要领为：左手中指和无名指夹住钞票的一端，食指伸直托住钞票背面，大拇指轻按在钞票正面，将钞票打开呈半扇面形，大拇指指尖压在钞票侧面某一适当位置；右手大拇指在钞票上（相对于面部位置而言），食指、中指在钞票下，用右手大拇指指尖向下捻动钞票，每捻出一张，就用右手无名指将其弹拨下来，这样连续动作，并同时采用自然记数法（1、2、3…）。

单指单张点钞演示视频

使用此种点钞法，可看到钞票的大部分内容，易于识别假币和挑出残票，优点颇多。单指单张点钞法的缺点是一次记一个数，比较费力。在单指单张点钞法的基础上，可相应使用单指多张点钞法。

（2）扇面式点钞法。

把钞票捻成扇面形状进行清点的方法就叫扇面式点钞法，其操作要领为：左手持票，把钞票捻成一个扇面，每张钞票间隔要均匀，右手中指、无名指托住钞票背面，用右手大拇指一次按下某一固定张数作为一组，然后用右手食指压住，随后用右手大拇指继续向前按第二次，如此反复，直至完成，并同时采用分组记数法。

扇面式点钞演示视频

这种点钞法速度快，是手工点钞中效率最高的一种方法。但它只能确认张数，不能看清票面，也不利于清点新、旧、破混合钞票。

2. 辨别真假币

1）当前流通的人民币

辨别真假币前应了解目前使用的人民币的特点。自 1948 年 12 月 1 日发行第一套人民币至今，我国已先后发行了五套人民币，其中第一套、第二套、第三套和第四套已不再使用，目前使用的是第五套人民币。

2）2015 年版第五套人民币的防伪特征

人民币上采用印钞专用纸张、水印、凹印、安全线、对印、多色接线、磁性油墨、荧光油墨等多种防伪措施，不同时期发行的人民币的防伪特征有所不同。从面额上讲，以 100 元面额的防伪措施最为完备。

当前流通的 2015 年版第五套人民币 100 元纸币的防伪特征如下。

（1）光彩光变数字。位于票面正面中部。改变钞票观察角度，面额数字“100”的颜色在金色和绿色之间变化，并可见一条亮光带上下滚动。

（2）光变镂空开窗安全线。位于票面正面右侧。改变钞票观察角度，安全线颜色在红色和绿色之间变化。透光观察可见“¥100”。

（3）雕刻凹印。票面正面毛泽东头像、国徽、“中国人民银行”行名、装饰团花、右上角面额数字、盲文面额标记及背面主景等均采用雕刻凹版印刷，触摸有凹凸感。

（4）人像水印。位于票面正面左侧。透光观察，可见毛泽东头像水印。

（5）白水印。位于票面正面左侧下方。透光观察，可见面额数字“100”。

（6）胶印对印图案。票面正面左下角和背面右下角均有面额数字“100”的局部图案。透光观察，正背面图案组成一个完整的面额数字“100”。

小贴士

残缺、污损人民币的处理与兑换

及时回收市场流通中的残缺、污损人民币，保持人民币的整洁，维护国家货币的信誉，需要企事业单位、广大群众、银行等各方面的配合。不论是单位还是个人，如果留有不宜流通的残缺、污损人民币，不要再次使用或对外找付，应挑拣、粘补并整理好，随时送存银行或办理兑换。对此，《中国人民银行残缺污损人民币兑换办法》有如下规定。

其中，第四条规定：“残缺、污损人民币兑换分‘全额’‘半额’两种情况。

（一）能辨别面额，票面剩余四分之三（含四分之三）以上，其图案、文字能按原样连接的残缺、污损人民币，金融机构应向持有人按原面额全额兑换。

（二）能辨别面额，票面剩余二分之一（含二分之一）至四分之三以下，其图案、文字能按原样连接的残缺、污损人民币，金融机构应向持有人按原面额的一半兑换。

纸币呈正十字形缺少四分之一的，按原面额的一半兑换。”

第五条规定：“兑付额不足一分的，不予兑换；五分按半额兑换的，兑付二分。”

3. 规范书写

出纳人员要不断地填制凭证、记账、结账和对账，经常书写大量的数字，因此进行规范的财务书写是出纳人员必须掌握的重要基本功。如果数字书写不正确、不清晰、不符合规范，就会带来很大的麻烦。因此，客观上要求出纳人员应掌握一定的书写技能，使书写的数字正确、清晰并符合规范化的要求。

1）小写金额数字的书写

小写金额是用阿拉伯数字来书写的。具体书写要求如下。

阿拉伯数字手写体字样

（1）阿拉伯数字应当从左到右一个一个地写，不得连笔。在书写数字时，每个数字都要占据一个位置，这个位置称为数位。数位自小到大是从右到左排列的，但在书写数字时要自大到小、从左到右。书写数字时应字迹工整、排列整齐有序且有一定的倾斜度（数字与底线应为 60 度的倾斜），并以向左下方倾斜为好；同时，书写的每个数字要紧靠底线，但不要顶满格（行），一般每格（行）上方预留 1/3 或 1/2 空格位置，用于以后修订错误记录时使用。

（2）阿拉伯数字前面应当书写货币币种符号或货币名称简写，货币币种符号与阿拉伯数字之间不得留有空白。凡阿拉伯数字前写有货币币种符号的，数字后面不再写货币单位。

（3）角分书写情况。

所有以元为单位（其他货币种类为货币基本单位）的阿拉伯数字，除表示单价等情况外，一律填写到角、分；无角、分的，角位和分位可写“00”；有角无分的，分位应当写“0”，不得用符号“-”代替。

（4）各个数字的书写基本要求。

①“1”字不能写得比其他数字短，以免被篡改；②“2”字不能写成“Z”，以免被改作“3”；③“3”字要使起笔处至转弯处距离稍长，不应太短，同时转弯处要光滑，避免被误认为“5”；④“4”字的“L”要写成死折，以免被改作“6”；⑤“5”字的短横与“秤钩”必须明显，以防与“8”相混淆；⑥“6”字起笔要伸至上半格1/4处，下圈要明显，以免被改作“4”或“8”；⑦“7”字上端一横要既明显又平直，折划不得圆滑，以便与“1”和“9”相区别；⑧“8”字要注意上下两圈明显可见；⑨“9”字的小圈要闭合，并且一竖要稍长，略出行，以防与“4”相混淆；⑩“0”字不要写太小，并要闭合，以免被改作“9”，连写几个“0”时，不要写连线。

2）大写金额数字的书写

大写金额是用汉字大写数字（壹、贰、叁、肆、伍、陆、柒、捌、玖、拾、佰、仟等）来书写的。具体书写要求如下。

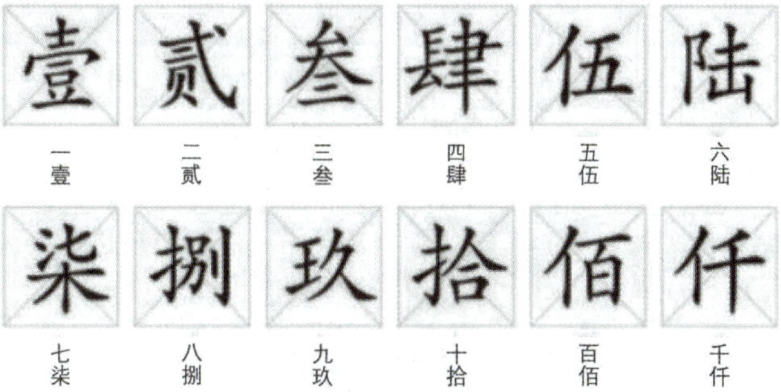

汉字大写数字手写体字样

（1）以上汉字大写数字一律用正楷或行书体书写，不得用一、二、三、四、五、六、七、八、九、十、百、千等简化字代替，不得任意自造简化字。

（2）大写金额数字到元或角为止的，在“元”或“角”字之后应当写“整”或“正”字；大写金额数字有分的，“分”字后面不再写“整”或“正”字。

（3）大写金额数字前未印有货币名称的，应当加填货币名称，货币名称与大写金额数字之间不得留有空白，如“人民币伍佰元正”等。

（4）阿拉伯数字中间有“0”时，汉字大写数字要写“零”字；阿拉伯数字中间连续有几个“0”时，汉字大写数字中可以只写一个“零”字；阿拉伯数字元位是“0”，或者数字中间连续有几个“0”，元位也是“0”，但角位不是“0”时，汉字大写数字可以只写一个“零”字，也可以不写“零”字。

（5）大写金额数字中“壹拾几”“壹佰（仟、万）几”的“壹”字，一定不能省略，必须书写。因为“拾、佰、仟、万、亿”等字仅代表数位，并不是数字。

4. 印章的保管与使用

出纳人员使用的印章必须妥善保管，严格按照规定的用途使用，不得将印章随意存放或带出工作单位。用于签发支票的各种银行预留印鉴应由主管会计人员或其他指定人员保管，不能由出纳人员一人保管。如果企业需要更换银行预留印鉴，则应向开户银行提出申请，填写“印鉴变更申请书”，与证明情况的公函一并交银行审核，经银行同意后，在银行发给的新印鉴卡的背面加盖原银行预留印鉴，在正面加盖新更换的印鉴，与银行约定新印鉴的启用日期。

印章的类型及用途

印章名称	含义	用途
公章	代表本单位的印鉴	主要用于证明、协议、规定、介绍信、账簿、启用表及财务报表等书面文件中
合同专用章	代表本单位签订合同时使用的印鉴	主要用于各类合同中
财务专用章	代表本单位财务事项的印鉴	主要用于收据、银行预留印鉴等中
法定代表人章	代表法定代表人个人的印鉴	主要用于银行预留印鉴及法定代表人的事项中
发票专用章	代表本单位开具发票的印鉴	主要用于各类发票中
现金收讫章	代表收到现金的印鉴	主要盖在收款凭单上
现金付讫章	代表付出现金的印鉴	主要盖在付款凭单上
作废章	代表作废的印鉴	主要用于支票、发票、收据等中，填写错误后盖章

小贴士

财务专用章丢了怎么办

（1）财务专用章丢失后，不可私刻印章，要第一时间由法定代表人带着身份证原件和复印件、营业执照副本原件和复印件到丢失地点所辖的派出所报案，领取报案证明。之后，通知公司相关人员，以及相应的客户和供应商等，告知他们财务专用章已丢失，涉及相关的事项时要注意谨慎。

（2）除了通知相关人员印章丢失，还需要登报挂失。也就是去地级报社，公告某某公司的财务专用章已丢失，这是必要手续。

（3）登报挂失后，要拿回报社刊登的报纸和收据。之后去公安机关办理新刻印章备案，并到公安机关指定的刻章的地方，重新刻制一枚财务专用章。

（4）新的财务专用章刻制好后，还得去银行做变更。携带公司的证件和经办人的资料，以及当时在银行备案的印鉴卡，去银行变更新的财务专用章印模。变更后，银行会给一张新的印鉴卡。

（5）去银行变更后，对外的基本手续就办好了。当然，还有一些对内的手续要办好。例如，有一些空白收据盖了旧的财务专用章，这时就需要作废，还有一些盖了旧章的支票，也要处理或作废，不然去银行对比不通过，就不能进行现金收付。

走进企业，带你了解资金管理岗位

（三）自我评价

拓展阅读

“拓展阅读”的详细内容“走进企业，带你了解资金管理岗位”具体见二维码。

能力素质自我评价表（一）

能胜任的岗位	资金管理岗位
具备的能力 / 素质	
欠缺的能力 / 素质	
如何补救	

二、大数据财务分析岗位认知

大数据财务分析岗位　盲人摸象

（一）职责引领

1. 大数据财务分析的含义

大数据财务分析是指利用前沿信息技术工具，融合财务专业理论知识，理解企业数字化经营管理体系，熟悉企业经营分析常用的财务指标及数据，对企业整体运行情况进行分析并给出结论，从而了解行业的发展状况，预测未来行业的发展趋势，调整企业的发展重心和方向的一项会计工作。

2. 大数据分析在财务领域的应用

大数据分析在财务领域的应用可以从狭义和广义两个角度来分析。

1）狭义的应用价值

从狭义上讲，大数据财务分析的重点是对与财务相关的数据进行分析，挖掘其中的价值，从而发现企业的财务风险，提升财务管理的效率。比较典型的应用场景是财务共享中心的大数据分析。财务共享中心汇聚了企业大量的非结构化数据，采集这些非结构化数据，将其转化成结构化数据，并与实际财务数据进行对比和分析，可以发现各种合同或费用报销中是否存在违反财务政策规定的情况，如发票是否作假、合同中是否有过度承诺条款、住宿费用是否超标、部门预算是否超标、是否未经总经理审批直接提请支付大额款项等。通过大数据分析技术，财务人员可以尽量减少企业的财务漏洞和风险，改善企业的财务管理流程和体系。

2）广义的应用价值

从广义上讲，企业的业务与财务正逐渐走向融合，“业财一体化”是未来的发展趋势。因此，大数据财务分析的重点是通过采集企业内部的经营数据，以及外部的行业市场数据、同业竞争数据等，对企业的经营管理过程进行分析，从财务的视角发现企业在经营管理过程中是否存在问题、是否需要优化、如何才能提升效率等。例如，通过对企业营销数据的分析，可以发现企业在产品研发、客户经营、市场开拓等方面存在的问题，以及对企业财务状况所产生的影响，帮助企业高层管理人员找到更有效的经营管理和改善措施。

本书所涉及的内容属于广义的大数据财务分析的范畴。另外，大数据审计、大数据风控等也属于广义的大数据财务分析的范畴，需要采集大量的财务类、业务类数据，以及外部的数据，从经营合规、风险防范的视角帮助企业提升管理水平。

3. 大数据财务分析的目的及方法

1）大数据财务分析的目的

大数据财务分析的目的是对过去发生的现象进行评估和分析，寻找事物存在的证据，并在这个基础上对未来事物的发生和发展给出结论，形成能够指导未来行为的依据。

（1）追溯。

通过大数据财务分析，我们可以追溯历史，了解企业过去到底发生了什么，从中可以发现问题，寻找解决问题的办法，并明确责任。

（2）监控。

企业进行大数据财务分析，可以形成一定的过程控制指标和管理指标，最终形成绩效评价指标。通过这些指标，企业的各层管理人员可以随时查阅相关任务的执行情况，从而能够在第一时间发现可能出现的问题，并采取相应的措施。

（3）洞察。

大数据财务分析的终极目的是预测未来事物如何发展变化。如果我们针对商业社会现象采集了足够的数据，并通过数据挖掘找到了事物的发展规律，则必然能够对商业社会近期和中期的发展趋势进行一定的判断。

在大数据时代，越来越多的数据集可以让企业有更多的资源获取商业洞察。

2）大数据财务分析的方法

大数据财务分析有很多方法，如辅助线法、找差异和变化法、找奇异点和特殊群体法、找转折点和拐点法、找特征法、找问题法、找源头法、找关系法、找驱动法、找规律法。每种方法都有特定的应用场景，下面分别简要介绍。

（1）辅助线法。

通过对图形添加辅助线，我们可以更快地发现规律，如通过线性拟合中的直线就可以近似发现数据之间为线性关联关系。

（2）找差异和变化法。

通过横向行业的对比、纵向时间的对比，我们可以对企业的经营数据进行差异对比，找出变化，从而发现企业经营中存在的问题，提出改进措施。

（3）找奇异点和特殊群体法。

奇异点往往代表了一些特殊的现象或特殊群体的需求。因此，通过对奇异点的分析，我们可以在特殊群体中找到有针对性的产品需求、差异化的竞争策略，从而有利于产品和市场的精耕细作。

（4）找转折点和拐点法。

任何事物的发展都有其惯性，而转折点和拐点突破了事物常规发展的惯性，完全转向另一个方向，这需要有强大的力量来扭转。分析这个转折点和拐点，能让我们认识这股强大力量的真实实力，从而发现企业运行转变的时间点和驱动力。

（5）找特征法。

任何事物的发展都有其自身的特征，只要能够对事物的数据特征有清晰的认知，就很容易从数据的表现形态上看到事物是怎么发生和发展的。

（6）找问题法。

从问题出发，找到数据中问题的根源。可以通过追问What、Who、When、Where、How等，把握问题的关键，找到问题的根源。在执行的过程中要有钻研的精神，不要放过任何一个细微的变化与差别，对所有问题都要有追根究底的精神。

（7）找源头法。

在分析数据时，通过挖掘问题的根源，对事物的本质进行清晰的认知，我们可以找到事物产生的根源，并提出改进措施。

（8）找关系法。

找关系在本质上就是进行相关性分析。结合大数据挖掘中的线性回归、逻辑回归等方法，我们可以找到数据之间的关联关系。但在分析时也应结合常识，避免陷入唯数据论的境地。

（9）找驱动法。

数据无法直接告诉我们事物变化背后的驱动要素是什么，只能告诉我们各种指标之间的变化关系。发现驱动关系，可以帮助我们提出更加有效的经营管理策略。

（10）找规律法。

找规律是数据分析与数据挖掘的目标。数据分析的根本目的是指导企业未来的经营实践。数据分析能够帮助我们找到事物发展的规律，帮助我们对未来做出更加准确的预测，以便更好地把控未来的发展方向。

4. 大数据财务分析岗位所需要掌握的工具

1）数据库处理语言

在信息爆炸时代，计算机需要处理的数据越来越多，数据之间的关系越来越复杂。那么，如何对构成信息的海量数据进行合理的组织存储、处理、管理、读取、写入？

头脑风暴：同学们有没有听说过Oracle、SQL Server、DB2、Access等工具？这些工具是用来做什么的？

从20世纪50年代中期开始，计算机应用由科学研究领域逐步扩展到政府部门、企事业单位。至20世纪60年代，数据处理成为计算机的主要应用，计算机数据管理技术成为当时主要的研究课题之一。数据库技术作为一种计算机数据管理技术，是计算机软件领域的一个重要分支，产生于20世纪60年代末，现已形成成熟的理论体系和实用技术，广泛应用于各行各业。

数据库处理语言是大数据处理技术中非常重要的工具之一。关系型数据库是当前主流的数据库系统，结构化查询语言（Structured Query Language，SQL）是关系型数据库系统的一种高级语言，集数据操作、定义和控制功能于一体，具有很强的通用性。

拓展阅读

解析有关数据的几个概念

（1）数据（Data）：用来记录信息的可识别的符号，是信息的具体表现形式。数据用型和值来表示。数据的型是指数据内容存储在媒体上的具体形式，值是指所描述的客观事物的具体特性。可以用多种不同的数据形式表示同一信息，信息不随数据形式的不同而改变。例如，一个人的身高可以表示为“1.80”或“1 米 8”，其中“1.80”和“1 米 8”是值，但这两个值的型是不一样的，一个用数字来描述，另一个用字符来描述。数据不仅包括数字、文字形式，而且包括图形、图像、声音、动画等多媒体形式。

（2）数据库（Data Base，DB）：一个存储在存储介质上的数据集合。在这个集合中，相关联的数据以一定的组织方式存储在一起，统一管理，能够为多个用户共享，并且独立于各个应用程序中。

（3）数据库系统（Database System，DBS）：由数据库及其管理软件组成的系统。DBS 是为适应数据处理的需要而发展起来的一种较为理想的处理数据的核心机构。DBS 是一个实际可运行的存储、维护并为应用系统提供数据的软件系统，是存储介质、处理对象和管理系统的集合体。

（4）数据库管理系统（Database Management System，DBMS）：一种操纵和管理数据库的大型软件，用于建立、使用和维护数据库。DBMS 对数据库进行统一的管理和控制，以保证数据库的安全性和完整性。用户通过 DBMS 访问数据库中的数据，数据库管理员也通过 DBMS 进行数据库的维护工作。DBMS 可使多个应用程序和用户用不同的方法在同一时刻或不同时刻建立、修改和询问数据库。DBMS 提供数据定义语言（Data Definition Language，DDL）与数据操作语言（Data Manipulation Language，DML），供用户定义数据库的模式结构与权限约束，实现对数据的追加、删除等操作。

（5）数据库应用系统（Database Application System，DBAS）：在 DBMS 的支持下建立的计算机应用系统。DBAS 由数据库系统、应用程序系统、用户组成，具体包括数据库、数据库管理系统、数据库管理员、硬件平台、软件平台、应用软件、应用界面。DBAS 的 7 个部分以一定的逻辑层次结构方式组成一个有机的整体，它们的结构关系是应用系统、应用开发工具软件、数据库管理系统、操作系统、硬件。

2）Python 语言

Python 语言是一种解释型、面向对象、动态数据类型的高级程序设计语言，是数据分析人员的首选数据分析语言，也是智能硬件的首选语言。

（1）Python 的功能。

Python 可以应用于 Web 和 Internet 开发、科学计算和统计、人工智能、桌面界面开发、后端开发、网络爬虫等领域。

Python 的主要功能包括大数据采集、大数据处理与挖掘、可视化呈现。

① 大数据采集。网络上的数据量越来越大，单靠浏览网页获取信息越来越困难，如何有效地提取并利用信息已成为一个巨大的挑战。爬虫是互联网时代用于获取主题内容的主流工具之一，使用爬虫技术可以从不同的站点获取预先设置好的主题内容。Python 可以从特定的网站采集不同行业的数据。

②大数据处理与挖掘。基于 Python 语言对采集的数据进行处理是一个非常重要的环节。数据处理不是简单整理和罗列数据，需要数据分析人员利用函数及 SQL 从获取的数据中筛选出有价值的数据。

我们获取的原始数据通常会存在诸多问题，如数据残缺、数据重复、数据无效等。在数据处理的过程中，需要将这些影响分析的数据加以处理，只有这样才能获得更加精确的分析结果。

③ 可视化呈现。数据可视化是关于数据视觉表现形式的科学技术研究。数据可视化可以增强数据的呈现效果，方便用户以更加直观的方式观察数据，进而发现数据中隐藏的信息，使用户在短时间内理解数据背后的规律与价值。

Matplotlib 是 Python 中常用的可视化库，为数据的可视化输出提供了高效的处理方式，方便用户快速绘制图表，实现数据挖掘和分析的目的。

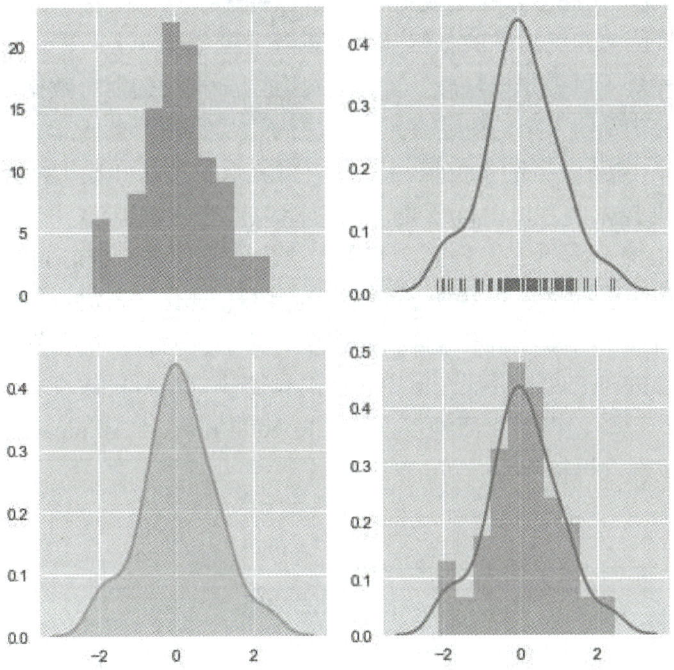

利用 Python 可视化呈现

（2）Python 在财务领域的应用。

在数字经济时代，数字财务产业链中的业务、财务、税务等基础数据，构成了一个巨大的跨领域、跨平台的数据生态体系。如何对这些海量信息进行有效分析与判断，如何挖掘出数据背后隐含的价值，是大数据财务分析面临的较大挑战。Python 作为开源、高效的动态语言，以其清晰的结构、简单的语法和快速处理的能力，在分析财务数据的应用场景、挖掘数据价值中发挥着重要作用。Python 在财务领域的应用，主要包括网络爬虫、科学计算、可视化分析、人工智能。

① 网络爬虫。网络爬虫是大数据行业获取数据的核心工具，因能自动化、高智能、高效率地获取互联网的免费与开放数据而被广泛推崇。Python 是编写网络爬虫的主流编程语言之一。当我们需要从网络上获取上市公司的相关数据时，传统做法是重复性地复制、粘贴、下载、保存，使用 Python 只需简单的几行代码，就能够快速获取数据，且不易出错。

② 科学计算。随着 NumPy、Pandas 等众多程序库开发完成，Python 越来越适用于财务数据的科学计算。Python 作为一门通用的程序设计语言，有很多程序库支持，它也支持用户自主开发模块。财务人员自行设计算法，可以解决财务分析模型中复杂的计算问题；利用“Pandas+Excel”模式，可以解决日常工作中的财务分析问题；连接数据库操作，可以便捷地访问企业资源计划（Enterprise Resource Planning，ERP）等信息系统数据库，建立基于业务、财务、税务等多维度且细颗粒度的数据体系；连接多维数据模型，优化数据结构，可以为复杂业务、财务、税务决策提供精细化的数据支持。

③ 可视化分析。在海量数据的基础上，结合科学计算、机器学习等技术，对数据进行清洗、去重、规范化和针对性的分析是大数据行业的主要业务。Python 作为数据分析的主流语言之一，有众多可视化模块库，支持将处理与分析后的财务数据以“炫酷”图表的方式展示，可以为非专业人员的快速决策提供更为直观的数据支持。

④ 人工智能。财务数据的价值挖掘需要应用复杂的算法和模型，通过清洗、提炼、关联和融合等处理技术实现。Python 是人工智能大范畴内机器学习、神经网络、深度学习等方面应用的主流编程语言。目前，利用光学字符阅读器（Optical Character Reader，OCR）技术扫描识别票据已经较为普遍，而深度学习、强化学习、自然语言处理等技术的应用，能实现对扫描获取的数据进行分析、提取、分类。另外，机器学习也被广泛应用于预测分析，如金融机构根据对贷款人信用评分的预测决定是否发放贷款，审计机构利用数据分析法、分布式记账、机器人流程自动化（Robotic Process Automation，RPA ）等技术检测异常数据，实现人机协作审计等。

小贴士

Python 的优缺点

优点：①快捷的开发速度，语法简单，代码量少；②丰富的数据处理包，使用方便；③可处理海量数据。

缺点：①执行效率不高，在处理大数据的时候效率不高；②要求有一定的编程能力；③缺少友好的可视化界面。

3）大数据财务分析平台

（1）金蝶轻分析平台。

金蝶轻分析平台以典型新零售企业数据分析为核心，结合数据分析平台进行可视化分析，包括3个环节、9个主题，具体如下：企业经营状况分析（销售主题分析、采购主题分析、存货主题分析、生产主题分析）、企业财务状况分析（偿债能力分析、盈利能力分析、营运能力分析、发展能力分析）、企业内部控制分析（经营预警分析）。它旨在培养学生数据采集、整理和分析的能力，使其在分析数据的过程中灵活地运用所学的财务管理、会计等学科的理论知识，并且要求将实践与理论相结合，充分发挥学生的创造性和认知性，在理论教学的基础上使学生发现问题、分析问题、解决问题的能力进一步提高。同时，该课程实训通过小组完成，注重培养学生相互交流、沟通、协作的能力，充分发挥学生的团队合作精神。

（2）网中网大数据财务分析平台。

网中网大数据财务分析平台以财务分析为核心，以国内上市公司财务数据和图表分析工具为基础，通过大量真实的企业案例，辅以精心设计的各类问题，引导学生利用图表分析工具进行多角度、深层次的剖析，着重培养具有行业洞察能力，能发现问题、分析问题和解决问题的高级财会人才。

网中网大数据财务分析平台内置了丰富的企业案例和综合性分析实训，有利于开展“案例式”教学和“互动式”教学。借助敏捷数据看板工具，教师还可以开展“拓展式”教学。

“案例式”教学：平台内置了大量真实、典型的企业案例，将知识点与案例深度融合，注重进行案例支撑下的理论讲解，以案说法，营造场景化案例教学。

“互动式”教学：通过启发思考、提问回答、分组讨论等师生互动形式，引导学生沟通、协商、探讨，促进人与人间、人与情境间的全面交流和集体学习。

“拓展式”教学：借助内置的敏捷数据看板工具，教师可以开辟新的分析内容，引导学生突破固有思维定式和传统分析习惯，就多种分析主题展开分析。

（3）用友新道DBE财务大数据实践平台。

用友新道DBE财务大数据实践平台是依托企业数字化运营需求场景搭建的财务大数据分析实训平台，融合财务分析专业基础与大数据分析工具，将传统财务分析指标体系和大数据预测模型相结合，训练学生在仿真商业场景下的财务大数据分析实操能力与辅助企业制定经营决策方案的业务能力。它创新性地融合Python数据获取、数据清洗、MySQL数据存储、商业可视化分析、数据挖掘等多类新技术工具于一体，以真实企业内外部经营环境的业务数据、上证交易所可扩展商业报告语言（eXtensible Business Reporting Language，XBRL）等结构化数据及非结构化数据为实验材料，以“能实不虚”的虚拟仿真“金课”高要求进行课程内容开发。该平台包括五大模块：大数据及分析云初体验，数据采集与数据预处理，案例企业数据分析需求梳理及数据预处理，大数据＋财报分析，大数据＋经营分析与预测。

（4）浪潮大数据商业分析实训教学平台。

从企业业务的角度看，浪潮利用大数据的深度信息分析技术，挖掘海量数据背后隐含的价值，确立大数据应用的业务目标、应用场景、可能获得的业务价值，以及为此设计的业务运营模式、商业模式等。借助大数据技术，企业可以更好地贴近消费者，融入互联网，更好地发现数据的价值。该平台的作用如下：在生产方面，提升网络化协同能力、产业配套能力，实现由大规模制造向大规模定制转移，更好地创造价值；在营销服务方面，构建以用户为核心的互动营销手段和服务理念，透析信息背后传递出的消费者偏好，更好地提升服务水平；在经营管理方面，提高社会化网络环境下的风险控制能力与产业应变能力，推动企业实现精细化运营。

浪潮BA大数据分析平台（企业版）面向中国企业，以“助力数字化转型，成就智慧企业”为目标，通过数据治理、展示工具、分析应用三个层次提供服务，充分挖掘、发挥数据的价值，以数据重构企业智慧。BA的应用价值体现在三个方面：实现数据共享，让数据时时可见，解决业务人员沾亲带故的问题。

5. 大数据财务分析岗位的职责

（1）负责运用大数据分析工具采集国内外同行业信息，在进行整理、分析，为企业制订经营计划提供支持。

（2）负责运用大数据分析工具进行资金分析及预测，判断资金流是否健康、可持续。

（3）负责运用大数据分析工具进行销售分析及预测，将销量、毛利率、利润等指标对标并找差距。

（4）负责运用大数据分析工具进行费用分析及数据洞察，提交费用管理报告。

（5）负责运用大数据分析工具对市场活动效果进行追踪与监控分析，并对市场促销、宣传方案提出专业意见。

（6）负责运用大数据预警指标对业务发展不同阶段出现的异常指标进行分析，并提出合理化建议。

（7）负责运用大数据分析工具对企业整体的财务运行情况进行分析，并撰写分析报告。

（8）完成领导交办的其他工作。

职业判断

光看以下数据，你能否直接断言M公司经营得好不好？

M公司三年报表上显示的数据

单位：万元

项　目	2019年	2020年	2021年
净利润	100	150	300
银行存款	100	110	120

（二）技能导航

1. 应用工具能力

数据分析人员应具有大数据时代的数据素养，掌握大数据分析工具的基本应用技术，如数据库技术、Python语言、UData爬虫工具、R语言等，作为后续分析的基础。

2. 数据采集能力

数据分析人员应具备利用大数据分析工具采集内外部数据（财务数据与非财务数据）

的能力，并依据内外部数据对行业发展进行预判。

财务数据：四张报表（资产负债表、利润表、现金流量表、所有者权益变动表）与四个角度（偿债能力分析、盈利能力分析、营运能力分析、发展能力分析）。

非财务数据：宏观经济政策、市场信息、企业治理结构、企业战略分析等。

3. 数据处理与分析能力

随着企业数字化转型、财务共享等模式的应用，数据分析人员除了应掌握传统比较分析法、比率分析法、因素分析法、趋势分析法、杜邦分析法、平衡计分卡法、经济增加值法等，还应能够利用大数据进行处理与分析。

4. 数据诊断能力

数据分析人员应能够对数据进行诊断，利用大数据分析工具分析企业经营问题，并通过数据挖掘找到问题产生的根源。而且可利用优化模型，辅助企业做出更优决策。

5. 撰写大数据财务分析报告的能力

数据分析人员应能够利用大数据分析工具对企业整体的财务运行情况进行分析，对业务发展不同阶段出现的异常指标提出合理化建议，并撰写分析报告。

走进企业，带你了解大数据财务分析岗位

（三）自我评价

拓展阅读

“拓展阅读”的详细内容“走进企业，带你了解大数据财务分析岗位”具体见二维码。

能力素质自我评价表（二）

能胜任的岗位	大数据财务分析岗位
具备的能力 / 素质	
欠缺的能力 / 素质	
如何补救	

三、管理会计岗位认知

管理会计岗位

“千校万岗”线上招聘会

（一）职责引领

1. 管理会计的含义

什么是管理会计？官方的解释是：管理会计（Management Accounting），又称“内部报告会计”，是一个管理学名词，指的是为了提高企业经济效益，管理会计人员通过一系列专门方法，利用财务会计提供的资料及其他资料进行加工、整理和报告，使企业各级管理人员能据以对日常发生的各项经济活动进行规划与控制，并帮助决策者做出各种专门决策的一个会计分支。

通俗来说，管理会计包括成本会计和管理控制系统，其核心理念是价值的创造与维护。基于此，管理会计是企业的战略、业务、财务一体化最有效的工具。

管理会计重在面向未来，在财务报表的基础上进行大量的分析和比较，履行预测、决策、规划、控制和考核的职能，是企业价值创造的源泉。

管理会计侧重于为企业内部的经营管理服务。它针对决策和管理过程中遇到的特定问题，运用灵活多样的方法加以权衡与对比，向企业内部决策和管理部门提供有关价值控制的信息资料，帮助它们有效地实施预测、决策、规划、控制和考核。因此，管理会计可称为“内部报告会计”。

管理会计的工作主体是多层次的，有时以整个企业为工作主体，有时又以企业的某一局部、部门甚至管理环节（如成本中心、费用中心）为工作主体。也就是说，管理会计为了更好地服务于企业的经营管理，必然同时兼顾企业生产的全局和局部两个方面，既要从整个企业的全局出发来考虑、观察和处理问题，又要从企业的各个局部出发来考虑、观察和处理问题，二者不可偏废。

管理会计岗位是指在当代市场经济条件下，以强化企业内部经营管理、实现最佳经济效益为最终目的，以现代企业经营活动及其价值表现为对象，通过对财务等信息的深加工和再利用，实现对经济过程的预测、决策、规划、控制、考核等职能的一个会计岗位。

管理会计产生于 19 世纪末 20 世纪初，并于 20 世纪 70 年代后在世界范围内得以迅速发展。管理会计工作可以渗透到企业的各个方面，处于企业价值管理的核心地位。目前，管理会计在我国已经有了较高的认可度，成为企业经营发展中不可或缺的岗位，可以作为我们将来的职业选择之一。

2. 管理会计的特点

管理会计的特点有以下四点。

（1）管理会计侧重于为企业内部的经营管理服务，是现代会计的一个分支，是一项系统性的工作。

（2）管理会计的工作主体是多层次的，既要反映企业整体的经营活动，又要反映企业内部各责任主体的经营活动。

（3）管理会计主要是为管理部门提供信息服务的工具。

（4）管理会计的职能侧重于对未来的预测、决策和规划，对现在的控制、考核。

3. 管理会计岗位的工作内容

1）对企业的未来进行科学的预测

现代管理理论强调管理的重心在于经营，而经营的重心在于决策，决策的关键在于预测。管理会计岗位之所以重要，管理会计的职能中之所以包含预测经济前景这一重要职能，正是基于这样的现实情况。管理会计在企业中承担着预测的职能，对于预测企业的前景起到了十分关键的作用。管理会计人员在企业总目标与经营方针的基础上，充分考虑经济规律的作用在各种经营条件约束之下最优化的模型，以有目的地对企业的实际经营情况进行全方位预测，包括企业的销售成本、实际获利等，这在很大程度上能够帮助企业获得更高的经济效益，并帮助企业经营者制定科学的决策。在企业生产经营的过程中需要做出大量的决策，而且面临着有些决策不能马上做出的问题。在这个时候，管理会计人员就可以利用统计数学公式等多种多样灵活的方法，以及简单明了的数学模型来整理清楚这些复杂的经济活动，揭示这些经济活动内在的变量，以便辅助企业经营者进行决策。

2）合理有效地使用企业的各项资源

管理会计人员在企业中最为核心的职能，就是实现企业经济效益的最大化，这是管理会计人员最终的目标。管理会计人员通过充分评估企业的人力、物力、财力、潜力等多种资源要素，结合弹性预算、保本分析、库存控制、投资决策等多种现代化的数学手段，以及定性分析与定量分析相结合的方法，能够进一步提高企业的经济效益，这对于企业的生存和发展起到了很大的作用。尤其当管理会计人员参与到产品的设计与研发过程中的时候，其所能够使用的方法更加全面，从而更好地预测企业变化的趋势及企业参与竞争的可能性，科学地帮助企业经营者做出决策，通过预测和设计回报率来确定项目实施的可行性。

3）做好筹资工作

对任何企业来说，资金都是企业生存的“血脉”，企业从事生产经营活动必须有一定数量的资金，企业维持正常的经营运转也需要一定数量的资金作为支持。管理会计人员通过对于资金流量的分析，能够预测资金使用的趋势，进行资金使用的成本分析、筹资效率的不确定性分析及企业的风险分析，以得到一个科学合理的筹资数量标准。这样既能够满足企业的最低资金需求，又能够保证企业的良性资金循环，使企业保持正常运转，从而避免造成资金损失。

4）参与企业的生产经营

管理会计人员能够通过定量分析的方式来确定企业的成本、业务量与利润之间的关系，从而保证用最低的成本获取最高的利润。同时，能够将机会成本运用到企业的经营决策过程中，使企业的经营决策更加科学、合理，更加接近现实的情况。管理会计人员通过预测和决策，能够进一步实现企业的经济活动，为企业的发展提供更加可靠和科学的依据。

4. 管理会计岗位的职责

1）对财务成本进行预测，提供决策分析数据

（1）进行成本、业务量和利润的预测。

（2）参与生产经营的短期决策和长期投资决策，提供有关决策分析的数据。

2）编制全面预算，确定各项财务目标

（1）根据生产经营目标，编制企业的全面预算，确定成本目标和利润目标。

（2）提出增收节支的措施，保证成本目标和利润目标的实现，提高经济效益。

3）对财务成本进行控制，开展价值分析

（1）建立财务成本控制体系，对资金进行控制，保证销售目标和利润目标的实现。

（2）对产品进行价值分析，按销售区域进行敏感性分析，以挖掘降低目标的潜力。

4）评价经营业绩，考核各责任中心的业绩和成果

（1）建立成本、利润和投资责任中心，编制责任预算，保证企业生产经营目标的实现。

（2）通过对各责任中心业绩报告的实际数与预算数的对比，考核与评价各责任中心的工作业绩和经营成果。

（二）技能导航

1. 量本利分析

（1）能够计算与分析盈亏平衡点（保本点）。

（2）能够进行利润预测，能够规划目标利润，进行敏感性分析。

2. 经营预测

经营预测是以过去和现在的经济状况为依据，运用各种科学的预测手段，对未来经营中可能出现的事件和问题做出科学的判断的过程。预测分析是决策分析的基础，预测分析为决策分析服务。

（1）掌握算术平均法、移动平均法、指数平滑法等。

（2）能够帮助企业降低产品成本、提高经济效益和经营管理水平；能够运用高低点法、加权平均法、回归分析法进行成本预测。

（3）能够预测企业在生产经营活动中所需的包括流动资金和固定资金在内的资金需要总量。

3. 经营决策

经营决策是为了实现一定的经营目标，借助科学的理论和方法，进行必要的计算、分析和判断，进而从可供选择的方案中选取最优方案的过程。

（1）能够运用差量分析法、边际贡献分析法、量本利分析法等进行生产决策和订货决策。

（2）能够进行长期投资决策。长期投资决策是企业保持良好财务状况、资金周转及持续盈利能力的关键，是提升企业综合生产能力、降低企业经营风险的重要方法。能够计算投资风险价值、现金流量、资金成本，能够运用投资回收期法、投资报酬率法、净现值法、现值指数法、内含报酬率法等进行固定资产的更新改造决策。

4. 全面预算

（1）能够做出销售预算、生产预算、直接材料采购预算、直接人工预算、制造费用预算、单位成本预算、管理费用预算。

（2）能够编制现金预算、预计资产负债表、预计损益表。

（3）能够编制资本性支出的预算及一次性业务预算。

5. 存货控制

存货控制能够保证企业供应、生产、销售各项工作正常运转，加速资金周转，降低成本，增加利润。

（1）能够运用 ABC 分类控制法对存货进行重点控制。

（2）能够运用经济批量法计算最佳经济批量，把企业存货成本控制在最低点。

6. 责任绩效考核

（1）能够确定各责任中心：成本责任中心、利润责任中心、投资责任中心。

（2）能够对各责任中心进行考核，编制业绩报告。

（三）自我评价

拓展阅读

“拓展阅读”的详细内容“走进企业，带你了解管理会计岗位”具体见二维码。

走进企业，带你了解管理会计岗位

能力素质自我评价表（三）

能胜任的岗位	管理会计岗位
具备的能力 / 素质	
欠缺的能力 / 素质	
如何补救	

四、市场营销岗位认知

（一）职责引领

市场营销岗位　买糖的哲学

1. 市场营销的含义

市场营销，又叫市场学、市场行销或行销学。MBA、EMBA等经典商业管理课程均将市场营销作为对管理者进行管理和教育的重要模块。市场营销是在创造、沟通、传播与交换产品中为顾客、客户、合作伙伴及整个社会带来经济价值的活动、过程和体系，主要是市场营销人员针对市场开展经营活动、销售行为的过程。

换句话说，市场营销是在适当的时间、适当的地点，以适当的价格、适当的信息推出沟通和促销手段，向适当的消费者提供市场中的产品和服务。

对企业来说，市场营销是企业以客户需求为出发点，根据经验获得客户需求量及购买力的信息、商业界的期望值，以有计划地组织各项经营活动，通过协调一致的产品策略、价格策略、渠道策略和促销策略等为客户提供满意的产品和服务而实现企业目标的过程。

市场营销岗位由两部分构成：一个是“营”，是指通过与市场主体之间进行交换，从而实现经营活动；另一个是“销”，是指向适当的消费者提供市场中的产品和服务。

拓展阅读

数字化营销转型策略——以农信机构为例

农信机构的数字化营销转型结合自身实际，本着线上渠道与线下渠道协同、数字化品牌营销与精准营销结合的方针，通过对数以千计的数据项的梳理和机器学习模型的建立，不断转型创新、顺势而为，查找不足、对症下药，让数字化营销发挥其应有的作用。其特点有以下四点。

（1）贴合实际，调整传统营销和数字化营销的关系。调查发现，农信机构的客户群体主要是农民，年龄结构以中老年人居多。因此，农信机构必须在传统营销的基础上，在提高农民客户新媒体接受能力、数字金融使用能力的前提下，稳步推广数字化营销。同时，要根据不同地区的经济、科技发展水平及客户对营销方式的接受程度，合理调整传统营销和数字化营销的关系，根据营销效果反馈，科学设计与搭建线上、线下相结合的营销闭环，有侧重、有目标、有方向地推动数字化营销的效果转化与提升。

（2）数据为本，全面深入洞察客户。精准的本质在于营销决策用数据说话，因此必须采集足够的客户数据，保障数据的有效性和安全性，只有这样才能实现对客户的深度洞察，准确建立客户画像及分析体系。在数据采集方面，农信机构要不断丰富采集渠道，尤其是要充分利用各类金融场景，在采集数据的同时以数字化方式前置营销服务，从而实现数据采集与营销触达的“一举两得”。同时，要通过对餐饮类、旅游类、美容类等各种金融消费场景的梳理，以及春节购物潮、国庆节出游潮等“事件性行为”的梳理，找到银行各类业务发生的契机，研发相应的场景金融产品和服务，从而优化营销的空间和时间。在数据的使用与安全方面，农信机构必须提高工作人员的科技水平和营销水平，真正依靠数据深入洞察客户。在数字化营销人才的引进、使用和管理方面，农信机构要在政策、资源及薪酬上予以倾斜，并利用科学合理的制度机制及考核方式，保障数据的安全。

（3）统筹资源，构建全渠道协同营销模式。农信机构在数字化营销过程中必须注重各部门、各系统间的协同与配合。要切实把握每一次与客户接触的机会，无论是“扫街”“扫楼”“扫市场”，还是“走千家访万户”，都要将自然记录信息和线上数据信息进行全渠道的数据转介与对接，使客户无论是在线上点击广告或网页的信息，还是向电话客服或网点大堂经理咨询产品情况的信息及其他相关的线上、线下营销线索，都能够无缝连接到智能网点客户经理或数字化营销推广之处，让客户在前往网点时能够被精准识别，在线上渠道的金融服务申请中能够被精准跟踪及维护。对于信息线索充足、营销效果却不佳的客户，要及时回访调查，有针对性地配置金融产品和服务，使有利于营销的各类数据在柜面、网上银行、电话银行、手机银行、微信银行等渠道之间无损转介。

（4）依靠科技，建立高效的营销闭环及风险防控体系。数字化的营销闭环一般包含数据采集、数据分析、营销活动的设计执行和评估优化四大环节。农信机构应通过构建高效的营销自动化闭环，将工作人员从大量的基础信息与客户需求的沟通中解脱出来，把重心转移到个性化和精准化营销中。只有通过对营销闭环的全面把控及对反馈结果的多次迭代分析，不断对机器学习模型进行调优，才能不断提升模型的精准度，从而为客户提供个性化的产品和服务，促进新营销周期的顺畅运行。同时，在整个营销闭环中，也涉及对客户的风险甄别和警示环节，农信机构要依靠先进的风险防控措施，科学合理地进行风险预警，坚决在数字化营销转型中打好风险防控战。

数字化营销最根本的作用是通过数据分析及智能推荐找到客户最需要的金融产品和服务，依靠精准营销降低经营成本。数字化营销的价值能否发挥最终还是取决于金融产品和服务本身是否有价值。因此，农信机构的数字化营销必须以客户需求为根本出发点，以数字化技术为依托，不断提升金融产品和服务触达客户的精准度，从而实现产品业务和营销体验的优化升级。

2. 市场营销的特点

市场营销在不同企业中表现出的特点虽然有差异，但是大致上包括以下几个方面。

1）客观性

市场营销环境作为一种客观存在，不以企业的意志为转移，有着自己的运行规律和发展趋势，因此对市场营销环境变化的主观臆断必然会导致营销决策的盲目与失误。市场营销人员的任务是适当安排营销组合，使之与客观存在的外界环境相适应。

2）关联性

市场营销环境中的各种因素和力量是相互联系、相互依赖的，如经济因素不能脱离政治因素而单独存在，政治因素也要通过经济因素来体现。

3）层次性

从空间上看，市场营销环境因素是一个多层次的集合：第一层次是企业所在的地区环境、市场条件和地理位置因素；第二层次是整个国家的政策法规、社会经济因素，包括国情特点、全国性市场条件等；第三层次是国际环境因素。这三个层次的外界环境因素与企业产生联系的紧密程度是不同的。

4）差异性

市场营销环境的差异主要取决于企业所处的地理环境、生产经营的性质、政府管理制度等方面的差异，这不仅表现为不同企业受不同环境的影响，而且同一种环境对不同企业的影响也不尽相同。

5）动态性

外界环境随着时间的推移经常处于变化之中。例如，外界环境利益主体的行为变化和人均收入的提高均会引起购买行为的变化，影响企业营销活动的内容。外界环境各种因素结合方式的不同也会影响和制约企业营销活动的内容与形式。

6）不可控性

影响市场营销环境的因素是多方面的，也是复杂的，并且表现出企业不可控性。例如，一个国家的政治法律制度、人口增长及社会文化习俗等，企业不可能随意改变。

3. 市场营销岗位的工作内容

市场营销岗位的具体工作内容如下。

（1）负责产品的市场渠道开拓与销售工作，执行并完成企业产品年度销售计划。

（2）根据企业的市场营销战略，提升销售价值，控制成本，扩大产品在所负责区域的销售范围，积极完成销售指标，提高产品的市场占有率。

（3）与客户保持良好的沟通，实时把握客户需求，为客户提供主动、热情、满意、周到的服务。

（4）根据企业产品、价格及市场策略，独立处理询盘、报价、合同条款的协商及合同签订等事宜，在执行合同的过程中，协调并监督企业各职能部门的操作。

（5）动态把握市场价格，定期向企业提供市场分析及预测报告和个人工作周报。

（6）维护和开拓新的销售渠道及新客户，自主开发及拓展上下游客户，尤其是终端客户。

（7）收集一线营销信息和客户意见，对企业的营销策略、售后服务等提出参考性意见。

4. 市场营销岗位的职责

（1）协助部门经理起草和实施营销方案。

（2）协助部门经理开展市场调研，制作客户画像，深入挖掘目标客户群体。

（3）分析竞争对手的广告、营销活动方案，制定更高级别的促销方案。

（4）与厂家沟通，整合厂家资源，提升厂家参与活动的积极性。

（5）策划相关活动并实施与跟踪，定期对各种营销数据进行统计、分析。

（6）负责会员管理，借助线上、线下营销工具，做好会员制度的完善、会员的办理与推广工作，不定期举办会员活动，促进会员二次、多次消费。

（7）协助策划异业合作方案，实施跨界营销，完成与合作伙伴的资源整合。

（8）完成领导交办的其他工作。

5. 市场营销岗位的工作流程

市场营销岗位的工作流程分为调研客户需求、设计营销组合、组织营销管理活动。

1）调研客户需求

为了在今天竞争激烈的市场中获胜，必须以客户为中心，从竞争对手处赢得客户，并通过提供更大的价值来留住客户。但是在留住客户之前，必须先了解客户的需求和欲望，因此要求市场营销人员必须仔细分析客户。这一过程包括三个步骤：市场细分、目标市场选择、市场定位。

（1）市场细分。

将市场分为具有不同需要、特征或行为，因而需要实施不同产品或营销组合的不同购买者群体的过程，称为市场细分。

（2）目标市场选择。

在划分好细分市场之后，可以进入既定市场中的一个或多个细分市场。目标市场选择是指估计每个细分市场的吸引力程度，并选择进入一个或多个细分市场。

（3）市场定位。

市场定位是指为使产品在客户心目中相对于竞争产品而言占据清晰、特别和理想的位置而进行的安排。市场营销人员设计的位置必须使他们的产品有别于竞争产品，并取得在目标市场中的最大战略优势。

2）设计营销组合

营销组合是现代营销的主要概念之一。营销组合是指企业为了在目标市场中制造它想要的反应而混合采用的一组可控制的战术营销手段。营销组合包括企业为影响客户对其产品的需求而做的任何事情，大致可分为四组变量，称为四个 P，即产品（Product）、价格（Price）、渠道（Place）和促销（Promotion）。

（1）产品是指企业向目标市场提供的产品和服务的结合体。

（2）价格是指客户为获得产品而必须支付的金额。

（3）渠道是指通过一定的社会网络或代理商、经销商而将产品卖向不同的区域。

（4）促销是指传递产品优点并说服目标客户购买该产品的活动。

有效的营销方案应把所有的营销组合因素融入一个协调的计划之中，这一协调的计划通过向客户提供价值来实现企业的市场营销目标。营销组合构成企业的“战术工具箱”，帮助企业在目标市场中建立强有力的市场定位。

3）组织营销管理活动

企业希望设计能在目标市场中成功实现其目标的营销组合，并将它付诸实践。这涉及四种营销管理职能：市场营销分析、市场营销计划、市场营销实施及市场营销控制。

（1）市场营销分析。

对市场营销职能的管理始于对企业情况的全面分析。市场营销人员必须分析市场营销环境，以找到有吸引力的机会并避开环境中的威胁因素。

（2）市场营销计划。

市场营销计划是指对有助于企业实现战略总目标的营销战略做出的决策。每类业务、产品或品牌都需要一个详细的市场营销计划。我们将集中讨论产品或品牌计划。产品或品牌计划应包括以下几个部分：计划实施概要、市场营销现状、威胁和机会、目标和问题、市场营销战略、行动方案、预算、控制。

① 计划实施概要。市场营销计划的开头应有一个计划实施概要，对计划中的主要目标和建议进行简短的概述，使企业管理部门能快速地浏览整个计划的内容。

② 市场营销现状。在这部分，计划制订者须提供有关市场、产品、竞争和销售的背景资料。

③ 威胁和机会。在这部分，经理人员须预测产品可能面对的主要威胁和机会，目的是预测会对企业产生影响的重要发展趋势。

④ 目标和问题。在研究了产品的威胁和机会之后，经理人员就可以设立目标并考虑会影响这些目标的问题。

⑤ 市场营销战略。市场营销战略是指业务单位想借以实现其市场营销目标的营销逻辑。

⑥ 行动方案。市场营销战略应转变为具体的行动方案，并回答以下问题：将做什么？何时做？由谁负责做？费用是多少？

⑦ 预算。根据行动方案，经理人员能够制定可行的营销活动预算。这个营销活动预算实际上是一个计划盈亏报表。

⑧ 控制。市场营销计划的最后一部分是控制，用来监督整个程序。

（3）市场营销实施。

市场营销实施是指为实现市场营销目标而把市场营销计划转变为市场营销活动的过程。实施包括日复一日、月复一月地有效贯彻市场营销计划。市场营销计划提出的问题是“什么是市场营销活动”，而市场营销实施问的是“谁、何时、何地及怎样”。

市场营销系统中各个层次的人员必须通力实施市场营销计划。市场营销实施是否成功取决于企业能否成功将行动方案、组织结构、决策和奖励制度、人力资源、企业文化这五大要素组合出一个能支持企业战略的、结合紧密的方案。

（4）市场营销控制。

市场营销控制包括估计市场营销计划的成果，并采取正确的行动以保证实现市场营销目标。控制过程包括四个步骤：①设定具体的市场营销目标；②衡量企业在市场中的业绩；

③估计希望业绩和实际业绩之间存在差距的原因；④采取正确的行动，以弥补希望业绩和实际业绩之间的差距。

（二）技能导航

1. 营销专业知识与推销技能

衡量一位成功的市场营销人员的标准有三个，即职业心态、知识技能及业务技能。市场营销人员要不断衡量自身能力与营销岗位的特性，选择科学合理的方式进行相应的营销活动。

2. 及时捕捉市场变化信息并做出应对方案的能力

市场营销人员应定期对企业的宏观环境、行业状况、内部营销环境、竞争对手、目标客户进行调研并形成调研报告，适时调整市场营销方案；同时，协助领导进行市场的预判性调研（包括同行业、同品牌、同品类等）并交付应对方案。

3. 企业营销活动方案策划能力

市场营销人员应根据企业全年的营销活动规划，有效整合并落地企业类营销活动（含统一大促、超级品牌日、超级品类节等），并根据当地的市场竞争格局，策划符合当地市场环境的主题营销活动；根据企业相关营销活动规划，高质、高效地执行各类营销活动；根据企业的经营情况、全年营销活动规划及主题营销活动规划，合理制定企业年度营销活动预算，并合理、合规、高投产使用。

4. 公开演讲的能力

如何把想说的话说出来是有技巧的。同样的话题、同样的内容，由不同的人说出来效果也会不同。营销高手基本上都是演讲天才，掌握公开演讲技能应从五个方面着手：了解听众，学会“入乡随俗”，针对不同的听众运用不同的演讲方式；注意把握时间节奏，太快了不行，太慢了也不行；注意调节现场的气氛，以便不断吸引听众；运用合适的语言表达方式，包括身体语言；演讲内容要有感染力和煽动力，点燃听众的激情。

拓展阅读

面对面销售技能

尽管在某些行业存在电话销售的可能，但实际上电话销售成功的概率极低，可以忽略不计。面对面销售是营销的主要方式。一位不懂得面对面销售技能的市场营销人员不是一位合格的市场营销人员。在进行面对面销售时，市场营销人员要在三个方面引起足够的重视。

1. 应注意有一个合适的开场白，学会“暖场”

如果一个人在和别人相亲时一见面就说“我中意你”，则很可能引起对方的反感。同样，市场营销人员一见到客户就谈销售也是不明智的选择，先选择客户感兴趣的话题再逐渐回归主题才是明智之举。

2. 注意交谈时的细节

在交谈的过程中，如果客户不断看表或表现出不耐烦的神情，则应转换话题或告辞；如果客户不断询问相关细节，则表明客户对谈话内容感兴趣。

3. 要有“眼色”

所谓眼色，就是要把握好交谈的时机。成功的市场营销人员往往会选择合适的时机交谈合适的内容。

（三）自我评价

拓展阅读

走进企业，带你了解市场营销岗位

“拓展阅读”的详细内容“走进企业，带你了解市场营销岗位”具体见二维码。

能力素质自我评价表（四）

能胜任的岗位	市场营销岗位
具备的能力 / 素质	
欠缺的能力 / 素质	
如何补救	

五、人力资源岗位认知

人力资源岗位　大象聘猫

（一）职责引领

1. 人力资源的含义

人力资源岗位包括HR（人力资源专员）、HRA（人力资源助理）、HRM（人力资源经理）、HRD（人力资源总监）、HRS（人力资源专家），主要负责人力资源规划、招聘与配置、培训与开发、绩效管理、薪酬管理、劳动关系管理，可以用“识、选、育、用、留”来概括人力资源岗位的主要工作。

HR：Human Resource的缩写，指人力资源专员，负责寻找合适的人才和面试求职者。

HRA：Human Resource Assistant的缩写，指人力资源助理，接受人力资源专员的指示，负责基本的人事资料整理和联系求职者等工作。

HRM：Human Resource Manager的缩写，指人力资源经理，负责计划和实现人力资源部门在员工素质管理、薪酬管理、绩效考核等方面的需求。

HRD：Human Resource Director的缩写，指人力资源总监，是一般企业人力资源部门的最高岗位，负责统筹企业制度和整体人力资源系统。

HRS：Human Resource Specialist的缩写，指人力资源专家。

拓展阅读

虚拟人力资源管理

虚拟人力资源管理是一种战略性人力资源管理，以信息网络技术为支撑、以伙伴关系为基础。企业虚拟人力资源管理可以分为组织虚拟和技术虚拟两大类，目的是更好地获取、应用、开发和配置智力资本，促进组织发展。

企业虚拟人力资源管理可以通过人力资源外包与租赁、员工自助服务等形式来实现，其内容包括招聘虚拟、培训开发虚拟、薪酬福利虚拟等多个方面。

从虚拟人力资源管理诞生至今，其理论研究取得了一定的成果，但实践中的文化冲突、协调困难、信任危机及成本过高等问题依然存在。随着未来管理理论和信息技术的发展、企业组织结构的变革和从业人员的变化，以及人事制度改革的不断深入，未来的虚拟人力资源管理将主要集中在实践探索、理论研究、模式创新和技术开发与应用等方面，其中实践探索会更为重要。

2. 现代人力资源管理的特点

现代人力资源管理是运用科学方法，协调人与事之间的关系，处理人与人之间的矛盾，充分发挥人的潜能，使人尽其才、事得其人、人事相宜，以实现组织目标的过程。其特点包括以下几点。

1）以人为核心

现代人力资源管理视人为“资本”，把人作为第一资源加以开发，既重视以事择人，又重视为人设事，让员工积极主动地、创造性地开展工作。现代人力资源管理属于“服务中心”，管理出发点是“着眼于人”，既考虑人的个性、需求的差异，又考虑客观环境对人的影响，用权变的观点开展工作，从而达到人力资源的合理配置、人与事的系统优化，使企业取得最佳的经济和社会效益。

2）属于动态管理

现代人力资源管理强调一种动态的调节和开发，将人力资源作为劳动者自身的财富，重视对其的开发与使用，强调对人才的整体开发。结合组织目标和个人情况，进行员工的职业生涯规划，不断对员工进行横向和纵向的岗位调整，做到大材大用、小材小用，充分发挥个人才能，使人尽其才、才尽其用。

3）同时采取理性与感性的管理

现代人力资源管理较多地考虑人的情感、自尊、价值，以人为本，多激励、少惩罚，多授权、少命令，发挥每个人的特长，尽可能体现每个人的价值。

4）追求创新性

现代人力资源管理不断创新，完善考核系统、测评系统等科学方法。现代人力资源管理多为主动开发型，根据组织现状和未来，被赋予了很多组织变革职能，通过参与变革与创新来实施组织变革（并购与重组、组织裁员、业务流程再造等）过程中的人力资源管理实践，包括提高员工对组织变革的适应能力，妥善处理组织变革过程中的各种人力资源问题，推动组织变革进程，并以组织变革推动者的身份有计划、有目标地开展工作。

5）其主体是市场运行的主体

现代人力资源管理的主体是市场运行的主体，其行为受市场机制左右，而且须遵循市场通行规则和人力资源管理自身特有的规律。

6）上升为决策层

现代人力资源管理直接为企业高层提供计划和决策。作为企业战略制定的参与者，提供基于战略的人力资源规划及系统解决方案，将人力资源纳入企业的战略与经营管理活动中，使人力资源与企业战略相结合。

3. 人力资源岗位的工作内容

通常我们会用“六大模块”来对人力资源岗位的工作内容进行总结。人力资源岗位的工作内容主要分为六大模板，模块之间相互衔接、相互作用、相互影响，形成人力资源管理的有效体系。这六大模块具体是指人力资源规划、招聘与配置、培训与开发、绩效管理、薪酬管理、劳动关系管理。

1）人力资源规划

人力资源规划是人力资源管理的起点，主要通过规划帮助组织预测未来的人员需求数量及基本素质构成。从广义上讲，人力资源规划分为长期规划（5 年以上）和短期规划（1 年以内，介于长期和短期之间的为中期规划）；从狭义上讲，人力资源规划是企业从战略规划和发展目标的角度出发，根据其内外部环境的变化，预测企业未来发展对人力资源的需求，以及为满足这种需求而提供人力资源的活动过程；从内容上讲，人力资源规划分为战略发展规划、组织人事规划、制度建设规划、员工开发规划、费用规划。在实际工作中应把这三种定义结合起来使用。

2）招聘与配置

招聘与配置以人力资源规划为输入之一，相当于组织的血液，为组织提供营养，解决组织人员配置、人岗匹配的问题。通俗地说，就是按照企业战略规划的要求，把合适、优秀的人才招进企业，并把合适的人放在合适的岗位上。但招聘与配置工作远没有想象得那么简单。招聘与配置的工作内容如下：①岗位分析；②招聘需求分析；③招聘程序和策略制定；④招聘渠道分析与选择；⑤招聘实施；⑥特殊政策制定与应变；⑦离职面谈；⑧降低员工流失率的措施实施。

3）培训与开发

培训与开发的主旨是育人，是指组织在其现有的人力资源基础上，依据组织战略目标、组织结构变化，对人力资源进行调查、分析、规划、调整，以提高组织现有的人力资源管理水平和人力资源管理效率，为组织创造更大的价值的过程。培训与开发的工作内容如下：①培训需求调查与评估；②培训程序与策略制定；③培训方案设计；④培训组织与实施；⑤培训考核；⑥总结评估。

4）绩效管理

绩效管理是六大模块的核心，是其他模块的主要输入，旨在帮助人、提高人，解决组织如何用人的问题。绩效管理的工作内容如下：①绩效管理准备；②绩效管理动员；③绩效管理培训；④绩效管理辅导、实施；⑤绩效考核；⑥考核结果汇总。

5）薪酬管理

薪酬是指员工向其所在单位提供所需要的劳动而获得的各种形式的补偿，是单位支付给员工的劳动报酬。薪酬包括经济性薪酬和非经济性薪酬两大类，经济性薪酬分为直接经济性薪酬和间接经济性薪酬。薪酬管理旨在激励人，解决组织如何留人的问题。薪酬管理的工作内容如下：①工作分析、岗位价值评估；②岗位分层级；③岗位标杆设置；④层级薪酬总和计算；⑤薪酬结构确定；⑥薪酬格式设定；⑦薪酬计算；⑧保险［养老、医疗（含生育）、工伤、失业］缴纳；⑨其他福利项目设定。

6）劳动关系管理

劳动关系管理包括传统的签合同、解决劳动纠纷等。劳动关系管理是对人的管理，对人的管理是一个思想交流的过程，这一过程的基础环节是信息传递与交流。通过规范化、制度化的管理，劳动关系双方（企业与员工）的行为得到规范、权益得到保障，从而维护稳定和谐的劳动关系，促使企业经营稳定。劳动关系管理的工作内容如下：①国家相关法律法规宣传、引导；②组织关系和社会关系协调；③组织关系和部门关系协调；④组织关系和员工关系协调；⑤部门关系和员工关系协调；⑥劳资谈判；⑦工会化；⑧综合企业文化建设。

4. 人力资源岗位的职责

（1）根据企业人力资源的相关要求，结合企业的业务需要，拟定并落实人力资源规划，确保人才结构的合理化、年轻化。

（2）根据企业的定编原则和岗位说明书要求，开展外部人员招聘和内部人才挖掘工作，确保人员供给满足企业业务开展的需要。

（3）根据企业的人才培养计划，落地并组织培训、评估等工作，提升员工的专业胜任能力，做好人才梯队建设。

（4）根据企业绩效管理的相关要求，推进和落实绩效管理工作，汇总、分析绩效考核结果，并对各部门的绩效管理工作提出优化建议。

（5）负责员工的入职、转正、异动、离职手续办理，以及社会保险手续办理与薪酬核算，并及时更新与维护人力资源系统相关数据，及时与企业财务人员进行对账。

（6）开展劳动关系管理工作，协助处理劳动争议。

（7）积极协助承担企业反腐、违规的督查职责。

（8）完成领导交办的其他工作。

5. 人力资源岗位的工作流程

下面以员工招聘—离职管理流程为例简要说明人力资源岗位的工作流程。

1）招聘管理

企业各部门根据工作需要列出待招聘岗位，HR 填写“人员需求表”并上报总经理批准，将待招聘岗位发布到人才招聘网进行招聘；定期查看人才招聘网，登记符合企业招聘要求的人员资料，并约定具体的面试时间；对应聘人员进行初步筛选，安排初步合格人员进行总经理面试；安排通过面试人员入职，并建立新员工档案，进入试用期。

2）新员工入职建档及试用期跟踪、考核

新员工入职建档须提供身份证复印件、一寸彩色照片、毕业证复印件等。HR 须组织新员工入职培训，对其进行企业理念、企业制度及工作作风培训；跟踪并考核新员工的实习情况，淘汰在试用期不能胜任工作者。

3）正常核算员工工资并与出勤记录比对

根据员工上月出勤表，结合上月各部门月度与周考核奖罚记录进行工资核算。

4）员工离职手续的办理

填写“员工离职申请表”，经部门负责人同意，上报总经理批准方可办理离职手续。

（二）技能导航

1. 专业知识

HR 应具备从事人力资源工作的相关专业知识，接受过人力资源、公函写作、档案管理等方面的正规培训，熟悉人力资源管理理论及相关法律法规，具备人力资源管理知识，了解国家及当地相关法规政策。

2. 组织能力

HR 应能组织规划或调配人、事、物，要有能力组织简单的小型活动，如绩效考核、培训、招聘等活动，懂得办一场活动需要规划什么、分配什么样的任务、准备什么样的物品等。

3. 协调能力

HR 应具备人际关系和工作关系两方面的协调能力。企业文化的宣传、绩效考核的实施、培训课程的开发等，均离不开各部门的大力支持，这既是工作上的配合，又是沟通上的技巧。HR 的工作能否得到大家的配合，协调是至关重要的因素。

4. 执行能力

一个专业能力达 80% 而执行能力只有 20% 的人，与一个专业能力达 60% 但执行能力有 40% 的人，你会选择哪一个？答案毋庸置疑，肯定是后者。就好比面试，一个空有理论却没有实战经验的人，往往会被拒之门外。因此，HR 应具备较强的执行能力。

5. 决策能力

HR 应能识别和理解某些问题，在适当的时候做出最终决定。即使身为 HR“菜鸟”，在面对人才选拔与录用或其他紧要关头时，也要有当机立断的决策能力。菜鸟不可能永远都是菜鸟，决策不一定永远都要等领导来做。自己有能力的，力所能及的，也无须事事让领导来躬行。

（三）自我评价

走进企业，带你了解人力资源岗位

拓展阅读

“拓展阅读”的详细内容“走进企业，带你了解人力资源岗位”具体见二维码。

能力素质自我评价表（五）

能胜任的岗位	人力资源岗位
具备的能力 / 素质	
欠缺的能力 / 素质	
如何补救	

六、银行柜员岗位认知

银行柜员岗位

银行柜员与客户之间的“神对话”

（一）职责引领

1. 银行柜员的含义

银行柜员一般指在银行分行柜台里直接与客户接触的银行员工，他们会直接进行面向客户的柜面业务操作、查询、咨询等。其分类如下。

（1）现金柜员：负责各类现金业务的复核、零钞清点、大额现金清点等，通常由刚参加银行工作的人员担任，是继续从事其他柜面工作的基础。

（2）普通柜员：负责各类柜面业务，包括各类对公、对私业务的经办，以及当日账务的核对、结账等，是银行中最多的一类柜员。

（3）综合柜员（或会计主管）：负责对普通柜员当日的各类账务进行核对、监督、审查，以及特殊性柜面业务经办流程的解释、银行规章制度执行情况的检查监督等，有时候也会办理具体的业务。

（4）低柜柜员（或开放式柜员）：由某些较大的、业务全面的营业网点设立，负责个人消费贷款、个人住房贷款、个人理财（基金业务、银行代理保险业务）等非现金业务。此类柜员要求比较高，必须具备一定的个人贷款类基本知识和技能、个人金融理财知识。

（5）大堂经理：负责对银行业务进行宣传、对网点客户进行分类引导、对客户的各类业务咨询进行解答、对银行工作人员与客户之间的纠纷和矛盾进行调解与疏导等。

小贴士

银行柜员危机四伏

（1）员工执行规章制度，存在盲区风险。

（2）员工柜面操作，存在系统流程风险。

（3）员工岗位管理模式，存在道德和操作风险。

（4）IC卡和密码口令，存在管理不善风险。

（5）员工执行授权制度，存在执行不力风险。

2. 新形势下银行柜员的应对措施

在科技金融的浪潮下，推陈出新的各种自助机具，如金融自助通、移动营销终端、智能投顾、财务机器人，以及人脸识别技术的推进、信用卡线上秒速发卡等，无不在发出相同的信号：各大银行正在以时不我待之势加速拥抱科技，不少银行已经完成了智慧厅堂的改造升级。随着移动支付的快速推广与普及，现金交易量及现金需求量正在逐步下降。与此同时，各种诸如人工智能“上位”、银行裁员潮、机具替代柜员等声音不绝于耳，让部分仍在一线柜面服务的柜员感到困惑：既然业务智能化已经是一种不可逆的趋势，那柜员是否真的会消失呢？

随着银行业务系统的升级、规章制度和业务操作规程的更新、金融产品的创新，社会对柜员的要求越来越高。而如果柜员的业务学习不足、知识掌握不全面，就容易给客户造成误解，引起客户对银行服务的不满。因此，柜员需要主动、积极转变，夯实内控基础，完善业务技能，不断加强学习，加速转型的步伐。

1）合理分工，加强合规意识

在银行业务规模日益壮大和柜员人数不断减少的同时，柜面业务更加需要严谨、合理的流程化管理。一是整合柜面业务，优化劳动组合，合理分工，设置快速业务窗口，实现厅堂客户快进快出，以低柜实现客户的专业服务需求，从而达到客户的有效分流；二是加强内外联动，发挥大堂经理的内外衔接功能，合理分流，指导客户把单据填写完整、正确，提高柜面业务的流转率。

2）加强业务集中上收，集中风险控制

实现前台业务和集中作业的有效分离，建立统一、规范、科学、可靠的业务处理流程和管理制度，一方面可减轻柜员的业务负担与压力，为厅堂客户提供更有效率与质量的服务，另一方面可有效集中风险控制，达到资源整合、促进业务发展的目的，不断优化与集中作业流程，加速提升集中作业率，提高柜员的服务能力，将银行网点打造成以客户为中心的综合服务型拓客渠道。

3）加强学习、提升自我，加速柜员转型的步伐

柜员须以主动、积极的心态接受转型的观念，同时积极为转型做准备。柜员应对银行的业务和产品有全方位的认识，在为客户服务时能够快速、准确地办理。这一方面需要柜员提升自身的综合业务能力及专业技能，多学习、多苦练，从简单的存取款数钱扎把到复杂的对公业务流程，都要做到胸有成竹；另一方面需要柜员对银行产品有全面的了解，从产品的功能、特点、相对优势到如何使用产品，都要做到心中有数，只有这样才能在给客户介绍时底气十足。同时，随着各种新的业务知识不断出现，柜员必须加强学习，对各类业务知识了然于胸，及时解决客户的问题。只有熟练掌握各类业务知识，不断满足客户的金融服务需求，才能强化柜员不可取代的优势。

4）加大现场的监管力度

首先，现金柜员应严格执行“一日三碰箱”的工作制度，在每日营业前与午休时间段及下班前，都要仔细检查现金的余额。其次，会计主管在每日下班前也应认真核查柜台现金及重要的凭证等，未经核查一律不可封包。最后，大堂经理还应加强班前的突击检查，充分了解各网点内部管理的实际情况，查找存在的问题及隐患并及时解决，制定完善的应对措施，通过合理的检查与监督逐步实现网点的细致化管理。

3. 银行柜员岗位的职责

（1）按照业务操作规程和规范化管理要求，正确办理各项柜面业务（开户、变更、撤销、现金存取、内外部转账结算、查询、冻结、挂失、止付等）。

（2）遵守出纳的基本制度，认真审核现金收付款凭证各要素的完整性和合法性。

（3）按照规定办理假币的收缴与残币的兑换工作。

（4）按照现金使用量做好缴调款计划及办理内外部出入库手续。

（5）正确使用与保管各种业务用章、印鉴卡、空白凭证、登记簿。

（6）耐心解答客户的咨询事项，与其他业务岗位保持良好的沟通。

（7）了解、收集客户的服务需求，处理服务营销中存在的问题。

（8）完成领导交办的其他工作。

职业判断

作为银行柜员，在办理业务时怀疑客户拿假身份证开户，你会怎么办?

4. 银行柜员岗位的工作流程

（1）班前准备。

（2）晨会。

（3）日常工作。

（4）营业结束后的工作。

拓展阅读

银行柜员忙碌的一天

1. 班前准备（7:40）

准时到达银行，查看“当日任务分解表”，确定本日应办理的业务数量及种类；整理单证，检查单证是否齐全，预估当日使用量，预先领用单证并放置在平日触手可及的地方；检查办公用章是否齐全，确保订书机内有足够的订书针，印泥、胶水等常用物品齐全。

2. 晨会（8:10）

（1）调动团队氛围。每日8:10准时参加晨会，用积极的态度迎接全新的一天。每日点名完毕后互相整理仪容仪表，并互相帮助捶肩按摩，迎接开心的一天。

（2）昨日业绩回顾。营业经理宣读昨日业绩，并宣布昨日“营销明星”和“转介明星”，为今日的工作鼓气。

（3）经验分享。邀请在昨日营销中有突出表现的同事进行经验分享，大家互相学习、共同进步。

（4）话术演练。营业经理精心准备大堂经理、其他柜员、客户经理适合使用的话术，并带领全体人员熟读三遍，精练的句子在营销过程中往往能够起到事半功倍的作用。

（5）宣读今日目标。通过班前准备查看今日目标，并结合实际进度，宣读今日将完成的目标。

（6）团队口号宣誓。大声喊出团队的口号：“猎杀黑马，勇创佳绩！”

3. 日常工作（8:30—17:00）

（1）客户服务。在面对客户时做到微笑接待、双手接递、快速办理、主动营销、礼貌道别。在平日工作中，做到微笑接待每位客户，并为客户快速准确地办理各项业务，做到急客户之所急，把业务办理的时间控制在银行要求的范围之内。

（2）快速办理。快速为客户办理各项业务，是柜员最基本的一项职业素养。这不仅体现为急客户之所急，更体现为想客户之所想。这就要求柜员在平日工作中留心三尺工作台中单据、印章的摆放，思考如何为客户节省一分一秒的时间。在明确客户须办理的业务种类之后，快速在触手可及的地方拿出相应的单据，认真处理每项业务。能够快速办理业务的基础乃是平日的基本功十分扎实。在办理业务间隙，应抓紧时间练习基本功，并且在每日营业结束后主动留下，集中时间练习 30 分钟基本技能。天道酬勤，相信经过不断积累终会不断提升自身的职业能力。

（3）注重营销。受传统业务办理的影响，大多数客户对柜员总是充满信任。这样，柜员在办理业务时方便了解客户的资金情况，以便为客户营销产品。但鉴于柜员办理业务的快速性，我们更推崇“一句话营销”，总结出话术，张贴在推荐产品牌价的后面，方便随时浏览与营销。与大堂经理的互动也是其他柜员营销成功的关键。

4. 营业结束后的工作（17:00—19:00）

（1）夕会前的工作。协助大堂经理统计积分人员，统计今日销售积分，并将积分情况上报营业经理，同时在“当日任务分解表”中写下今天的任务完成情况。

（2）日终柜员结账。营业结束，按券别清点库存现金，将超出库存限额的人民币现金、外币现金上缴钱箱管理员，办妥交接手续；打印当日交易流水清单，核对各项业务发生额及传票，并逐一打钩；对当日工作中出现的问题进行记录，分析原因，总结避免再次出错的方法，以降低差错率，提高业务办理的准确率。

（3）夕会。

① 业绩统计。向营业经理汇报今天的营销业绩，同时互相核对转介卡成交情况。

② 问题分析。主动提出当日工作的困惑，请大家出谋划策；结合自己的“当日任务分解表”，总结各项指标的完成进度，分析弱项指标产生的原因。

③ 表扬先进。营业经理对当日工作表现突出者进行表扬，其他人积极向其学习，以推进日后的工作，促进自我进步。

④ 明日晨会安排。若第二天主持晨会，则应协助营业经理安排晨会流程。

（二）技能导航

（1）熟练掌握票据法律、支付结算办法及其他金融业务管理规定，熟悉经济金融基础理论和商业银行运作实务。

（2）具备较高的业务技能水平（传票输入、手工点钞、假币识别、票据审核等）。

（3）具备强烈的责任感、良好的服务意识和风险防范意识。

（4）学习能力强，具备良好的抗压能力和自我激励能力。

（三）自我评价

走进企业，带你了解银行柜员岗位

拓展阅读

“拓展阅读”的详细内容“走进企业，带你了解银行柜员岗位”具体见二维码。

能力素质自我评价表（六）

能胜任的岗位	银行柜员岗位
具备的能力 / 素质	
欠缺的能力 / 素质	
如何补救	

任务三　职场大忌，反馈“黑洞”——重在岗位反馈

案例导入

谁“谋杀”了工作的主动性——反馈“黑洞”

某家规模很大的贸易公司的老板很困惑，在过去的几年中他先后同两家知名咨询公司合作了同一个课题项目——绩效考核。不过，要么是他本人不满意，要么是团队反弹大，总之方案执行各种“烂尾”。目前，公司上下都认为绩效考核已经成为严重制约内部管理水平提升的瓶颈。那么，为什么两轮方案设计都不能产生实际效果呢？

经了解，原来这家公司的管理者们对绩效考核方案提出了各种细节上的不同意见，但是方案开始执行后，几乎没有人认真开展绩效面谈活动。也就是说，他们就是一批从不给运动员做反馈的教练。

案例分析

如此荒唐的教练并非少数，而是在国内公司中比比皆是。因此，职场第一大忌就是反馈“黑洞”。希望即将步入职场的大学生们，不要成为那种凡事不反馈、不沟通的员工。

一、靠谱职场人应该怎么做

（一）有时间观念

自古以来，是否有时间观念一直是衡量一个人是否靠谱的标准。不尊重别人的时间，自然也不会得到别人的尊重。

有时间观念的人可以做到按时上班，重视约定，办事不拖延，把工作和生活安排得井井有条，做事有原则，不随心所欲。他们懂得时间的重要性，严于律己，不会浪费别人的时间，也不会将自己陷于瞎忙的状态。

所以，要想被人尊重和信任，首先要有时间观念。

（二）凡事有交代

罗振宇在《奇葩说》里表达过自己的观点：职场里最没有前途的一种人，叫反馈“黑洞”。

老板最不放心的一种人，就是领取任务之后悄无声息的人。老板不问，他不主动说，久而久之，就会给老板留下不靠谱的印象。

很多人都有一个误解：埋头做事最重要，所谓沟通，不是闲聊就是邀功。

其实不然，有效的沟通可以及时反馈你的进程，让老板知道你的难处和困境，以便给予你帮助。沟通是为了让工作更有效率，也是为了减少无用功。

（三）不占小便宜

《孟子》中有云：“人有不为也，而后可以有为。”

不爱占小便宜的人会坚守自己的底线，坚持自己的原则。他们不会计较蝇头小利，更

不会处处算计揩油。他们站得高、看得远，志向高远，不会因为一点点利益断送自己的前程。

而爱占小便宜的人，常常吃不得一点点亏，总是以自我为中心，对企业也谈不上忠诚。这样的人，自然也不会靠谱。

（四）能履行责任

有一句话说：能力有多大，责任就有多大。但如果只有能力，没有责任心，那么他的能力也会大打折扣。身在职场，我们就应当承担一份责任。

职场上最烦人的就是“甩锅精”，每一次风暴袭来都令同事猝不及防。随随便便就撂挑子的人，是在透支他人的尊重和信任，没有担当的人，周围的人也不敢全心全意与之合作。

靠谱的人都有强烈的责任感。他们勇挑重担，全身心地、尽职尽责地投入工作中，个人地位不断提升，往往会成为圈里的核心。

二、有效反馈的技巧

对管理人员来说，反馈是规范员工行为、帮助员工学习、实现更佳业绩的重要手段；对员工来说，反馈是一个自我职业发展的机会。然而，在现实的管理实践中，反馈为何总是出现问题？管理人员能做些什么来提高反馈效果？

（一）关注业绩

业绩应该是管理人员给予反馈的出发点：你需要培养人才、促进销售、改善服务。只有当反馈成为实现特定业务目标的手段时，它才能变成解决问题的机会。

（二）使反馈成为常态

管理人员应该试着经常给予反馈，并让此成为一种习惯。及时表扬员工的良好表现，碰到需要提出负面反馈的情况时，最好在24小时内进行。此外，在管理员工一段时间之后，管理人员可能对某些员工有一些意见。这没关系，但在反馈会议上不要被这些意见所误导。在反馈会议之前，寻找可能支持或否定自己论断的具体事例。

管理人员的目的是收集证据来说明下列问题。

（1）具体的行为。要具体描述某人做了哪些事情，或者没有做哪些事情，而不要对他的意图进行评价，避免以“你总是……”或“你从来都不……”这样的话开头。

（2）该行为产生的影响。告诉员工他的行为给团队或业务带来的影响。

（3）希望员工以后怎么做。员工不可能完全猜出管理人员的想法，因此必须明确说明希望员工的哪些行为得到改进。

（三）不要认定自己总是对的

作为管理人员，即使你已经收集了证据，但你可能还是没有看到事情的全貌，而其他人对这个人/这件事的看法也可能跟你不同。此外，员工对此也有自己的解释。反馈的难点通常不在于收集不到证据，而在于观点、情感和价值观相互冲突。

因此，反馈会议要以找到完整、准确的真相为目的。正如你希望你的员工愿意被你的话所影响一样，你也必须愿意被你听到的话所影响。

（四）提出问题

为了使自己和员工都能从反馈中受益，可以提出下面这些问题，帮助员工思考：你如何看待这种情况？下次你会采取哪些不同的做法？你认为哪些做法有效、哪些做法需要改进？

诸如此类的问题可以创造一种支持的氛围。在这种氛围中，员工会努力想出其他效果更好的做法。一般来说，一个人对怎样改进自己的表现思考得越多，他就会越致力于改进。

（五）后续跟进

员工要实现飞跃，需要管理人员的不断支持。因此，后续跟进至关重要。问问你的员工：你的下一步计划是什么？我能怎样支持你？一个月之后再次就此事与他面谈。

管理人员应该把自己视为改变员工的催化剂，提出具体的能帮助员工提高工作绩效的方法，也可以建议员工就某项绩效询问同事的意见。

（六）收集对反馈工作的意见

如何给予反馈也是管理人员需要重视的一个方面。在反馈会议快结束的时候，询问员工如何看待这次反馈工作、自己怎么做才能对他更有帮助，等等。

拓展阅读

“拓展阅读”的详细内容“毕业生返校座谈会”具体见二维码。

毕业生返校座谈会

项目小结——敲黑板，画重点

调研岗位需求：

确定财经人才就业相关标准，重点把握社会需求岗位；切实缩短学校与企业的距离，真正实现教育服务产业；加大校外实训基地建设力度，切实提高学生实操能力。

确定岗位职责：

资金管理岗位的技能：点钞、辨别真假币、规范书写、印章的保管与使用。

大数据财务分析岗位的技能：应用工具能力、数据采集能力、数据处理与分析能力、数据诊断能力、撰写大数据财务分析报告的能力。

管理会计岗位的技能：量本利分析、经营预测、经营决策、全面预算、存货控制、责任绩效考核。

市场营销岗位的技能：营销专业知识与推销技能；及时捕捉市场变化信息并做出应对方案的能力；企业营销活动方案策划能力；公开演讲的能力。

人力资源岗位的技能：专业知识、组织能力、协调能力、执行能力、决策能力。

银行柜员岗位的技能：熟练掌握票据法律、支付结算办法及其他金融业务管理规定，熟悉经济金融基础理论和商业银行运作实务；具备较高的业务技能水平（传票输入、手工点钞、假币识别、票据审核等）；具备强烈的责任感、良好的服务意识和风险防范意识；学习能力强，具备良好的抗压能力和自我激励能力。

重在岗位反馈：

有效反馈的技巧：关注业绩；使反馈成为常态；不要认定自己总是对的；提出问题；后续跟进；收集对反馈工作的意见。

课后测试题——闯关测试验所学

前三道测试题的具体内容见二维码。

在线测试

四、综合训练

（1）结合岗位技能，讨论用人单位眼中“一百个百分之一并不是百分之百，而是零”的深刻含义。

（2）结合“起薪零工资，企业不愿要”的社会现象，讨论如何用岗位技能去换资本。

（3）“合抱之木，生于毫末；九层之台，起于累土；千里之行，始于足下”出自《道德经》第六十四章。这句话的大概意思是：合抱的粗木，是从细如针毫的幼芽长起来的；九层的高台，是从一筐土开始堆积起来的；远行千里，是从脚下一步步走出来的。这句话告诉我们，做事要从学习基本技能开始，多进行知识技能储备，从第一步慢慢积累，经过不懈努力，积跬步，积小流，方有所成。请结合所学所感和自身生活实际，谈一下你对这句话的理解。

项目三 磨刀不误砍柴工——前期准备

项目音频导学

思政导读

《论语·卫灵公》中说："工欲善其事，必先利其器。居是邦也，事其大夫之贤者，友其士之仁者。"意思是，工匠想要使他的工作做好，一定要先让工具锋利。住在这个国家，就要侍奉大夫中的贤人，结交士中的仁人。比喻要做好一件事，准备工作非常重要。

启示

临近毕业，形形色色的校招、社招接连而至，很多毕业生找不到工作并不是因为个人能力不足，而是因为在求职前准备工作做得不充分，输在了起跑线上。做好求职的前期准备工作，成了当今大学生就业成功的一个关键因素。

学习目标

素养目标

- 主动就业，勇于挑战自我；
- 熟悉求职的基本原则，遵纪守法，树立正确的人生观、价值观；
- 具有较强的求职陷阱识别和防范意识，在求职、工作中养成实事求是的态度。

知识目标

- 掌握搜集就业信息的渠道；
- 掌握简历的制作技巧和有效投递简历的技巧等基础知识；
- 掌握求职服饰礼仪和求职仪态礼仪等基础知识。

能力目标

- 能对就业信息进行处理、筛选；
- 能识别各类求职陷阱；
- 能根据岗位特点灵活撰写求职简历，在面试中保持大方得体的仪态。

思维导图

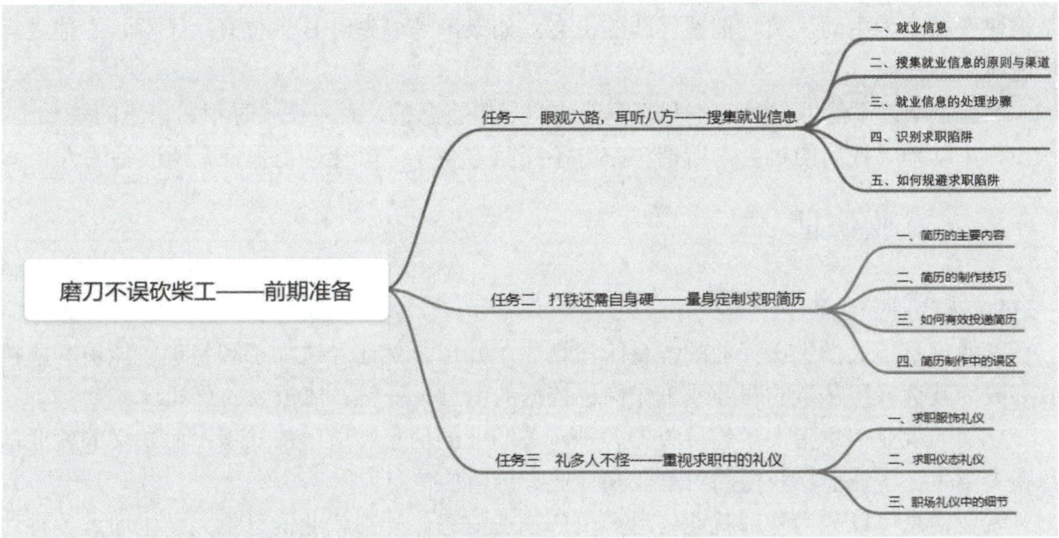

任务一　眼观六路，耳听八方——搜集就业信息

案例导入

不放弃任何一个机会

某高职院校会计信息管理专业毕业生张雨因火车误点，待赶到某地人才交流会会场时那里已差不多收摊了，他真是懊恼极了。要知道，他这次专程到某地是冲着 A 单位来的，A 单位在他心中向往已久。他曾经投过一份资料给该单位的人事负责人，该负责人表示对他的资料很感兴趣，并请他务必参加这场人才交流会，到时现场见面后可决定是否签约。可这次自己偏偏迟到，实在不凑巧。

此时，会场内不少单位已录满人员，剩下的单位也在整理资料准备收场。他看见 A 单位的摊位空空如也，心顿时凉了半截，开始漫无目的地在会场内闲逛。突然，B 单位的摊位令他眼前一亮，他也曾向往过该单位，因为他的一位老乡就在此单位工作，且干得很不错，家乡父老对这位老乡更是赞不绝口，只因为自己学历不够，未敢冒昧联系。他郑重地向 B 单位递上自己的资料，主动做了自我介绍，并与负责招聘的人谈得非常投机。一周之后，他意外收到 B 单位的正式面试通知，一个月不到便签订了正式协议，真是“山重水复疑无路，柳暗花明又一村”。

案例分析

在求职的过程中，有时会因为一些无法抗拒或无法预测的客观因素造成信息失效、机会尽失，碰到这种情况一定要沉着冷静、随机应变，在不利之中挖掘信息、寻找信息。

以上案例中的张雨虽然在求职过程中暂时失利，但由于他平时积累了一定的信息，于是很快变被动为主动，及时把握住新的机会。如果不是事先对 B 单位有所了解，那他很有可能将空手而归。

因此，千万不能因一时的不利而垂头丧气、偃旗息鼓，而应在平时积累信息的基础上，积极、主动地寻找新的机会，所谓“东方不亮西方亮”，机会总是垂青有所准备的人。

一、就业信息

（一）就业信息的概念

就业信息指大学生在择业的准备阶段事先不知道，然而经过加工和整理，能被其所接收并成为其选择所从事的职业或工作岗位依据的消息、资料、情报等的总和。

广义的就业信息指大学生接收的各种有关职业的信息和所学的知识；而狭义的就业信息指大学生在毕业前夕获得的对就业和择业有价值的信息。

就业信息可以分为外部就业信息和内部就业信息。外部就业信息指大学生通过各种途径获得的关于用人单位性质、需求等的信息；内部就业信息指大学生对自身情况的了解、分析和评估结果。

对用人单位的信息多掌握一点，求职的选择机会就多一点；对用人单位多了解一点，求职的成功希望就会大一点。所掌握和了解的用人单位的信息量越大，判断的准确率就越高；反之，则越低。所以说，大学生能否很好地搜集、分析和利用用人单位的信息，是对大学所学知识和能力的一次不同寻常的检验。值得注意的是，大学生对外部就业信息的搜集、分析和利用比较重视，而常忽视内部就业信息。但在实际求职过程中，内部就业信息起着至关重要的作用，因为只有认真了解自己的内部需求，才能为更好地运用外部信息打下基础。因此，在择业的准备过程中，大学生不应忽视来自自己的信息。试想，一个连自己都不了解的人，怎么可能寻得合适的职业呢？

（二）就业信息的特点

就业信息作为信息的一种，具备信息的各种特点，如广泛的社会性、变动性、时效性、可传递性、共享性、可积累性、可识别性、可处理性等。对大学生来讲，应该重点掌握就业信息的变动性和时效性两大特点。

1. 就业信息的变动性

就业信息的变动性指就业信息不仅受到整个国家政治、经济形势变化的影响，而且受到所在地区、所在行业形势变化的影响，所以就业信息是不断变化的。例如，当你入学时可能你所学的专业是就业热门专业，人才紧缺，可当你毕业时这些专业可能早已人才饱和，用人需求量下降，你获得相应岗位的机会相对较少。

2. 就业信息的时效性

因为就业信息是不断变化的，所以每条就业信息的效用都有一定的期限，即就业信息具有时效性。过了期限，效用就会降低，甚至丧失。随着人才市场的开放，各类需求信息的传递渠道十分通畅，一些用人单位为了吸引更多的人来应聘，会通过各种传播媒体向社会公布招聘信息，在高校也是如此。学子们面对各种就业信息，常抱着一种“等一等，再看一看”的心态，结果过一段时间再去找以前招聘的用人单位，得到的回答往往是“我们已在其他学校招到了合适的人选”。

二、搜集就业信息的原则与渠道

（一）搜集就业信息的原则

（1）行业优先，指在搜集就业信息时注重行业特点。看重行业的大学生，在搜集就业信息时应以自己所倾向选择的某个行业为主，围绕选定的行业搜集相关的企业信息、行业现状及发展前景等。

（2）地域优先，指在搜集就业信息时注重地域特性。看重地域的大学生，在搜集就业信息时要以自己所倾向就业的地域为主。以地域为主要参考进行就业信息的搜集，想去什么地方就业，就重点搜集这个地方的就业信息。

（3）志趣优先，指在搜集就业信息时以自己的特长和爱好等主观意志、关注自我感受为重点。例如，有的大学生希望自己将来能够从事技术工作，有的大学生希望自己将来能够从事管理工作，有的大学生希望自己将来能够创业经商，那么他们在搜集就业信息时就会对关注的信息内容有所选择。

（4）需要优先。不管搜集什么样的就业信息，有一点必须把握，那就是搜集到的就业信息必须能够满足大学生就业和择业的需要。

（二）搜集就业信息的渠道

搜集就业信息的渠道

搜集就业信息的渠道指大学生可能获得有效就业信息的渠道，可分为四个渠道：政府渠道、市场渠道、学校渠道和其他渠道。

1. 政府渠道

政府渠道包括地方政府就业网站、地方政府举办的招聘会等。政府在就业信息方面做的工作主要有以下几个方面：制定就业政策、就业法律法规；公布各级政府公务员和事业编制的招考信息；举办公益性人才交流会等。政府渠道提供的信息真实可靠。

政府从宏观上把握就业的整体状况，掌握大学生的流向，通过制定相应的政策，引导大学生面向人才紧缺的地区、行业就业，使人力资源得到合理分配，使大学生就业与经济社会发展相协调。

2. 市场渠道

市场渠道包括各类职业中介机构、网络媒体、社会和用人单位的人才网站、报纸杂志等。以下主要介绍前两种。

各类职业中介机构是提供就业信息的重要载体，它们与高校、大学生及用人单位都有联系，一般以广告、报纸等形式发布就业信息。目前，我国的职业中介服务还存在一些不规范的行为，甚至存在一些违法行为，提供的就业信息也是良莠不齐。因此，政府须不断对职业中介服务加强引导和规范。

随着网络媒体技术的发展，网络媒体具有信息量大、快捷方便、覆盖面广的特点，在信息提供方面扮演着重要的角色，也成为大学生就业信息来源的重要渠道。但是同时，网上也存在很多虚假信息，大学生要加强甄别，以防上当受骗。

就业市场是通过市场的调节作用来实现人才的合理流动的。随着就业市场机制的进一步发展和完善，市场渠道不应仅是信息的提供者，还可以有更多的作为，如组织人才交流会、进行职业培训等活动。

3. 学校渠道

学校渠道包括高校的官网和就业网站、高校举办的大型现场招聘会和专场招聘会等。一般高校和政府部门、用人单位等都有合作，能及时了解并宣传国家的就业政策，公布需求信息，如特岗教师计划、选调生、选聘生及大学生应征入伍等。另外，很多用人单位也会到高校招聘大学生，高校也会向用人单位推荐优秀的大学生。一般在每年的固定时间，高校会举办大学生和用人单位双选及各类专场招聘会。大学生应关注学校的就业网站，及时掌握就业信息，以便通过学校渠道成功就业。

高校提供的就业信息及时、方便、真实，且具有适合本校学生就业的针对性特点，已成为大学生就业指导工作中重要的组成部分。

4. 其他渠道

其他渠道包括亲友、教师、校友的推荐，在实习、社会实践中获得的信息，通过信件或电话访问及上门自荐等。大学生通过这些渠道也可以搜集大量的就业信息。

人生活在社会关系中，亲友、教师及校友组成了一个庞大的关系网络，他们提供的信息一般比较准确、可靠，也是大学生搜集就业信息的重要渠道。亲友、教师及校友所组成的关系网络不同于政府、市场和学校渠道，他们比较了解大学生个体的情况，所提供的信息有针对性。例如，教师在向用人单位推荐大学生时，会充分考虑大学生和用人单位的情况，因而成功率较高。实际情况是一到毕业的时候，往往有很多用人单位直接打电话给毕业班的辅导员，希望他们推荐优秀的大学生。因此，大学生在找工作时一定要利用好自己的关系网络，关键时候有“熟人”帮助一下是很管用的。当然，关系也要靠挖掘，要采取正当的途径，不可不择手段。

三、就业信息的处理步骤

对搜集到的各种就业信息该如何处理呢？可以按照以下步骤进行：搜集招聘信息—整理列表—排序—对重点单位进行了解—向所有感兴趣的单位发送个人资料—询问结果—辨别反馈信息。

（一）多一条信息，多一个机会

大学生应尽可能通过多种渠道搜集与自己专业相关的招聘信息。应注意的是，一定要搜集最新的信息，淘汰过时的信息，关注信息发布的时间及有效期限。即使已经进行了面试，还要继续搜集，直到与用人单位签订就业协议书（全国普通高等学校毕业生就业协议书）。一般来说，就业协议书具有法律效力，协议双方都应遵从。有的应聘者在签订就业协议书后仍会继续搜集招聘信息，希望找到更理想的工作，因而出现撕毁协议导致经济赔偿的情况，这应引起我们的注意。

（二）整理列表，剔除重复性信息

一些用人单位会利用不同渠道发布招聘信息，我们也可能从不同渠道获得同样的招聘信息，此时应在广泛搜集招聘信息的基础上剔除重复性信息，以免重复劳动，花费不必要的精力。

（三）按自己感兴趣和有成功可能的程度，对用人单位进行重要性排序

对用人单位进行重要性排序可以有效调配自己的精力。最感兴趣的单位和最有成功可能的单位是自己应花较多精力和时间去积极争取的，在招聘活动有冲突时可以有所取舍。

（四）对重点单位的性质、地点，招聘岗位职责，负责人的姓名、职务、特点进行了解

这种了解很重要，可以使自己的介绍更具针对性，使对方认可自己正是其所需要的人才。此外，还应了解负责人的姓名、职务，以便在称呼时更显尊重、亲切，对负责人特点的了解可便于顺利沟通。

（五）向所有感兴趣的单位发送有针对性的求职信

发送个人资料的范围可以广一些，但不管对各个用人单位感兴趣的程度如何，求职信都必须有针对性，不能千篇一律。发信时应做记录，以免重复发信或因遗忘而没有及时询问结果。这两种做法都会令用人单位认为你的态度不严肃，而使你失去被接纳的机会。

（六）用合适的方式及时询问结果

根据用人单位的要求采用电话、电子邮件、信件或亲自登门询问的方式，在其规定的时间内询问结果。

（七）辨别用人单位的反馈信息，防止陷入陷阱

对那些把工作职位与工资待遇说得很高、把工作条件说得很好的单位，或要求先交纳中介费、保证金的单位，或急于签订就业协议书的单位，尤其要注意仔细考察。

拓展阅读

毕业生就业可以先“稳”再“选”

数据显示，2020 年应届高校毕业生达 874 万人，同比增长 40 万人。除去继续深造的，更多的毕业生涌入社会，成为求职大军中的一员。在此背景下，社招日期延期、企业岗位减少，让原本艰辛的求职路更显迷离。

“每一段经历都是一次历练，每一程风雨都会有收获，我把这份工作当成历练自己的

舞台。”毕业于湖南某高校的张明现在供职于一家物流公司，做专职物流客服，每天的工作内容大抵是接电话、处理售后问题、进行责任仲裁和理赔之类。

张明所学的专业并非物流管理，而是工商管理，按照专业培养本应该从事市场营销或企业内部行政工作，但张明认为自己并不适合这类工作。加之传统的“金三银四”招工季并未出现，为了突围，张明将自己的求职赛道分为两条：一条是校招，另一条是网招。幸运的是，没过多久，校招那边就传来了好消息，张明通过了某企业的面试，但她认为这份工作并不适合她，就没去报到。

此时，校招快要结束，来学校招聘的企业所给出的岗位都不太适合她，留给张明的求职赛道只剩下一条，就是网招。张明继续在各个求职App上投递自己的简历，有些简历投递出去之后就石沉大海，但所幸张明很快收到了一家物流公司的面试通知。生性不爱与人直接打交道的她，觉得虽然这份工作的工作性质需要与人打交道，但不需要与人面对面沟通，自己也还能接受，就这样，她敲定了自己的第一份工作。

为何张明会选择与自己所学专业不相符的工作？由于求职开始的时间并不占优势，在投递简历之后，能得到回应的都是一些较基础的行政岗位和带有销售性质的岗位，供张明选择的岗位并不多。在求职的时候，家里也希望张明能够留在湖南。因此，张明选择了这家物流公司。

其实像张明这样的情况还有许多，正如她所说的那样：“努力做好工作中的每一件事情，不断提高自己、历练自己，这些逆境中的磨炼，未来一定会成就更好的自己！”

四、识别求职陷阱

识别求职陷阱

大学生求职陷阱是指违法人员或犯罪分子利用大学生求职心切的心态而采用非法手段，侵害大学生财产权益和人身权益的非法活动。大学生求职陷阱通常表现为骗取大学生的财物、个人信息、低廉或免费的劳动力，甚至侵害大学生人身自由或其他人身权益等。

（一）培训费用陷阱

以各种名义收取费用是不法分子惯用的伎俩。不法分子往往利用大学生急切的求职心态，以各种理由收取费用，进行诈骗，包括培训费、服装费、风险押金、建档费等。例如，以新人培训后才能上岗、培训时须交纳相关费用等为借口，骗取大学生的财物。

小贴士

你要知道的传销伎俩

传销组织者为了引诱更多的人参与传销活动，使用了大量的骗人伎俩。大学生应当了解一些传销骗人的惯用伎俩。

伎俩之一：诱惑力十足的“诱饵”。为将潜在下线引诱到传销活动地，传销组织者或上线往往编造“高薪招聘”“提供就业”“投资做生意”等极具诱惑力的理由，投其所好，吸引人们前往。

伎俩之二：假装温馨的“亲情友情”。为提高发展下线的成功率，传销组织者往往将个人的人际交往网络成员，即亲戚、朋友、同学、同事等作为首先考虑吸纳的对象。

伎俩之三：难以抗拒的“精神控制”。较典型的如“二八定律”，即对新来的被骗人员，传销组织者要求“业务员”（上线）80%谈感情、20%谈事业，绝对不能讲有关传销的事情，或者宣扬一些所谓的“成功案例”，逐渐消除被骗人员的防御心理，或者不间断对被骗人员进行高强度“洗脑”，全面营造“传销致富”的氛围，从精神上控制被骗人员。

伎俩之四：似是而非的“营销理论”。“消费联盟”“连锁加盟”“框架营销”“互动式科学营销”等层出不穷的新名词，让人眼花缭乱、难辨真假。传销组织者为这些名目设计了似是而非的“营销理论”，用以伪装传销活动的骗人实质，对普通老百姓极具欺骗性。

伎俩之五：虚张声势的“互联网传销”。目前，互联网传销的主要形式有三种：一是传统传销的“网络版”，即借助互联网推销实物产品，发展下线；二是靠发展下线会员提高广告点击率来给予佣金回报，通过网络浏览付费广告获得积分；三是多层次信息网络营销模式，即传销组织设立网站，参与者通过交纳入门费加入该网站，取得资格以推荐、发展他人加入，并可以按照推荐成功加入的人数获得积分。

伎俩之六：时常变幻的“传销噱头”。为掩盖其“拉人头”的实质，传销组织者还利用“股票分红”“会员制”“电子商务”“资本运作”“连锁经营”“直销”等种种噱头，给传销活动披上一层掩饰的外衣。例如，某传销组织利用人们对“送海外原始股”的兴趣，谎称公司即将上市，成为公司成员不仅可以获得“海外原始股”，还可以发展下线并享有推荐消费的佣金、分红等利益，其实质还是“金字塔形”按人头抽取佣金的传销活动。

伎俩之七：厚颜无耻的“政治旗号”。某些传销组织者打着“支持西部大开发”的幌子，曲解国家政策，为传销活动打上“支持经济建设、构建和谐社会”的幌子，增强了传销的欺骗性。

伎俩之八：涉黑性质的“暴力传销”。这可分为两种。一种是以限制人身自由为主的“暴力传销”。对被骗人员，传销组织者收掉其身上的手机、财物和身份证件，派人跟踪和监视，限制其人身自由。另一种是唆使被骗人员编造“生病住院”“出车祸”等谎言，向家里要钱，更有甚者教唆被骗人员在电话里给家人演戏，以“绑架，不给钱就如何”等形式敲诈勒索，已初步显露黑社会性质。

（二）扣留大学生证件陷阱

《中华人民共和国劳动合同法》第九条规定：“用人单位招用劳动者，不得扣押劳动者的居民身份证和其他证件，不得要求劳动者提供担保或者以其他名义向劳动者收取财物。”而在现实中，普遍存在一些用人单位扣留大学生证件的情况，理由是防止其干一段时间就跳槽。无论用人单位给出何种理由，这种行为都是违法的。

（三）不法中介陷阱

一些非法或违规经营的职业介绍所会与一些小公司串通，或自行安排招聘骗局，或发布虚假的就业信息，骗取求职大学生的中介费、资料费等。其惯用的伎俩有三种。

（1）用美丽的谎言骗取大学生的信任。不少不法中介往往承诺能很快找到工作，“保证一周内上岗”等，目的就是引诱大学生上钩，骗取中介费。有的中介将骗取的钱财与合伙公司分赃，骗完就走；有的中介以各种理由把大学生拒之门外，还编出各种谎言让被骗人员无法要回钱财。

（2）打着咨询公司的旗号，以“直聘”来引诱大学生上当。大学生去应聘时，以为该公司工资高，所以对着装、技能要求很高，只有培训后才能上岗，须交纳培训费、服装费、资料费、上岗费等，然而交纳之后却迟迟不能上岗。

（3）假体检，真诈骗。一些不法中介与不法医院勾结，以招聘体检为名，假装按照正常的招聘程序，告诉大学生须到指定医院体检。大学生在交纳了高额的体检费后，却会因“体检不合格”而被拒绝。

（四）骗取大学生廉价劳动力陷阱

一些用人单位会让大学生先顶岗实习，并提出岗位急需用人，要求最好提前一年顶岗实习，承诺实习期满考核合格者留用。但在大学生实习一年后，这些用人单位会以各种理由辞退大学生，其实是为了长时间使用无偿或廉价的劳动力。

拓展阅读

小冯的遭遇

某高职院校经贸专业毕业生小冯被北京一家公司录用。和他一起进入试用期的还有另外5名新员工。他们被分到不同的部门实习，小冯负责到中关村大街一大型电子商城内公司的摊位处卖电子产品。经理告诉他，站柜台可以快速熟悉公司的业务，为以后的工作打下基础。3个月试用期过后，小冯的销售业绩相当不错，除第一个月不太熟悉，销售额仅5000多元外，后两个月都超过了20 000元。小冯想，这个业绩证明了自己的才能，公司没有理由不录用他。后来，经理让他回家等消息，可是等了快两个月也没有动静。他只能给公司打电话，人事部门经理告诉他，他已经落聘了，小冯怎么也不相信自己的耳朵。后来一打听，他们这批新来的6个人，一个也没有被录用。半年后，有一次小冯到中关村那家电子商城，无意中来到这家公司的摊位，发现又有一批新来的大学生在那里站柜台。

有些公司会利用大学生不熟悉国家有关政策的漏洞，找出种种理由延长试用期期限，以获取廉价劳动力。

（五）盗窃大学生作品陷阱

大学生作为文化水平较高的人群，在校期间，为完成学业或参加各种比赛，经常会创作一些优秀作品。这些大学生在求职时，又将自己的作品作为求职的砝码。殊不知，一些用人单位会以招聘为借口，将大学生的作品复印留下，据为己有。它们不用找人开发研究，就能拥有一些创新作品。

（六）滥用试用期陷阱

试用期是指包含在劳动合同期限内，劳动关系还处于非正式状态，用人单位对劳动者是否合格进行考核，劳动者对用人单位是否符合自己要求进行了解的期限。《中华人民共和国劳动合同法》第十九条第一款规定：“劳动合同期限三个月以上不满一年的，试用期不得超过一个月；劳动合同期限一年以上不满三年的，试用期不得超过二个月；三年以上固定期限和无固定期限的劳动合同，试用期不得超过六个月。”

试用期的人员与正式人员的工资、福利待遇有很大差别，前者往往低很多。一些不法用人单位为了降低用人成本和赔付成本，以滥用试用期为手段，规避法律，侵犯大学生的合法财产权益。

拓展阅读

告诉你不知道的试用期陷阱

毕业生郭晓东于2021年3月5日与一家公司签订了为期2年的劳动合同，转正后薪酬为5000元/月，同时约定试用期为3个月，试用期工资为3000元/月。如果郭晓东在3个月内达不到公司的考核要求，则需要继续试用，直到通过转正考核才能成为正式员工，享受转正后的薪酬。

初看这一案例，你是不是觉得没什么问题？但看了下面的分析，我相信同学们一定会“扎心”，因为这里面有太多陷阱了。

陷阱一：延长试用期期限

很多人以为试用期就是3个月，在现实工作中，我们遇到最多的也是3个月的试用期。但根据《中华人民共和国劳动合同法》的规定，试用期的长短是由劳动合同的长短决定的，并不是一成不变的。

劳动合同期限及试用期期限

劳动合同期限	试用期期限
不满3个月	无
3个月以上不满1年	不超过1个月
1年以上不满3年	不超过2个月
3年以上固定期限和无固定期限	不超过6个月

是不是觉得挺意外，我们最常见的“3个月”其实并没有明确标注出来，但在现实工作中，很多公司会与员工签订1～3年的劳动合同，有时会规定3个月的试用期，有时会规定6个月的试用期，但员工可以在3个月的时候申请提前转正。为什么会这样安排？往下看你就会明白。

陷阱二：单独签订试用期合同

有些公司为了规避给员工办理社会保险的风险，会与员工单独签订试用期合同，只有员工通过试用期，公司才会与其签订正式的劳动合同，其实这么做也是违反《中华人民共和国劳动合同法》的。通常意义上说，劳动合同的要约中是包含试用期的，如果签订的合同中仅约定试用期，那试用期是不成立的，可以将约定的试用期期限视为劳动合同期限。

例如，某公司要求员工签订为期3个月的试用期合同，我们就可以认定该劳动合同的期限为3个月，属于第一次签订合同。如果转正后再签订正式的劳动合同，则可以被认定为第二次签订合同。公司与员工签订的第三次合同，就会被认定为无固定期限劳动合同。

陷阱三：压低试用期工资

很多公司为了吸引求职者，会标出很高的薪酬，如8000元/月。但在面试时会告诉求职者，为了考察求职者的能力，试用期只能付3000元/月，只有顺利通过试用期，才可以享受转正后的待遇。但后来你会发现，你是无论如何也过不了试用期的。这些公司就是用这种方法不断重复招人的，它们以高薪为诱饵，实际是低薪用人工作。

其实，试用期工资并不是由公司随意约定的。《中华人民共和国劳动合同法》第二十条规定：“劳动者在试用期的工资不得低于本单位相同岗位最低档工资或者劳动合同约定工资的百分之八十，并不得低于用人单位所在地的最低工资标准。”

所以，以后如果有公司认为你在试用期不合格，首先你要判断自己属于哪种情况的不合格，然后可以根据相关法律的规定有理有据地保护自己的合法权益。

五、如何规避求职陷阱

如何规避求职陷阱

如何规避求职陷阱——美琪的遭遇

动画导入

美琪的遭遇

美琪通过网上招聘信息，应聘到一家外贸公司做出纳。对方说上班前需要经过培训，让她先交 800 元的培训费，并承诺只要培训合格就能快速上岗，月薪上万元，且那 800 元钱以后全部退还。美琪毫不犹豫地交了钱。之后，美琪回去等了半个多月，一直没有接到培训通知。其实这家公司已经人去楼空，她上当受骗了。

启示

如果将来在求职时遇到此类收费陷阱，一定要多加注意，保护自己的合法权益。

不少刚毕业的大学生都以为找工作无非就是投投简历、面面试，差不多就签合同、上班。说起来流程确实是这样的，但对大学生来说，可能在求职过程中因为经验不足、防范意识薄弱，一不小心很容易陷入求职陷阱，给自己带来不必要的烦恼。在求职的过程中，大学生一定要多留心，以避免陷入求职陷阱。

（一）规避求职陷阱的根本——增强防范意识

（1）切莫急功近利、急于求成。大学生在求职前或求职过程中，应主动学习劳动法规及相关政策，提高自己的求职素质和独立思考的能力，切莫急功近利、急于求成。

（2）把握底线。扣押证件、收取费用等行为一律不合法。用人单位在招聘时无论以何种名义向大学生收取保证金、服装费、风险金、报名费、抵押金等，都是不合法的。大学生在遇到此类情况时，要拒绝交纳，可向劳动监察部门举报，确保自己的合法权益不受侵害。

（二）规避求职陷阱的关键——提高防范能力

（1）从招聘广告开始防范风险。招聘广告中包含用人单位的招聘信息，对大学生而言，应当能从信息中识别可能存在的陷阱。如果招聘广告中未附公司简介，未提出应聘要求，大学生就应当多加防范。一些骗子公司在写字楼租个房间，发布高薪但要求很低的“招聘启事”诈骗钱财。实际上，天上不会掉馅饼。面对高薪，我们要冷静分析：一看单位实力；二看岗位特点；三看高薪条件；四看同类人员的薪资水平。

在招聘信息的选择上，多考虑从学校就业指导中心或专业教师、辅导员等途径获取，这也是加强防范的重要措施之一。

（2）验证用人单位的相关资质。大学生应想方设法加强对用人单位的了解，在收到用人单位的面试邀请电话时，可利用网络或其他途径核实该用人单位的资料。此外，应认真确认面试地点。正规的用人单位招聘一般会将面试地点设在单位的办公室、会议室，对于一些以租用房间为面试地点的用人单位则要警惕。

（3）在应聘过程中防范风险。一方面，在面试提问、面试测试等环节，不要透露与就业无关的个人信息、家庭信息，以防用人单位侵犯个人隐私，或者利用这些信息进行诈骗等违法活动。另一方面，用人单位在招聘过程中负有告知义务，应当告知求职者与劳动合同履行相关的全部事项，如工作内容、工作条件、工作地点、职业危害、安全生产状况、劳动报酬等。用人单位在招聘过程中提供虚假信息，构成欺诈的，劳动合同无效或部分无效；给求职者造成损害的，用人单位应承担赔偿责任。

（4）谨慎面对体检。入职体检是招聘入职中的一个重要环节，体检应由用人单位统一组织，并在正规的医院或体检机构进行，而且由用人单位承担全部体检费用。如果在入职体检中，用人单位以各种理由收取费用或在体检中加入涉嫌就业歧视的内容，大学生就应该高度警惕。同时，对于体检结果，大学生应当进行妥善处理，注意保护自己的隐私。

（5）谨慎面对外地上岗。对于外地用人单位或外地分公司、分厂、办事处的高薪招聘，无论其待遇多么好，大学生都要保持清醒的头脑和高度的警惕，不能轻信口头的承诺。碰到这样的情况，最好先核实情况再前往，以免受骗。

（三）遭受侵害时充分利用法律武器

（1）保存录用通知书、就业协议书等证据。录用通知书、就业协议书等就业资料中包含录用条件、录用岗位、工资待遇等内容，这也是用人单位与大学生解决争议的法律依据，大学生应当妥善保存这些证据，以便在解决争议时处于有利地位。

（2）在权益受到侵害时及时举报。当遇到用人单位在招工时以种种名义向大学生收取保证金、风险金、抵押金等时，大学生应当立即向劳动监察部门举报。大学生在求职的过程中一旦发觉上当受骗，要及时向用人单位所在地的人力资源和社会保障局举报，寻求法律的保护。若求职受骗严重、诈骗金额较大，则可以到公安部门报案；若遇到劳动合同纠纷或争议，致使自己的合法权益受到侵害，则可以向当地仲裁机构申请仲裁。

小贴士

避免陷入求职陷阱，我们还可以这样做

1. 选择正规的渠道

对大学生来说，在求职的过程中，选择正规的求职渠道或求职机构是非常重要的。因为这些合法的途径至少能保证信息的安全性，就算后续出现一些问题，也不至于申诉无门。通常各大城市都有一些合法的求职机构，它们每天都会发布岗位信息，定期组织免费的招聘会。大学生可以常到这样的机构寻求合适的岗位和企业，保证信息的安全性。

2. 核实用人单位的资质

现在网络信息比较发达，科技也比较进步，只要大学生留意一下，花点时间，就能查询到用人单位的信息。大学生要学会认真核实用人单位的各方面信息，了解用人单位是否

合法、运营是否正常等。

3. 保护个人信息

有些大学生为了能够尽快就业，有时候接到陌生电话，只要人家一说工作的事，就非常激动，不管人家问什么都轻易地如实相告，也不认真核实对方的真实性。这样做很容易把自己的真实信息暴露给不法分子，给自己带来不必要的麻烦。

4. 拒绝交中介费

一般正规的中介其实是不会向求职者要求交钱的。而一些不合法的中介经常会用高薪、工作轻松等谎言来诱惑大学生，让大学生交费后才为其介绍这样的工作。其实，这些都是骗局，大学生一定要提高警惕，不然到时候“竹篮打水一场空”。

5. 留意面试地点

一般正规的用人单位面试都是在公司办公地，而那些有猫腻的公司通常会找一些隐蔽的地方来面试。这时候，大学生要提高警惕。认真想想，如果没有什么见不得人的事，为什么不能光明正大地面试呢？

6. 谨慎签合同

签合同是肯定会遇到的情况。大学生在就业的时候，一定要认真看好合同，不要为了能够尽快工作而忽视了合同的重要性。合同是劳动者的保障和维权工具，不要因为一时大意而跟别人签订了不平等合同，到时候真的是“欲哭无泪”。

7. 发现问题及时报警

这一点是保护自身安全的重要保障。只要在求职过程中发现有危险，感觉有威胁到人身安全的苗头，就一定要马上报警，寻求法律的保护。

对大学生来说，就业是迈出校门、融入社会的第一步，也是人生关键的一步。但是，不要为了能够尽快就业、尽快适应社会就对一些事情放松警惕，不然很容易带来人财两空的后果。总之，大学生求职千万马虎不得！

任务二 打铁还需自身硬——量身定制求职简历

案例导入

一定要重视简历

王刚同学就读于某高职院校，性格比较豪爽。毕业之际，他每天忙着与同学道别，没时间认真制作个人简历。校园招聘会上人山人海，每家用人单位的摊位前都挤满了学生。王刚同学只用一张 A4 纸随意写下个人信息（姓名、毕业院校、专业）及联系方式，就投递了出去。他觉得这应该也算是投递简历了，可是没有一家用人单位通知他面试。

案例分析

对求职者来说，简历是最重要的求职材料，用人单位的人事部门主要通过简历来了解求职者的情况，决定是否给其面试的机会，因此一定要加以重视。撰写简历的目的是让对方具体地了解自己，帮助自己获得面试的机会。

一、简历的主要内容

简历的主要内容——郁闷的李明

动画导入

郁闷的李明

张雷：“李明，你今天去参加招聘会怎么样？”

李明：“哎，别提了，参加招聘会的人实在太多了，我费了九牛二虎之力好不容易挤到前面，递交了简历，结果 HR 只看了几秒就拒收了。你说，他怎么不认真看一看呢？真是太郁闷了……”

张雷：“你也别郁闷了，我来看一下你的简历。你的简历做得太不用心了，内容混乱，没有重点，如果我是 HR，那我也不会收。正好，今天有一节就业指导课讲简历制作，我们一起去听听老师是怎么讲的吧。”

李明：“真是太好了，咱们走吧。”

李明和张雷一起走向教学楼……

启示

撰写简历的目的是找一份更好的工作，而不是单纯丰富个人档案。因此，在撰写简历前，应明确自己的职业规划，针对不同企业的招聘信息定制有针对性的简历。

（一）简历的类型

常用的简历一般分为两类。

1. 文字型简历

文字型简历就是用文字描述自己的经历，如个人信息、做过什么工作、有何成绩、获过什么奖励等。传统的写法是按时间的先后顺序列出自己的学习和工作经历，或者根据需要，有选择地列出自己的某些经历，以充分展示自己的技能和才干。

文字型简历的优点是便于详细、完整地介绍求职者的有关情况，适合经历比较复杂、有很多问题需要说明的情况。

2. 表格型简历

表格型简历就是以表格的形式分栏目介绍个人情况。其优点是比较简练，一目了然，深受一般求职者的喜爱。特别是经计算机文字处理的表格型简历，非常规范、美观。

在 Word 中有很多简历模板，基本上可以满足我们的需求。简历的格式不要太花哨，主要是为了突出个人信息。当然，如果你应聘的是一些设计类的岗位，花一些时间做一份个性化的简历，展示一下自己的设计水平，还是很有必要的。

（二）简历的内容

简历的内容

简历通常包含以下五个方面的内容。

1. 个人信息

例如，姓名、性别、民族、出生年月、政治面貌、籍贯、毕业院校、系别、专业及获得的学位情况。

2. 学习和工作经历

学习情况是必不可少的，要突出那些与应聘岗位相关的课程。大学期间的社会实践活动也被很多用人单位所看重，在外面的兼职也可以体现。如果参加过一些实训项目的开发，则可以简要叙述一下自己在其中的角色及成果。

3. 有关自己能力的实证或经历

（1）可列出在校内、班级所担任的职务，在校期间获得的各种奖励和荣誉，自己的业余爱好、特长及适宜从事的工作。

（2）可列出获得的其他资格证书，如英语四 / 六级证书、计算机等级证书、汽车驾驶证等。证书最好与应聘岗位直接相关，或者能证明自己的能力。

（3）可列出代表自己能力的有关资料，如出版的书籍、发表的文章、社会实践的论文、实训项目的成果，以及荣获的各项成果、专利、荣誉证书等。

（4）可列出在社会实践活动中，自己独自创意设计或合作研究的作品，并应有详细的说明。

4. 愿景和工作目的

一定要在简历中写上个人的职业追求。HR 希望通过求职者的职业追求来判断求职者是否有规划、有目标，进而了解求职者是否认同企业文化、是否适合企业氛围。

5. 联系方式

最后，还要在简历中留下自己的电话号码、电子邮箱、通信地址等。注意，电话一定要保证全天候开机，电子邮箱一定是自己能够随时看到的邮箱，通信地址必须是自己的常住地址。

（三）撰写简历应注意的事项

1. 真实

简历最主要、最基本的要求就是真实。诚实地记录和描述个人信息，能够使 HR 对你产生信任感，用人单位对求职者最基本的要求就是诚实。

简历不能弄虚作假、编造事实、抬高身价。要知道，争取面试的机会并非最终目的，最终目的是获得工作。如果因一时造假而被对方识破，则既会丢掉工作机会，又会失去人格。

不要过分渲染或天花乱坠地描述，否则会使别人对你产生反感情绪。大多数大学生也不可能有非常显赫的经历，因此过分吹嘘是不会有人相信的。

2. 简练

HR 每天要面对大量的求职简历，一般在粗略地进行第一次阅读和筛选时，每份简历所用时间不超过一分钟。如果简历写得很长，HR 又缺乏耐心，那难免漏看部分内容，这对求职者是很不利的。有些人觉得简历越长越好，容易引起 HR 的注意，其实这恰恰淡化了 HR 对主要内容的印象，结果适得其反。简历太长不但让人觉得你在浪费时间，还会给人留下做事不干练的印象。

3. 突出重点

只有重点突出才会给人留下深刻的印象。优势部分是整份简历的点睛之笔，也是最能表现个性的地方。在撰写这部分内容时应当深思熟虑，写法要不落俗套，还应有理有据，只有这样才能说服 HR。

4. 自己动手，切勿过度包装

自己的情况只有自己才最了解，所以最好自己动手撰写简历。撰写简历不需要妙笔生花，真实地展现自己的情况即可。

现在还有不少同学准备了印制非常精美的简历，从实际效果来看，大多数用人单位更看重求职者的真才实学，对过度包装的简历不会有特别的好感。所以，过度包装的简历既浪费钱，实际效用也不大，还是要多在简历的内容上下功夫。

5. 有自己的特色

用人单位在招聘期间通常会收到大量简历。如何让 HR 注意到你的简历，对你的简历留下深刻的印象，并决定给你一个面试的机会？这就需要在简历中突出自己的特色。

“特色”不是写出来的。“天生我材必有用”，每个人都是独一无二的，只要善于发掘，就一定会发现自己的很多优势。

要结合用人单位的性质和应聘岗位来突出特色，否则会适得其反。平时应多了解一些不同行业的信息，看看这些单位更看重员工哪方面的品质。例如，销售人员要有好的口才和亲和力，研发人员要有广博的知识和钻研精神，财务人员要耐心细致。只有根据不同行业、不同岗位来突出自己的优势，才会引起 HR 的兴趣。

总之，每个人的学习和工作经历不同，个人简历的内容也会有很大的变化。我们在撰写简历时要各有取舍，目的是更多地展露自己的优势，少暴露自己的缺陷，最大限度地吸引 HR 的注意，获得一份满意的工作。

二、简历的制作技巧

简历的制作技巧

求职材料是大学生学习和生活经历的“集锦”，是大学生就业的“敲门砖”。如何将多年寒窗苦读学得的知识和本领在较短的时间内展示出来，令用人单位满意，就显得尤为重要。

求职材料不是自荐信、个人简历、毕业生就业推荐表和各类证书的简单装订，而是一份吸引用人单位、展示自我才能的精美手册。同样的内容、不同的表现方法，可能产生不同的结局。因此，在制作的过程中要掌握一定的技巧。这里主要介绍简历的制作技巧。

（一）了解 HR 的心理

在制作简历之前，你应该想想 HR 想在你的简历中看到什么。

HR想在你的简历中看到什么？

工作经验	专业技能	能力素质
是否具备与应聘岗位相关的工作经验、实习经验、项目经验？	是否具备工作所需的专业技能？	是否具备工作所需的基本能力、职业道德和职业素养？

简历核心信息

1. 工作经验

求职者是否具备与应聘岗位相关的工作经验、实习经验、项目经验？例如，是否在同类产品市场中有过市场营销经历，是否熟悉某项业务流程，是否熟悉某个领域的行政制度等。

2. 专业技能

求职者是否具备工作所需的专业技能？例如，设计岗位需要具备图片处理、视频编辑的能力，产品策划岗位需要具备撰写需求文档和绘制产品原型图的能力等。

3. 能力素质

求职者是否具备工作所需的基本能力、职业道德和职业素养？例如，是否具备逻辑分析能力、人际交往能力、对工作的责任心、敬业精神等。

在以上三个要素中，工作经验和专业技能在一段时期内是相对稳定的，而只有能力素质才能表现出一个人未来的发展潜力。了解了这些内容，求职者就可以在简历中对这些方面进行相应的突出。

（二）简历的制作步骤

了解了 HR 的心理，我们就可以按照以下步骤制作出精彩的简历。

简历的制作步骤——李明为什么又失败了

1. 仔细分析岗位信息

具体来说，就是对应岗位描述的核心信息，抽象出胜任能力模型和职业素养模型，一一列出自己的对应表。求职者每天都会浏览很多岗位信息，但有 60% 以上的求职者未必真正读得懂这些岗位信息，甚至有很多人在投简历时都不仔细看招聘需求，其实这是不对的。

举个例子，你想去钓鱼，总要先知道鱼儿喜欢吃什么才好准备鱼饵。同样，你不仔细看岗位信息，又怎么知道企业的需求？

虽然各种岗位信息看起来千差万别，但所有岗位信息中都可以抽象出两个模型：一是岗位必备的胜任能力模型，包括与岗位相关的知识、技能、经验、经历等；二是岗位所需的职业素养模型，包括求职者的职业道德、行为方式、性格特点、兴趣爱好等。针对某个具体的岗位，这两个模型会要求求职者具备相应的能力。

因此，求职者在读到任何一条岗位信息后，都应该在头脑中快速总结出这两个模型，归纳出模型的要点，据此有针对性地准备简历。下面以一条具体的岗位信息为例，让大家对此有更直观的了解。

岗位信息汇总表

工作经验：1～3 年　　最低学历：大专

招聘人数：2 人　　岗位类别：客户服务专员

岗位职责：

1. 接听网站热线电话，解答用户问题并处理用户投诉；
2. 审核注册会员的资质，在网站上发布内容等；
3. 回复用户邮件及线上 QQ 咨询；
4. 解答网站微博、微信、用户群等社交平台的咨询，制造话题与用户互动；
5. 处理各渠道用户提出的产品建议，将用户需求归类整理并反馈给产品部门，跟进产品进度；
6. 在产品新功能上线前通过电话、社交平台等形式进行产品调研，上线后回访用户、收集产品建议；
7. 负责更新网站内容，如广告位、站内信等。

任职要求：

1. 大专及以上学历；
2. 能够熟练使用办公软件，如 Word、Excel 等，有呼叫中心相关工作经验者优先；
3. 有责任心，工作积极，为人正直、踏实，能承受较大的工作压力；
4. 善于挖掘需求，热爱思考；
5. 具有良好的服务意识

这是某招聘网站上发布的一条客户服务专员的岗位信息，主要说明了岗位职责和任职要求。

岗位职责就是工作内容，包括接听网站热线电话、解答用户咨询、处理各种投诉、收集产品建议等。

任职要求主要包括两个方面的内容：第一，需要具备的工作能力，如能够熟练使用办公软件，有呼叫中心相关工作经验者优先等；第二，需要具备的素质，主要是责任心、抗压能力、思考能力、服务能力等。其中，任职要求的两个方面内容分别对应着胜任能力模型和职业素养模型。

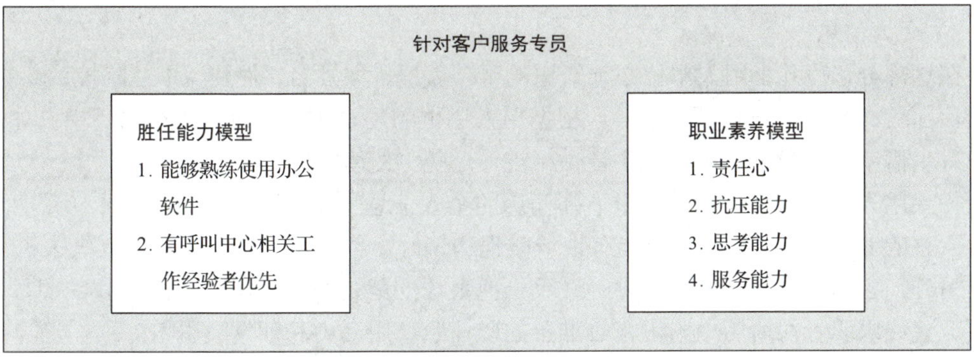

岗位模型匹配图

求职者应快速总结出两个模型的要点，并据此对自身情况进行评估，找出符合自身需求的论据，根据这些来准备简历（甚至是面试）。

因此，在制作简历时要严格按照模型的要点来写。简历里的表述应和这些要点具有相关性，符合要点的内容可以重点包装，不符合的就可以少写或不写。

岗位模型要点表

序　号	模　型	要　点	我的匹配之处	举例证明
1	胜任能力模型	要点 1		
2		要点 2		
3		要点 3		
4	职业素养模型	要点 1		
5		要点 2		
6		要点 3		

同时，要仔细阅读简历中的每句，用这条标准来判断：“这句和模型要点匹配吗？这句会有助于我获得面试机会吗？”认真权衡简历中的每句，只把能帮你获得面试机会的内容留下，这样你的简历肯定会符合招聘需求。

2. 填充各个模块

一般，应届生简历各个模块依次为简历标题、个人信息、求职意向、实习经历、项目经历、校内经历、教育背景（如学校知名、专业对口，此模块的位置可以适当往前提）、获奖情况、兴趣爱好、自我评价等。

有工作经验的求职者简历各个模块依次为简历标题、个人信息、求职意向、自我评价、工作经历、项目经历、教育背景、技能证书等。

当然，以上模块的顺序设置并不是一成不变的，求职者可以根据自己的需求进行顺序调整和模块增减。下面针对以上部分模块进行简要说明。

1）简历标题

一页纸简历的标题无须用“个人简历”“简历”“Resume”这样的名称，直接用自己的姓名做标题，底部附上联系方式即可。

简历保存的文件名不要写“简历”或“我的简历”，要把个人和应聘岗位对应起来，用“姓名 + 应聘岗位”的格式命名。

2）个人信息

在这部分，写几个用人单位必须知道的事项就好，如姓名、性别、毕业院校、专业等。像政治面貌、婚否、户籍所在地等，根据用人单位的要求决定是否要写在简历中。如果姓名中有生僻字，则最好在旁边用拼音做标注，避免 HR 读错字。

如果用人单位没有特别的要求，那简历的个人信息里没必要写籍贯，写上了还有可能减分。有的 HR 在筛选简历时可能有地域歧视和偏好，你的籍贯可能导致自己失去机会。

另外，当 HR 看到一份简历时，最吸引他眼球的就是照片，所以一张得体的照片特别重要。建议求职者在简历中附上精心准备的职业照，用活力和朝气吸引 HR。

3）求职意向

在个人信息之后，就可以写求职意向。求职意向一定是确定的、具体的、唯一的。有些求职者为了提升面试成功率，在求职意向处会写多个岗位，如行政助理、客户服务专员等。这样 HR 可能认为求职者的能力不足，或者目前对自己没有清晰的认知。求职者的本意可能是为了多获得机会，但这样的做法反而会导致其彻底失去机会。

4）自我评价

自我评价一定要独一无二、可以体现自己的优势，要拒绝千篇一律，不要堆砌一大堆的形容词（如××能力强，有较好的××），不要空泛地自说自话（没例证、没数据支撑）。如果自我评价写得没有特色，套用在谁身上都可以，那只能给自己减分。

想写出有特色的自我评价，可采用“总结+成果+能力+性格”的格式来写，分四个要点。

① 总结：近几年的工作经验、服务过什么类型的公司、岗位发展情况等。

② 成果：有没有突出的成果、对公司业务的贡献。

③ 能力：擅长什么、对哪一块领域比较熟悉、有没有相关的资源、是否能够独立完成工作或带领团队。

④ 性格：性格上有什么优势，沟通能力、表达能力、学习能力怎么样。

例如，应届生的自我评价可以这样写。

① 总结：大学期间在两家互联网公司（×× 和 ××）实习，负责新媒体运营。

② 成果：撰写的推文被 20 个微信公众号转载，在 3 个月的实习期内帮助公司账号涨粉 500 人。

③ 能力：熟悉新媒体运营技巧及工具，具备文案策划及数据分析能力；英语表达流利，可以自由交流。

④ 性格：具备良好的协作能力和沟通能力，可以适应高强度的工作。

5）工作经历

工作经历是简历中最重要的内容，HR 判断求职者能否匹配岗位，关键要看其工作经历是否合适。

包装工作经历可以采用如下两招。

第一招，根据应聘岗位来撰写工作经历。

求职者要对以往实习经历、校内经历中与应聘岗位的关联点进行重点包装，为一个岗位定制一份简历，不要用同一份简历去海投。例如，应聘新媒体运营岗位，“大学里运营过社团的微信公众号”，这条经历就可以好好包装；而“大学里去餐厅打过工，做过兼职服务员”，这条经历跟应聘岗位无关，就不要提。

第二招，明确区分工作内容和工作成绩。

很多人在写工作经历时，不能区分工作内容和工作成绩，如“积极为公司撰写内刊稿件，撰写上司安排的文案”。但 HR 想知道的不是这个，你可以这样表达：“负责公司内刊稿件的撰写及采编，3 个月完成新闻稿 15 篇、人物采访稿 3 篇。”

6）校内经历

如果在校内参加过学生会，负责过某些项目，那可以把相关的经历写下来，要重点说明成绩、结果。

现在很多大学生都会在简历中写自己担任过学生会某某职务，是某某社团的宣传部部长等，在这种情况下单纯写职务就变得没有意义，而应该写在学生会做过哪些出色的工作、负责过什么、取得了什么成绩等。

一般来说，只有没有实习经历、项目经历的求职者才会重点描述校内经历，有相应实习经历、项目经历的求职者把校内经历一笔带过就好。而对于已经毕业一两年的求职者，简历中就没必要再写校内经历了，这时候的你要用自己的工作经历打动 HR。

7）教育背景

教育背景可以简写，只有双学位、研究生或专升本这些情况才有必要写得详细一些。如果你的专业与应聘岗位直接相关，那可以把主要课程及成绩（平均学分绩点）写进来。

如果你的学校是名校，你的专业又和应聘岗位非常对口，那你的教育背景在简历中可以适当往前提。

8）获奖情况

如果你在校内获得过奖学金，参加过某个大赛并取得不错的名次，那可以把相关的成绩、名次、结果写出来，但不用写得特别复杂，简洁明了就好。

有些求职者把获奖情况洋洋洒洒写了半页纸，其实完全没有必要。举一个实例大家就能明白了。

获奖情况
2019.09　学习优秀一等奖学金
2019.10　×× 大学“三好学生”
2020.10　暑期社会实践一等奖
2020.12　社会实践优秀奖学金
2021.04　第十二届“×× 杯”学生学术科技作品竞赛二等奖

获奖情况（修改前）

建议对以上获奖情况进行如下修改：第一，时间倒叙，从 2021 年写到 2019 年，将最近的事情写在最前面；第二，将同一年度、同一类别的获奖情况合并在一起。修改后更有逻辑，也节省了版面，效果如下。

获奖情况
2021 年　第十二届“×× 杯”学生学术科技作品竞赛二等奖
2020 年　暑期社会实践一等奖、社会实践优秀奖学金
2019 年　学习优秀一等奖学金、×× 大学“三好学生”

获奖情况（修改后）

9）技能证书

技能证书包括英语四 / 六级证书、计算机等级证书、各项认证考试证书、培训证书、职业资格证书等。只要是与应聘岗位密切相关的，都可以在简历中重点写出。

在应聘个别企业或岗位时，某些技能会是重要的加分项。例如，应聘外企，英语专业八级就比六级更有竞争力；应聘设计岗位，Photoshop 能力、视频剪辑能力就有必要进行单独的说明。另外，如果应聘设计岗位或文案策划岗位，则可以在简历中附上相关作品的链接或二维码，便于 HR 查看。

10）兴趣爱好

兴趣爱好在一定程度上能反映求职者的个性、心态等，兴趣爱好丰富一般被认为是能力强的表现。

在简历中可以写一些和应聘岗位及企业文化相匹配的兴趣爱好。例如，写自己喜欢长跑或登山，这体现了求职者的意志力很强，不管应聘哪个岗位都可以给自己加分。

3. 进行简历迭代

迭代是指从产品的草稿版本开始，一直更新到最终版本结束。简单来说，产品迭代就是不断增添新功能，优化现有功能，更好地满足用户体验。你的简历就是你的一款产品，需要在整个求职过程中不断优化、迭代，直到最终定型，确定没问题后再去全面投递。

具体来说，简历迭代可以按照下面的步骤进行。

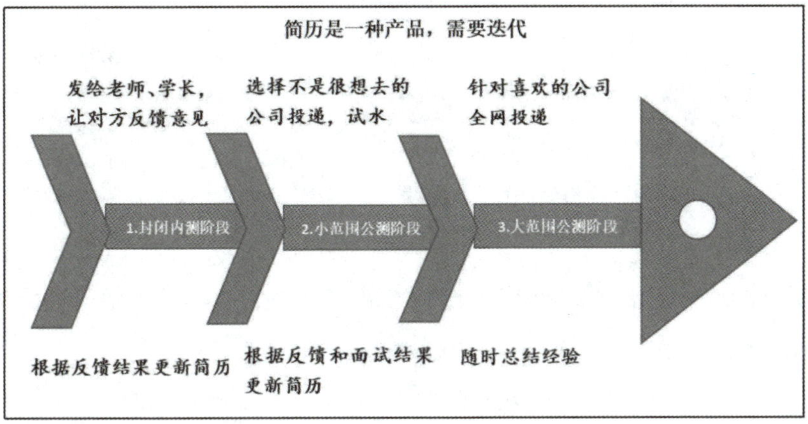

简历迭代

1）封闭内测阶段

在简历迭代的第一个阶段，求职者在写好简历初稿之后，可以发给自己熟悉的老师、学长，让对方反馈意见。然后，根据反馈结果，适当增删内容，更新 1 ～ 2 版简历，直到获得较好的反馈。

2）小范围公测阶段

在简历迭代的第二个阶段，求职者可以选择不是很想去的公司投递，先试试水，统计简历发出数、面试邀请数、实习通知收获数等信息。然后，根据反馈和面试结果，更新 1 ～ 2 版简历。

3）大范围公测阶段

在简历迭代的第三个阶段，此时的简历在内容上已经相当完善了。求职者可以针对喜欢的公司全网投递，随时总结经验。

下面用一张表告诉你普通简历与优秀简历的区别。

普通简历与优秀简历的区别一览表

序　号	项　　目	普 通 简 历	优 秀 简 历
1	篇幅	两页甚至更多，最后一页只有半页内容	通常为一页
2	简历标题	简历、个人简历、我的简历	用求职者的名字做简历标题
3	简历保存的文件名	简历、个人简历、我的简历	姓名 + 应聘岗位
4	个人信息	极为全面，像“人口普查表”	简单明了，只有必要信息，如姓名、性别、毕业院校、专业等

续表

序号	项目	普通简历	优秀简历
5	照片	普通证件照，呆板、没有活力	精美职业照，年轻、有活力
6	求职意向	大部分无求职意向，有的写了好几个目标岗位	有一个明确的求职意向
7	自我评价	千篇一律、自说自话，如“执行能力强、沟通能力强、学习能力强”	从工作内容、成绩、经验、技能、性格等方面概括并介绍自己
8	工作经历	堆砌写出自己做了哪些事情，像在写流水账，看不出重点，看不到工作成绩	工作内容有主有次，紧贴招聘需求，有逻辑性。每项工作既写出了工作内容，又写出了工作成绩。用例子或数据等体现成绩和结果
9	项目经历	看起来跟工作经历的内容差不多	将工作经历中值得称道的一两个项目拿出来进行重点包装，通过 STAR 原则或 5W1H 方法进行具体描述
10	教育背景	无论是否与岗位有关，都要写上很多课程名称，有的甚至写上了分数	简单介绍，除非是“双一流”建设高校并且专业对口，可以相对详细介绍
11	获奖情况	罗列较多，没有归纳，没有按照时间倒叙来写，占用的篇幅较多	按照时间倒叙或同一奖项内容进行描述，不占用过多的篇幅
12	技能证书	罗列了与应聘岗位无关的内容	只写和应聘岗位相关的内容
13	兴趣爱好	罗列较多，没有自己的独特之处	选择性很强，只有对应聘岗位有帮助的兴趣爱好才会写上去
14	简历模板	未使用模板或使用较为花哨的模板	使用得体简约的模板，形式为内容服务
15	颜色	简历中涉及的颜色超过三种	简历中涉及的颜色不超过三种，且属于同一色系，没有强烈的视觉反差
16	文字风格	平铺直叙，不够简练，有的像在写第一人称的小说	语言简洁，不使用过长的句子，没有拗口的表达
17	排版	不注意字间距和行间距，四周留白不当，看起来过于稀疏，或者过于密集	正文使用宋体五号字，大标题使用宋体或黑体小四号字，注意字间距和行间距

三、如何有效投递简历

如何有效投递简历

实例导入

简历该不该海投

即将毕业离校的会计信息管理专业的小可同学通过网上投了 50 多份简历、参加招聘会时投了 60 多份简历，竟然全部石沉大海、杳无音信。一天，她遇到另一个正在找工作的同学小艾，二人聊起了此事。

小艾：“你总共投了几份简历？”

小可：“我投出去很多简历，都有 110 多份了，可是一点儿音信都没有。”

小艾：“才 110 多份，这也叫多？你知道我投了多少吗？”

小可：“多少？”

小艾：“我总共投了 2300 多份，面试了 40 多家单位。”

啊！小可惊得张大了嘴，投这么多，怪不得。

回到宿舍，小可决心仿效同学进行海投。

一周之后，有一天，小可的手机里收到了一条短信，短信内容为：“尊敬的客户您好！您用户名为 ×× 的邮箱涉嫌发送垃圾邮件，已被限制收发邮件服务。请尽快与我们联系……”看了短信内容，小可不禁大吃一惊，怎么会这样？她还没回过神来，计算机中显示收到一封邮件，是一家招聘单位的回复，对方说：“你不仅应聘了我们招聘的近 40 个岗位，而且每个岗位都应聘了至少 3 次，有些则应聘了超过 7 次，总共给我们投了近 200 份简历！而这些岗位中有 5 个是企业战略决策和经营管理岗位，你认为你能胜任吗？不加辨别、不加选择地投递简历，不仅给我们带来了大量的额外工作，还体现出你根本就不适合工作！”

小可看到邮件后彻底崩溃了……

启示

要想让自己的简历在万花丛中脱颖而出，除要有丰富的内容外，也要注意投递的方式和技巧。这就好比伯乐相马，千里马确实有一身本领，但若不以合适的方式与伯乐相见，也只能“怀才不遇”。

（一）如何用邮箱投递简历

现在求职方式越来越多样化，在很多招聘海报或招聘网站上都能找到 HR 的邮箱，可以通过邮箱投递简历。而且，单独发送邮件的效果会比在招聘网站上申请要好很多，求职者可以撰写个性化的邮件，强调自身的经验和优势，吸引 HR 阅读简历。

1. 四大技巧写出让 HR 感兴趣的简历

1）用可以体现出商务性和专业性的邮箱投递简历

商务类邮箱首选 Gmail、新浪邮箱、网易邮箱。找工作是一件很郑重的事，求职者最好用这些主流邮箱投递简历。很多公司的 HR 会排斥用 QQ 邮箱投递简历的行为，求职者在投递简历前应调查清楚。

另外，也不要用一些后缀很奇怪的小众邮箱，如@ ×××.top、@ ×××.vip，否则会让 HR 误以为是骚扰邮件或垃圾邮件。

2）邮件主题中要把个人和应聘岗位对应起来

首先，邮件主题不能简单写“应聘”“求职”“个人简历”。主题中至少要写上应聘岗位和自己的名字，便于 HR 审核你的简历。

其次，要把个人经验、能力和应聘岗位对应起来。HR 会不会点开你的邮件，全靠主题，所以主题要开门见山，直接把个人和应聘岗位对应起来，突出自己的应聘优势。

如果要应聘市场专员，招聘信息中要求最好有 4A 广告公司工作经验，而你恰好有此经验，那么在邮件主题中就可以写“一年 4A 广告公司市场部实习经验”。

如果要应聘新媒体运营专员，招聘信息中要求要有文案策划能力和微信公众号运营经验，而你恰好在学校负责过学生会的微信公众号运营，那么在邮件主题中就可以写“一年微信公众号运营经验”。

再次，邮件主题中不要出现符号，避免被归为垃圾邮件，如“#”“***”等符号。

最后，邮件主题的建议格式：“应聘岗位 + 姓名 + 以往闪光的经验及优势”。

实习生或应届生可以采用“应聘岗位 + 姓名 + 学校 + 专业 + 毕业时间 + 可入职时间 + 以往闪光的经验 + 了解招聘信息的渠道”的格式，让 HR 可以在最短的时间内了解自己。以上内容不必全部具备，只要具备 4 项以上，就可以为求职者加分。

3）简历可以同时作为正文和附件发送，以确保万无一失

建议求职者在投递简历时将简历同时作为正文和附件发送，提高被 HR 关注的概率。

同时，简历保存的文件名是“姓名 + 应聘岗位”。如果只写“简历”两个字，那 HR 第一眼看到，都不知道你是谁。即便简历有可能被 HR 打开、看中，那 HR 在保存简历的时候，还需要手动修改文件名，这又给 HR 增添了麻烦。HR 肯定不会喜欢给他添麻烦的人。

特别提醒一下，在应聘设计岗位需要给 HR 展示以往作品时，不要发送超大附件。因为下载超大附件还需要几步操作，万一 HR 没有下载或下载失败，你的简历就不会被看到，你也就不会有面试机会。

4）求职信必不可少，要说明自己与应聘岗位的匹配点

求职信不是可有可无的，而是非常重要的一环。在 HR 收到的海量邮件中，如果你能在来信中简短有力地说明自己的优势和与应聘岗位的匹配点，就会给 HR 留下深刻的印象。

下面简单介绍一下邮件求职信的写法。

2. 六步写出得体有料的邮件求职信

第一步，在标题部分说明姓名、应聘岗位、个人优势。

求职信的标题要能吸引 HR 的眼球才行。一般来说，一个完整的标题要说明姓名、应聘岗位、与岗位匹配的个人优势。个人优势可以从经验、技能，甚至是毕业院校、专业等方面来挖掘。

例如，王 ×× 应聘新媒体运营专员（一年微信公众号运营经验）；李 ×× 应聘市场专员（6 个月 4A 广告公司实习经验）；姜 ×× 应聘财务专员（中央财经大学会计专业）等。

第二步，写明称谓。

称谓可以这样写：“尊敬的 ×× 公司人力资源部经理 / 主管”，或者“尊敬的 ×× 公司 ×× 先生 / 女士”。

很多求职者认为称谓写不写没关系，其实不是这样的。商务往来的邮件要具备规范性和完整性，称谓是必不可少的。在邮件中写出明确的称谓，会让 HR 认识到求职者做事非常职业化、规范化。

第三步，在引语部分做一句话的自我介绍。

引语要简单明了，直接切题，用一句话简单介绍毕业院校、专业、毕业时间、实习经历等，并明确说明应聘岗位。

第四步，在正文部分陈述工作经历、专业技能，证明自己能胜任。

在正文部分，要简单陈述工作经历、所掌握的专业技能、具备的资质能力。另外，要对应招聘要求来说明自己的资质，申明该岗位符合你的求职目标，并用事实或数据证明你适合这个岗位，还要表明你愿意并且有能力做好这项工作。

第五步，在结语部分重申自己是合适的人选，争取面试机会。

在结语部分，要重申你对该岗位的兴趣，说明自己是非常合适的人选，向 HR 争取面试机会。同时，留下电话号码等联系方式，便于 HR 联系你。此外，还可以附上“顺颂商祺”之类的祝福语。

第六步，在落款部分署上姓名和日期。

在撰写求职信时，要注意以下两点。

（1）求职信要简短，用几句话说清楚全部内容，还要重点突出。长篇大论无法突出重点，也没人爱看。所以，求职者要注意精简文字。

（2）拒绝口号式的空话、套话。求职信中不要出现口号式的话语，如“给我一个支点，我将撬动地球”“我不是最优秀的，但我一定是最合适的”，这类口号无法被证明，会让 HR 觉得很可笑。真正打动 HR 的绝不是这些空话、套话，而是字里行间实实在在的经验、技能、能力、素质。

（二）投完简历后要做的事

求职者在投完简历后，还有必要做一件事。在这儿卖个关子，先讲 3 个发生在大家身边的求职故事，之后揭晓答案。

故事 1

HR 丁丁约了一位应聘行政助理的求职者 13 点来公司面试，可是等到 14 点也没见到人。丁丁赶紧给求职者打电话，铃声响了好半天才接通，原来这位求职者还在午睡。他在接到电话后立刻醒了，说：“什么？ ×× 公司？我不是约的明天面试吗？”

原来是求职者记错了面试时间。他表现出万分歉疚的样子，恳求丁丁将面试改到明天，但被拒绝了。丁丁认为，这位求职者连面试都这么不细心，恐怕不适合做行政助理。

点评：求职者每天都可能接到一些面试电话，记错了时间貌似情有可原。但这在 HR 看来，就犯了不能原谅的错误，说明求职者并没有充分重视这个机会。

故事 2

HR 丁丁在帮公司运营部招聘活动策划实习生时，给一位简历很不错的求职者（毕业于“双一流”建设高校，做过学生会干部，有多次策划和组织校园活动的经验）打电话约面试，中间顺便问了一句：“你还记得这个岗位的工作职责吗？”

求职者支吾了半天，却说不出所以然来。丁丁立刻没了兴趣，觉得对方不是那个合适的人选。

点评：很多求职者都采用“广撒网”策略，每天海投简历，自己投了什么公司、什么岗位，有时候确实记得不那么清楚。但这在 HR 看来，就犯了不能原谅的错误，说明求职者并没有充分重视该岗位。

在上面两个故事中，求职者都因个人失误而失去了面试机会。他们犯的错误很常见，很多求职者都会犯。解决这两个问题有一种好办法——从投递第一份简历开始，就为自己所申请的岗位设置一份记录表，在表格上记录投递时间、公司名称、申请岗位、岗位要求、投递方式、联系方式等，并且要及时更新此表，每天查看，反复查看，牢记表格上的各项信息。这样在接到 HR 的电话时，就可以做到条理清晰、心中有数。一旦有 HR 约你面试，你就要立刻在表格中把面试时间记录清楚，这样就可以避免弄错。

故事 3

应届生晨晨是一位有心人，她每投递一家公司都会做详尽的记录。当 HR 丁丁打电话约她面试时，她记得这家公司 HR 的邮箱是 lisa _ ding @ ×××.com，于是问：“请问您是 Lisa 吗？非常感谢您给我这次面试机会。”

丁丁一愣，说：“你怎么知道我是 Lisa ？”得知原因之后，丁丁对晨晨的第一印象非常好，对她也投入了更多的关注。后来晨晨确实拿到了这份工作。

点评： 每个求职者都应有一份岗位申请记录表，以便在接到 HR 的电话时能及时回应，给 HR 留下良好的第一个印象。

故事讲完了，再来回答一下开头的提问，求职者在投完简历后，还有必要做一件事！那就是做一份岗位申请记录表。

岗位申请记录表

序号	投递时间	公司名称	申请岗位	岗位要求		投递方式				联系方式				备注
				岗位职责	任职要求	招聘会	网申	招聘网站	邮件直投	联系人	联系电话	联系邮箱	面试时间	
1														
2														
3														

四、简历制作中的误区

简历制作中的误区

简历制作中误区——被丢进垃圾桶的简历

动画导入

被丢进垃圾桶的简历

某公司人力资源部职员艾米敲门进入人力资源部张经理的办公室，向他询问下周面试的事宜，以便做好面试的准备工作。

张经理看着桌子上的一堆简历，叹气道：“这些投简历的人对简历太不用心了。你看，光一个班级里面就出现了 9 个班长、10 个团支书。还有这个，他要应聘财务会计，但在实践经历里写的都是一些参加歌手大赛的经历，没有一项和财务会计有关。在 100 份简历里我只挑出了 2 份合格的简历……”说完，张经理让艾米把其余的简历丢进了垃圾桶。

启示

面试机会的 90% 都来自那份小小的简历。简历写得好，能为你创造机会；相反，如果简历不得要领，不管包装得再精美恐怕也会让你求职无门。

（一）求职意向写多个岗位

当你在求职意向处写出多个岗位时，实际上你在简历这一环节就已经出局了。

你到底要应聘哪个岗位？HR 不会帮你做选择题，还会认为你能力不足，对自己没有清晰的认知，不知道自己未来应该做什么。而且，同时投递多个岗位，而这些岗位相差较大，只能说明一个问题——你只想找一份工作混口饭吃，没有一个明确的求职规划。用人单位很难指望这种人在一段时间内会有很大的成长。

（二）个人信息不规范

应届生简历中的个人信息往往不够规范。在有些简历中，个人信息太详细，像一张“人口普查表”。其实，在简历中写几个用人单位必须知道的事项就好，将类似QQ号、微信号、身高、体重等信息写在简历中，就显得不够严肃了。

而在有些简历中，个人信息过于简略，内容有缺失，让HR无法对你有全面的了解。

例如下面这样的简历，没有写明自己的姓名、毕业时间，让HR摸不着头脑，很容易使自己错失机会。

个人信息

性别：女

出生年月：1994.10

毕业院校：××× 学院

专业：会计信息管理

学历：专科

手机号：134××××××××

邮箱：×××@foxmail.com

微信号：××××××

错误简历示例

（三）应聘不同岗位时，没有修改求职意向和个人经历

一定记住不要用一份简历“打遍天下”。求职者应该针对每家公司的性质和每个岗位的具体需求来准备定制简历，个人经历也要匹配意向岗位的要求来写。

（四）与应聘岗位无关的信息太多

有些简历中有很多与应聘岗位无关的信息。例如，应聘非本专业的工作岗位，却把专业课也写进简历中；应聘新媒体运营专员，却把大学时在餐厅做服务员的兼职经历也写进来。

这些经历不能直接体现自己是否匹配应聘岗位，其实可以不用写。简历里要写的，是与应聘岗位相关的内容。

任务三　礼多人不怪——重视求职中的礼仪

案例导入

小黄最后面试失败了

毕业生小黄去一家外企进行最后一轮总经理助理的面试。为确保万无一失，这次她进

行了精心的打扮。前卫的服装、时尚的手环、造型独特的戒指、亮闪闪的项链、新潮的耳坠，使她身上的每一处都是焦点，在人群中显得无比亮眼。况且她的对手只是一个相貌平平的女孩，学历也并不比她高，所以小黄觉得自己胜券在握。但结果出乎意料，她并没有被这家外企所认可。面试官抱歉地说："你确实很漂亮，你的服装和配饰无不令我赏心悦目，可我觉得你的服饰并不适合助理这份工作，实在很抱歉。"

案例分析

去公司面试不是一件简单的事，处处体现个人修养和礼仪。对于有些岗位，在面试时穿戴太时髦的服饰看起来不够专业、稳重，结果适得其反。尽管面试主要考察求职者的内在素质，但实践证明，求职者以什么样的形象亮相往往会带来不同的效果。在求职面试或人际交往中，仪态端庄、衣冠整洁体现了一个人对他人和社会的尊重，表现出一个人的精神状态和文明程度，成为衡量人品的标准之一。

一、求职服饰礼仪

求职服饰礼仪

（一）男士求职服饰礼仪

1. 领带

领带的颜色、图案如何配合衬衣和西装是一门很大的学问，也与个人的品位有关。大家平时应该多注意观察成功人士、知名公司领导人的着装，看看他们如何选择领带，同时可以多交流各自的心得体会。至于领带的长短，以刚刚超过腰际皮带为好。

2. 裤子

裤子除要与上身西装保持色调一致外，还应该注意不要太紧，要保留一定的宽松度，也不要太短，以恰好可以盖住皮鞋的鞋面为好。同时，千万记住不要穿背带裤，年轻人穿背带裤是很幼稚、不成熟的表现。另外，无论什么品牌的运动裤、牛仔裤，都不是正装，不适宜在面试的时候搭配上身西装穿。

3. 皮带

皮带的选择很简单，颜色以黑色为好，皮带头不宜过大、过亮，也不要有很多的花纹和图案，否则会显得很不专业。

4. 袜子

袜子以深色为好，但平时经常见到一些人穿白袜子，这在国际商务着装中不会出现。深色的袜子应该没有明显的花纹、图案，另外也不应该穿较透明的丝袜。

5. 皮鞋

皮鞋的颜色要选黑色，这与白衬衣和深色西装一样属于最稳重、最保险的颜色。要注意经常擦鞋，保持鞋面清洁光亮。尽管有的同学买的皮鞋很好，但不注意擦拭，面试的时候看上去"灰头土脸"，与上面笔挺的西装很不协调，这会让 HR 觉得你粗心大意。还需要注意的是，千万不要把新皮鞋留到面试那天才穿，因为新皮鞋第一次穿会很不合脚，让人走起路来一瘸一拐，给人留下不好的印象。

6. 公文包

男生随身携带电脑包是再合适不过的了，但注意电脑包不要过大。如果不使用笔记本电脑，就不必把笔记本电脑放到包里一起带着，背着沉重的笔记本电脑，整个人会显得不灵活、不精干。注意不要用那种非常正式的公文包，那种公文包一般都是老板、经理使用的，面试的同学使用会显得过于“少年早熟”，不合身份。

（二）女士求职服饰礼仪

女士求职服饰礼仪——安娜错在了哪里

动画导入

安娜错在了哪里

某公司招聘财务人员，由于待遇优厚，因此求职者极多，刚毕业的安娜也前往面试。到了面试那天，安娜特意穿上迷你裙，露出大腿，上身则是露脐装，涂着鲜红的唇膏。她轻盈地走到一位面试官面前，不请自坐。面试官看了看安娜，什么也没问，便让她回去等通知。一周后，她等到的却是被淘汰的消息。

启示

求职服饰搭配往往影响着面试官对求职者的第一印象，要根据应聘岗位选择合适的服饰。

女士着装以整洁美观、稳重大方、协调高雅为总原则，服饰颜色、款式、大小应与自身的年龄、气质、肤色、体态、发型和应聘岗位相协调、相一致。

1. 服装要得体

女性求职者的服装一般以西装或套裙为宜，这是最通用、最稳妥的着装。不论年龄大小，一套剪裁合体的西装或套裙、一件配色的衬衣，外加相配的饰品，会使你看起来优雅自信，给对方留下良好的印象。切忌穿太紧、太透和太露的衣服，不要穿超短裙（裤），不要穿领口过低的衣服；夏天内衣（裤）的颜色应与外套协调一致，避免透出颜色和轮廓，否则会让人感觉不庄重、不雅致，也会给人轻佻之感，这是求职之大忌。

女性求职者服装的颜色可有多种选择。有些女士认为面试时一定要穿黑色西装，因为这种穿法看起来十分稳重，其实现在社会已能接受一些较鲜艳的颜色。例如，应聘公关、秘书岗位的女士穿黄色西装就容易被面试官接受，因为黄色通常表现出丰富的幻想力和追求自我满足的心理。红色能显示出人的个性好动而外向、主观意识较为强烈且有较强的表现欲望，感染力强，容易打动面试官，使其印象深刻。不过，女士应该避开粉红色，因为这种颜色往往给人留下轻浮、圆滑的印象。

2. 鞋子要便利

女士如何穿鞋也有学问，总原则是应和整体相协调，在颜色和款式上与服装相配。在面试时，不要穿长而尖的高跟鞋，中跟鞋是最佳选择，既结实又能体现职业女性的形象。设计新颖的靴子也会显得自信且得体。但在穿靴子时，应注意裙子的下摆要长于靴端。

3. 袜子也很重要

时装设计师认为，肉色袜子在国际商务着装中是最适合的。为保险起见，应在包里放一双袜子以备用，以便脱丝时能及时更换。另外，不论你的腿有多漂亮，都不应在面试时光腿。

4. 饰品要少而精

（1）公文包或手提小包。公文包和手提小包带一个即可，不要两个都带。在多数面试场合，携带公文包比携带手提小包更能体现出权威性。可以把东西放进一个无带小包内，然后把它装进公文包里，但不要把包塞满。如果你个子较矮小，那包不宜过大，否则会极不协调。

（2）帽子。不管是否戴帽子，对此都必须持谨慎态度。如果要戴帽子，就请选择一顶既无饰边也不艳丽且很雅致的帽子。一般，有面纱的、松软宽边的法式帽子在生意场上易给人留下不佳的印象。

（3）首饰。首饰尽量少戴，应避免几个手指都戴戒指，耳环应当小巧且不引人注目。为了使自己感觉舒适、注意力集中，戴的耳环不要过长，以免发出叮当的声响或触及脖颈，甚至挂到衣服上。戴朴实无华的项链就挺好，但别戴假珍珠或华丽的人造珠宝。令人喜爱的手镯是完全可以接受的，但镯子上的小饰物应当避免。面试时一定不要戴脚链。总之，戴首饰的重要原则是：少而美。

（4）眼镜。眼镜既可能使一些人外表增色，也可能使一些人显得不协调。尽量选择适合自己的镜框，式样以新为好。另外，千万不可戴太阳镜（护目镜）去面试，当然更不能戴反光镜。假如非戴眼镜不可，可选择隐形眼镜。

（5）围巾。一条漂亮的围巾有画龙点睛的妙用。一些女士喜欢穿蓝灰色的服装，但这种服装往往会使面部发暗，如果配上一条色彩浓郁、风格热烈的围巾，就能达到朝气蓬勃的效果。如果穿藏青色的西装，就应围一条纯白色的围巾，既能显示出红唇黑眸，又能保持藏青色清爽如水的气质，衬托出女性的敏捷和果断。还有一些女士喜欢穿银灰色的服装，银灰色是高雅大方的颜色，但若围巾搭配不当，便会显得呆板平淡。

（6）丝巾。丝巾飘逸清秀的特点最能烘托出女性的美，但在选择丝巾时一定要注意与服装的协调搭配。例如，花色丝巾可配素色的服装，而素色丝巾则适合艳丽的服装。

5. 化妆要淡而美

对女性求职者来说，化妆一定要坚持素、雅、淡的原则，切不可浓妆艳抹。

（1）嘴唇。嘴唇是脸部最富色彩、最生动的地方，也是最吸引人的部分，所以要使嘴唇显得有润泽感。年轻女士宜用紫色口红，避免用大红色或橙红色口红，因为过于刺目的嘴唇颜色会给人留下“血盆大口”的印象，使面试官唯恐避之不及。唇线不可画得太深，否则会使嘴唇显得突出和虚假。

（2）眼睛。眼睛是心灵的窗户，在面试时的作用是举足轻重的。为了使眼睛在面试时能动人且传神，面试之前就应对其稍加修饰，如可以描一描眉毛，使之更加妩媚。眼睛小的可以在眼睛四周轻轻地描上眼圈，但不能描得太黑、太深，不要露出修饰的痕迹。单眼皮的也未必一定要去割双眼皮，有的单眼皮者传达出的眼神更坦率、更亲切。如果你有近视、斜视和爱眨眼之类的小毛病，就有必要戴上一副眼镜去面试，不要让眼睛上的小毛病影响了你取胜的机会。

（3）鼻子。我们说修饰鼻子，并不是去整容。可以在鼻梁上略施淡粉，因为如果面试时灯光太亮，就会使鼻子出油发亮，而天气太热，鼻梁上也容易出汗。有粉刺鼻、酒糟鼻和鼻炎者，最好提前到医院诊治，以免影响面试的效果。平常鼻毛长的人，面试前要格外注意修剪，如果鼻毛横行，那面试官见了一定难以接受。另外，鼻端上或眼角里不要留有污秽积物。

（4）香水。香水要与自身的气质相配，香味宜淡，闻上去给人舒畅的感觉。

小贴士

不同行业或公司女士面试着装指南

不同行业或公司对着装要求是不一样的。穿着得体会让面试官对你的第一印象良好，面试分数自然不会低。

如果你应聘的是创造性的岗位，那着装要避免随意，但要适当体现个性。时下潮流元素的设计和剪裁可以让面试官眼前一亮。

1. 面试行业或公司：传媒、广告、艺术

搭配建议：可以尝试一下翻领淑女中长款夹克，优雅大方，并且搭配牛仔裤和长靴展现个性，如果觉得比较单调就再加一条长长的毛衣链。

2. 面试行业或公司：公务员、金融、外企

搭配建议：西装或套裙，这是最通用、最稳妥的着装。如果不想穿得老气横秋，那可以选择戴一款胸针，但胸针的款式一定要精致，绝对不能太夸张。

如果你要面试的单位是外企，由于这类公司比较注重资历和经验，所以你的穿着要给面试官一种稳重端庄的感觉，体现成熟干练的气质。

3. 面试行业或公司：面对客户的服务公司

搭配建议：可以选择一款浅粉色呢子外套，与绣花白衬衣搭配，既能突出精致的细节，又不会有拒人千里的冷漠感觉，再加上休闲棉裤和高跟鞋，女人味与干练气质共存。

如果你要面试的是服务行业的单位，需要随时与客户打交道，则既要给人留下可信赖的印象，也要有亲和力，表现出热情和亲切。因此在面试时，要选择端庄精致的装扮，无论是服装还是饰品都要有质感，给人稳重干练的感觉。

二、求职仪态礼仪

求职仪态礼仪

求职仪态礼仪——小林为什么被淘汰

动画导入

小林为什么被淘汰

毕业生小林今天要去面试一家很不错的公司的财务助理岗位。在面试时，他不敲门直接进入房间，不请自坐，跷着二郎腿，面试结束后，也没有和面试官打招呼，直接转身离去。一周后，小林得到面试被淘汰的通知。同学们，你们觉得小林为什么被淘汰？

启示

一个人给他人留下的印象，7%取决于用词，38%取决于音质，55%取决于非语言交流，非语言交流的重要性可想而知。

在面试中，恰当使用非语言交流的技巧，将为求职者带来事半功倍的效果。除有声语言外，无声语言也是重要的公关手段，包括手势语、目光语、面部语等。无声语言通过仪表、姿态、神情、动作来传递信息，在交谈中往往有着有声语言无法比拟的作用，是职业形象的更高境界。其中，身体语言对面试非常关键，有时一个眼神或手势都会影响到整体评分。例如，面部的适当微笑，能表现出一个人的乐观、豁达、自信；服饰的大方得体、不俗不妖，能反映出大学生的风华正茂，有知识、有修养、青春活泼、独有魅力。这些都可以在面试官眼中形成一道靓丽的风景，提高求职成功的概率。

（一）坚定的手势蕴含诚意

在面试时，手势是很重要的一种身体语言。其中，握手常作为衡量一个人是否专业、自信、有见识的重要依据。恰当的握手方式能给面试官带来好感，让他认同你懂行规、懂礼仪。怎样握手才能到位？握多长时间才算恰如其分？这些都非常关键。手与手的礼貌接触是建立第一印象的重要开始，所以一定要使握手有感染力。握手的原则如下。

（1）时机恰当。按照国际商务礼仪规范，双方应该同时伸手。如果对方不主动伸手，那你可以主动出击，对方出于礼尚往来的考虑，也会伸出手回应你，但要注意伸手的时机，把握好这个“寸劲儿”。有些同学对此没把握、没感觉，可以在招聘会时多和外企经理交谈并握手，时常演练。要注意别过早伸手或在不恰当的时候伸手。例如，在面试官埋头填写对上一个人的评语时你就伸出手，或者双方相隔八丈远，这些情形均是不合适的。

（2）大方伸手。握手时一定要大方自然，切忌伸出又收回去，收回去又伸出，这样的动作在面试中是不可取的。当然，在面试的过程中应当以面试官的意愿为主，如果面试官没有意愿，则无须握手。

（3）力度七分。握手是为了表现出你的热情和友好，所以应该略微用力，以不令对方产生不适感为限度。男士与女士握手时不应握得太紧，握一下女士的手指部分即可。

（4）面带微笑。握手时面部表情也要配合，面带微笑伸出手，自然与面试官相握。如果面部表情过于僵硬，则会让对方认为你是一个不随和的人，或者让对方觉得你过于紧张。握手时要集中精力，双眼凝视对方，切勿视线游离，更不能东张西望，这都是不尊重对方的体现。

（5）三秒结束。握手的时间不要太长，也不要太短，一般控制为3～5秒。太长稍显失礼，太短则会让人认为你过于冷漠高傲，影响面试效果。男士与女士握手的时间要稍短一些，用力要轻一些，千万不要把女士的手捏疼。

另外，握手应注意的几点：握手就是握手，不是关节拉关节；湿漉漉的手会让面试官拒你于千里之外；只要真诚握手，每一双手都会完美地表现自己。

握完手后请马上返回原来的位置，不要等到面试官请你退回，你再照此去做。之后，面试官会请你坐下，说声“谢谢”坐下就可以了。若面试官没有邀请，切勿自行坐下，可以礼貌地征求面试官的同意后再坐下。

小贴士

面试中正确的入座姿势

入座时要轻而缓，不要发出任何嘈杂的声音。在面试的过程中，身体不要随意扭动，双手不应有多余的动作，双腿不可不停抖动，不然会显得缺乏教养和傲慢。有些人因为紧张，会无意识地用手摸头发、耳朵，甚至捂嘴说话，虽然这是无心的，但面试官可能因此认为求职者没有用心交谈，还会怀疑求职者话语的真实性。

不同性别在面试入座时的礼仪要求也不同。男士入座时，双脚踏地，双膝之间至少要有一拳的距离，双手可分别放在左右膝盖之上。若在面试时穿着较正式的西装，应解开上衣纽扣。

女士入座时，双腿并拢并斜放一侧，双脚可稍有前后之差，如果两腿斜向左方，则右脚放在左脚之后，如果两腿斜向右方，则左脚放在右脚之后。这样对方从正面看你的双脚是交成一点的，腿部线条更显修长，也显得颇为优雅。若女士穿着套裙，入座前应收拢裙边再就座，坐下后，上身挺直，头部端正，目光平视面试官。坐稳后，身子一般占座位的2/3，两手掌心向下，自然放在两腿上，两脚自然放好，双膝并拢，面带微笑，保持自然放松。

（二）专注的眼神彰显智慧

在面试一开始就要留心自己的身体语言，特别是自己的眼神，面试过程应全神贯注，目光始终聚焦在面试官身上，在不言之中展现出自信及对对方的尊重。眼睛是心灵的窗户，专注的眼神能体现出智慧、自信及对公司的向往和热情。注意眼神的交流，可以更好地获取一些信息，与面试官达成默契。正确的眼神表达应该是：礼貌地正视对方，注视的部位最好是面试官的鼻眼三角区（社交区）；目光平和而有神，专注而不呆板；如果有几个面试官在场，说话时要适当用目光扫视一下其他人，以示尊重；在回答问题前，可以把视线投在对方背面墙上约两三秒，以便思考，注意不宜过长，在回答问题时，应把视线收回来。

小贴士

面试中如何恰当地运用眼神

在面试中，一定要注意眼神的交流，这不仅是相互尊重的表示，更是坦然无惧的一种表现。面试第一步，让真诚的目光成为你的代言。

人们都说“眼睛是心灵的窗户”，也就是说眼神能够传达出人内心最真实的想法。在人际交往中，眼神的交流至关重要，它代表的是一种无声的语言，可以代替语言向对方传达自己微妙的情感和态度的变化。在面试中，眼神的交流也是非常重要的。对求职者来说，既可以通过眼神的交流向面试官传达自己的真诚、自信等正面的信息，又可以通过观察面试官的眼神判断面试官的情绪，在与面试官眼神交流的过程中不断拉近与面试官的距离。

如果在面试的过程中，你不敢和面试官进行眼神的交流，那么面试必败无疑，因为你躲躲闪闪的眼神向面试官传达的信息就是你的不自信和紧张，这种负面的信息会让面试官对你大失所望。在整个面试过程中，面试官无法通过捕捉你的眼神看到你的真实想法，这会让面试官非常不悦，最终将导致面试的失败。

眼神的交流是增进与面试官感情的好办法，你不仅不能逃避和面试官的眼神交流，还必须主动与面试官进行眼神的交流，而且必须从见到面试官的那一刻起就进行眼神的交流。通常情况下，在与面试官第一次见面的时候，你的眼神就可以向面试官传达出自信或紧张、诚实或虚伪的信息。假若你的眼神游离不定，一直试图躲避面试官的眼神，那么你必然会给面试官留下自卑或不真诚的印象。所以，主动与面试官进行眼神的交流非常重要，可以帮助你赢得面试官对你的第一印象。

不仅要在开始的时候与面试官进行眼神的交流，在整个面试过程中都要与面试官进行眼神的交流。眼神的交流是语言的辅助，能够让你的语言更有可信度和说服力。

在面试中与面试官进行眼神的交流要注意以下几点。

1. 不要一直盯着面试官

眼神的交流并不是让你一直盯着面试官，而是与面试官进行对视。如果你一直盯着面试官，那会让面试官感觉不自在，甚至会感觉自己哪里有不妥的地方，这会让面试官分神，使他无法集中精神听你讲话。最好的办法是时不时地与面试官进行对视，这不仅可以表现出你对自己答案的自信，又可以向面试官传达出你坚定的性格。

2. 眼神不要处于游离状态

时不时地与面试官进行对视并不是让你的眼神处于游离状态，而是要通过眼神向面试官传达自己想表达的信息，所以也要把握好“时不时”的度。

3. 不要长时间地将眼神集中在一个地方

当你在回答面试官的提问的时候，如果眼神一直集中在一个地方，那说明你缺乏自信，因为眼神的固定可以说明你一直集中精力思考问题，或者在回忆什么东西。

除主动与面试官进行眼神的交流外，你还可以透过面试官的眼神判断他内心的真实想法，为自己的面试成绩打分。你能够给面试官留下一个什么样的印象，是可以从面试官的眼神里看出来的。

（1）当你的答案令面试官满意的时候，你会发现他的眼睛里突然多了一些光彩，还有可能情不自禁地点头。如果他对你的整体表现很满意，那他会主动加强与你的对视，他的眼睛也会逐渐放亮。如果你看到面试官露出这样的眼神，那祝贺你成功了。

（2）当面试官满脸挂着笑容，而眼睛里却看不到一丝笑意的时候，不可被他的面部表情所欺骗，认为他对你很满意，但其实他对你很不满意。这或许可以称为“似笑非笑、皮笑肉不笑”吧。

（3）当面试官对你的答案感到厌烦的时候，他会将自己的视线抛到很远的地方，如抬头望天花板、侧身注视窗外，或者注视一些无关紧要的东西，如盯着手中的笔或眼前的办公桌。这个时候，你就必须意识到你的答案过于冗长了，要赶快停止作答。

总而言之，眼神的正确运用在面试中有很大的作用，每个求职者都应该学会。

（三）微笑的表情体现亲和力

微笑是自信的第一步，能为你消除紧张情绪。在面试时，要面带微笑、亲切和蔼、谦虚虔诚、有问必答。面带微笑会增进你与面试官的沟通，提高你的外部形象，改善你与面试官的关系。露出赏心悦目的面部表情的人，应聘的成功率远高于那些表情严肃的人。在面试时板着面孔，苦着一张脸，这样不能给人留下最佳的印象，争取到工作机会。在听对方说话时，要时不时点头，表示自己听明白了或正在注意听，同时要面带微笑，当然也不宜笑得太僵硬，一切都要顺其自然。表情呆板、大大咧咧、扭扭捏捏、矫揉造作，都是一种美的缺陷，破坏了自然的美。

小贴士

避免消极的身体语言

（1）避免做出抓耳挠腮、摸眼、捂嘴等具有说谎嫌疑的动作。

（2）避免双臂交叉在胸前，这个动作表示抵触、抗议、不屑一顾、防范。

（3）腿脚不要不停抖动，否则会显得内心紧张、不安。

（4）不要做不必要的身体移动，否则会显得紧张、焦虑。

拓展阅读

面试中需要注意的“微表情”

面试作为求职者走上心仪岗位的必经关卡，主要考察的就是求职者的综合素质，简单来说就是考察求职者的内在素质和外在素质。内在素质包括求职者的逻辑思维能力、创新能力、思维发散能力，以及人生观、世界观、价值观。而外在素质包括求职者的语言表达能力、人际沟通能力，以及整体的外在形象。

我们都知道要对一个人建立全面的认识需要长久的时间。但是，面试给我们与面试官接触的时间只有短短的几十分钟。根据心理学的研究，在未与人沟通前的第一印象是由最初的 20 秒决定的，而最初的 20 秒的印象是由外在形象决定的。外在形象包括很多方面，其中微笑和眼神起着至关重要的作用。

微笑是一种国际礼仪，体现了人类最真诚的相互尊重与亲近，也是基本的礼仪。一个好的微笑，是拉近彼此之间距离最有效的方式。但是，在面对近十位面试官时，无形的压迫感会让有些同学笑不出来，或者表现出苦笑、皮笑肉不笑，因此我们需要在生活中进行一定的训练。大家可以采用咬筷子、对着镜子微笑的方式多练习，只要让自己笑得自然大方就好。同时，要时刻提醒自己，一个有感染力的微笑，需要调动整个面部肌肉，并且要做到眼中带笑。在面试时，做到微笑与眼神相结合、与语言相结合、与身体行动相结合，能体现出自信、自强、自立的精神面貌。

眼神是人在交往时一种深情的、含蓄的无声语言，往往可以表达有声语言难以表达的意义和情感，在很大程度上能如实反映一个人的内心世界。一个良好的交往形象，目光应是坦诚、亲切、和蔼、有神的。由于自身习惯或在面试时过于紧张，有些同学经常露出以下眼神，需要大家引以为戒。

（1）视线向上的眼神，会给人一种盛气凌人的感觉。

（2）视线向下的眼神，会给人一种不自信的感觉。

（3）翻白眼。有些同学在思考的过程中会出现翻白眼的现象，会给人一种轻蔑与不屑的感觉。

在和面试官交流的过程中要正视对方，与对方目光接触的时间应该累计达到全部交谈过程的 50% ～ 70%，其余 30% ～ 50% 的时间，可注视面试官脸部以外 5 ～ 10 米处，这样比较自然、有礼貌。

（四）礼貌的站姿暗示沉稳

站姿是静态的身体动作，是其他动态美的起点和基础。古人主张“站如松”，这说明良好的站姿应给人一种挺、直、高的感觉。

1. 男士标准站姿礼仪

男士标准站姿要看三个部位：一是髋部向上提，脚趾抓地；二是腹肌、臀肌收缩上提，前后形成夹力；三是头顶上悬，肩向下沉。只有保持这三个部位的肌肉力量相互制约，才能保持标准站姿。

男士标准站姿：头正稍抬，下颌内收，挺胸收腹。

三种脚位：

（1）双腿直立式：双膝相靠，脚后跟并拢，直立。此种脚位适合短时间站立，适用于迎送宾客等场合。

（2）分腿直立式：两腿分开约一肩宽，双膝直立。

（3）单腿直立式：以单腿轮换为支点，另一腿往侧前方斜放，做军队队列中的“稍息”状。此种脚位适合长时间站立。

脚位禁忌：（1）内八字形；（2）双腿交叉站立；（3）弯腿站立。

五种手位：

（1）两手腹前交叉式：一手平抚前腹，另一手轻握该手手腕部分，两手可以交换位置。此时，脚位可以采取双腿直立式和分腿直立式。

（2）两手胸前相握式：两手胸前扣握，左右手均可在上。此时，脚位应采取双腿直立式。

（3）两手双腿侧全平放式：两手五指并拢，两掌自然下垂，中指指尖紧贴裤缝平放。此时，脚位应采取双腿直立式。

（4）两手双腿侧半握放式：两手半握拳，自然下垂，稍提肩。此时，脚位应采取分腿直立式。

（5）两手背放式：两手自然放于后背，并在后背自然相握。此时，脚位可以采取双腿直立式和分腿直立式，分腿直立式更能显示出男性强壮的气势。

2. 女士标准站姿礼仪

女士在站立时，要避免僵直硬化，肌肉不能太紧张，可以适当地变换姿态，追求动感美。在站立时，不要躬腰驼背或挺肚后仰，也不要东倒西歪地将身体倚在其他物体上，两手不要插在裤袋里或叉在腰间，也不要抱臂于胸前。

女士标准站姿：头正稍抬，下颌内收，挺胸收腹，双肩稍往外撇。

三种脚位：

（1）两脚前后直立式：前脚的脚后跟紧靠后脚的脚心弯曲部分站立。

（2）两脚平行直立式：两脚后跟紧贴，脚尖向外略呈八字站立。

（3）两脚前后分腿直立式：前脚朝前迈半步，脚尖朝前或稍往外撇，前脚的脚后跟与后脚的脚后跟在同一条竖线上，后脚的脚尖朝外站立，重心最好落在前脚上。

脚位禁忌：（1）分腿直立；（2）内八字形；（3）双腿交叉站立；（4）弯腿站立。

五种手位：

（1）两手平行侧放式：将双手侧放在两腿外侧，手掌平伸，中指指尖紧贴裤缝中线。此时，脚位应采取两脚平行直立式。

（2）两手腹前交叉式：一手平抚前腹，另一手轻握该手手腕部分，两手可以交换位置。此时，脚位可以采取两脚前后直立式和两脚平行直立式。

（3）两手胸前相握式：两手胸前扣握，左右手均可在上。此时，三种脚位都可采取。

（4）两手万福式：两手相扣或两掌相抚，放于身体一侧，形似古人道万福状。注意哪只脚在前，则将手放于哪一侧，肘部要上抬，两手相扣或两掌相抚均应在平面位置。此时，脚位可以采取两脚前后直立式和两脚前后分腿直立式。

（5）两手背放式：两手自然放于后背，并在后背自然相握。此时，脚位应采取两脚平行直立式。

小贴士

面试现场流程礼仪

在流程礼仪上，我们分为入场、退场两个板块。

1. 入场礼仪

（1）敲门：面试室的门一般是开着的，由引导员事先询问面试官：“×× 号求职者可以入场了吗？”得到许可后，引导员会轻声告知等候的求职者可以入场了。这时，求职者最好保持微笑站在门口，在听到入场指令后轻敲两下门，进入面试室。如果在等候时发现门是关着的，则须轻敲三下门，听到面试官回应（如“请进”）后再进入面试室。

（2）入场：进入面试室后，面对面试官，侧身轻关房门。在这里，很多求职者可能不注意，会将自己的背部对着面试官，这种做法不是很礼貌，应该避免。

（3）行走：抬头挺胸，自然甩臂，保持微笑走到台前。

（4）问好：入场问好的关键在于声音和态度。建议求职者以高而有力的声音和得体的微笑展现出自己的自信，给面试官留下良好的第一印象。问候语一般为：“各位面试官（老师），大家上午好（下午好）！我是 ×× 号求职者！”问候语说完后，随之鞠躬。

2. 退场礼仪

1）面试结束后的致谢礼仪

在面试结束后，要向面试现场所有的面试官和工作人员道谢。感谢公司给自己面试的机会，感谢面试官给自己展示的机会。

2）出门时的关门礼仪

在离开面试现场时，应注意随手关门。在关门时动作要轻，不能发出比较大的声响。如果在关门时不注意小细节，不仅会带来很大的响声，还会给面试官留下不好的印象。所以，即使面试接近尾声也要把求职礼仪进行到底。

三、职场礼仪中的细节

职场礼仪中的细节

（一）学会清洁是职场礼仪的第一步

清洁是仪容美的基础，是礼仪的基本要求。在社交场合，一个人不管长相多好、服饰多华贵，若满脸污垢、浑身异味，那必然会破坏其美感。如果一个人不注重仪表，即使再有才华，他的事业也不一定顺利，因为没有人愿意与一个不注重仪表、邋遢的人为伍。所以，做好身体尤其是面部的清洁工作，在职场中是非常重要的。初入职场的你，平时应多注意以下几点。

1. 头发

头发应定期清洗，一般每周洗 2 ～ 3 次即可。油性头发应两天洗一次，干性头发清洗间隔时间可稍长一些。洗前应将头发梳理通顺，湿润后用洗发用品轻揉，最后冲洗干净。在洗发时，不宜让洗发剂在头发上停留太长时间，否则会对头发有损害。对于干性头发，洗后要用护发素或发膜摩擦每一缕头发，并持续几分钟，然后用水冲掉，以便让头发更加柔顺。平时上班前梳头时一定要留意，上衣和肩背上不应落有头皮屑和脱落的头发。

2. 口腔

口腔异味影响日常工作交流。为了避免口腔异味，应做到：第一，坚持早晚刷牙，每次刷牙的时间不少于三分钟，并且应在饭后三分钟内刷牙；第二，每日早晨起床，空腹饮一杯淡盐水，午饭后如果没有机会刷牙就要以淡茶漱口；第三，上班时不吃有异味的食物，如韭菜、葱蒜等。如果不小心吃了，可以嚼点茶叶或口香糖，以减少异味。但应指出，在正式场合嚼口香糖是不礼貌的，与人交谈时应避免。

3. 鼻子

有的人很在乎自身的清洁，但是忽略了鼻毛。不小心露出的鼻毛会使人显得不修边幅，影响他人对自己的视觉和心理印象。如果女性露出鼻毛，那结果更糟糕，形象会“一落千丈”。所以，在每日洗脸的时候，最好检查一下自己的鼻毛是否过长。如果鼻毛过长，应用小剪刀剪短，但不要去拔。为了保持鼻腔的清洁，洗脸时可用手接点水，注意量一定要少，用鼻子轻轻吸一下，再呼出来，以清洗鼻孔。注意千万不要用手去抠鼻孔，尤其是在众人面前，否则会显得既不文雅，又不卫生。

4. 胡须

除了一些职业相对特殊的男性，职场中的人最好不要留须，应该每天用剃须刀把胡须刮干净，必要时一天刮两次。不要用镊子拔胡须，否则容易引起毛囊炎。需要特别指出的是，不可当众剃须。

5. 手

在职场的交际活动中，手占据重要的位置。在接待客人时，握手、递送名片时客人总是先接触到我们的手，形成第一印象。因此，手的清洁与一个人的整体形象密切相连，应当引起足够的重视。通过观察手，可以判断出一个人的修养与卫生习惯，以及对生活的态度。因此，应经常清洗自己的手，修剪指甲。但要注意，在公众场合修剪指甲是不文明、不雅观的行为。

6. 身体其他部分

若脸上有污垢、汗渍等不洁之物，给人的第一感觉就是这个人太邋遢、太懒散，连脸都懒得清洁。所以，无论怎样都不要让自己“灰头土脸”。为了养护面容，每日早晚洗脸是必需的。此外，平日应多吃蔬菜和水果，多喝水，保证足够的睡眠，以防止皮肤粗糙干燥，使面部看上去红润。夏季要及时擦去脸上的汗。外出前要擦好润肤产品，同时做好隔离防护工作，以便保护肌肤免受风吹日晒之苦。

经常洗澡是必要的，尤其是在参加一些正式活动之前一定要洗澡，以免异味损害自己的形象。如果有“狐臭”，应及时治疗。

除此之外，如果职场女性爱穿无袖裙子，则一定要将腋毛处理干净。

（二）职场中别让自己看起来像只“花蝴蝶”

没有不美的色彩，只有不美的搭配。服装色彩的搭配是很有学问的。色彩鲜艳、五颜六色的蝴蝶的确很漂亮，但如果你浑身上下也装扮得五彩缤纷，除让人眼花缭乱外，恐怕不会有一点儿美感。如果你不知道该穿什么，就记住不要穿超过三种色彩的衣服在身上。蝴蝶的斑斓惹人喜爱，而打扮成“花蝴蝶”一样却未必能带给人好感。

要想在职场中赢得别人的好感，就应该注意服装色彩的搭配，力求色彩的调和，以简单大方为始，也以简单大方为终。

服装色彩在搭配和组合的方法上基本有三种。

1. 相同的色彩搭配

相同的色彩搭配又称同色搭配，是以同一种色彩为基色，用不同饱和度及深浅度的色彩进行搭配的方法，意在以简单的配色来创造一种和谐的美感。在同色搭配中，通常采用“由深入浅”的方法，也可采用“由浅入深”的方法。例如，浅灰色的上衣配深灰色的裤子，这样的搭配比较简单，也不会显得太过张扬。但在同色搭配中，要注意同色系中深浅度不同的色彩之间的衔接与过渡，力求自然、平稳，应避免生硬和太大的深浅度差异，以免给人失衡、断裂的感觉。

2. 相近的色彩搭配

相近的色彩搭配又称近色搭配，是用美术色谱上相近的色彩进行搭配的方法，如绿与蓝、绿与黄、白与灰等。运用这种配色方法，必须遵守服饰礼仪的“三色原则”，即不要使用太多的色彩，一般用色不超过三种，而且其中最好有一种白色。例如，在正式场合所穿戴的服饰，包括西装、衬衣、腰带、鞋袜等在内的一切服饰的配色，都应以不超过三种色彩为宜。

3. 对比的色彩搭配

对比的色彩搭配又称对比搭配，是用相互对应、相互排斥的对比色进行搭配的方法，如白与黑、黄与紫、黄与蓝、绿与紫、红与蓝等。这种配色方法运用得当，既可不失各自的特色，又可相映生辉，给人一种耳目一新的感觉。

一般来说，对比搭配可遵循三个原则：第一个原则是将两种对比色加以搭配，如红与绿、黄与紫，以一种主色去压住另一种配色，其中主色占据的空间应相对多一些，切忌各占一半式的搭配；第二个原则是将相邻的色彩对比搭配，如红与紫；第三个原则是将三间色或三原色对比搭配，如橙、绿、紫，红、黄、蓝。在对比搭配中，应以较为柔和、平稳的色彩为主色，主色应突出，配色应为鲜明的饱和色，且愈少效果愈好。少则可以点缀，多了就显得俗气。

另外，在服装色彩的搭配上，切忌上下装都采用鲜明的色彩，否则会显得刺眼，令人不舒服。

服装色彩的搭配不仅影响服装的配套效果，给人带来不同的心理效果，而且影响人的体形和肤色的变化。所以，服装的色彩除遵循配色原则进行搭配外，最主要的是根据自身的特点进行搭配。

第一，根据体形搭配。

人的体形特征最主要的是“高”“矮”“胖”“瘦”。服装色彩选择及搭配得当，在直观上可使高者变矮、矮者变高。

在搭配服装色彩时，体形消瘦的女士所选用的色彩应以暖色调、扩张色为主，会使其体形在视觉上显得丰腴一些；体形丰满的女士所选用的色彩应以冷色调、收缩色为主，会使其体形在视觉上显得瘦一些；体形高挑的女士宜穿深色、单色、柔和色的服装，并以上装与下装形成对比为佳，不宜穿色彩鲜艳、亮度太大的服装；体形娇小的女士应以上下装色调一致或相近，且用浅色为佳。

第二，根据肤色搭配。

服装色彩的搭配应考虑自己的肤色。有的色彩可使人的皮肤显得细腻、白里透红，使整个人看起来神采奕奕；而有的色彩却使人显得灰暗无光、黯然无神。所以，应利用人们感官的错觉来获得和谐与美化的效果。

注意所搭配的服装色彩不要与肤色为同色或近色，力求反差，且反差越大越好。肤色较深、较黑的女士，宜选用浅色调的色彩，以增加明朗感，如玫红色、米色、银灰色、蓝色、绿色、浅灰色等；肤色发红的女士，则应配以稍冷或浅色的服装，但不宜选用浅绿色和蓝绿色，因为这种强烈的色彩对比会使肤色显得发紫；而肤色发黄的女士，则宜选用以红色、橙色为基色的色彩，以增加皮肤的红润感，否则会显得精神不振和无精打采，容易给人一种病态的视觉感受；肤色白皙的女士，所选服装色彩就比较广泛了，一般深浅皆宜，浅则显得洁净、明快，深则显得素雅、大方。

（三）鞋袜搭配细节千万不要忽视

在日常生活中，人们需要恰当地选择着装，而用于搭配不同服装的鞋袜也很重要，所以我们应该对在服装搭配中扮演配饰角色的鞋袜给予足够的重视。

对男士来说，只有注意细节的时尚男士才是有品位的男士，绅士风度始于足下，想做一个体面的绅士，就要选择符合着装风格的鞋袜。

职场人士在一些正式场合大多会选择西装，而搭配西装的最佳鞋子是皮鞋。皮鞋要根据服装来搭配。深色的西装可以搭配黑色、棕色的皮鞋，浅色的西装则可以选择白色的皮鞋。牛仔服也可以搭配皮鞋，但运动装最好避免与皮鞋搭配。

不穿鞋的时候，要把鞋收好放到鞋柜里并衬以鞋托，以保持它的形状。除非有特殊情况，否则最好不要穿靴子。最好在办公室里准备一双皮鞋，这样可以在上班的路上穿便鞋，舒适方便，到了公司后更换皮鞋，正式优雅。同时要注意，在办公室里的鞋要常常换新面孔，不要一年四季只穿一双鞋。

男袜的颜色与西装相配是最简单也是最时髦的穿法。灰色的西装可配灰色的袜子，米色的西装要配较深的茶色或棕色袜子。在与一些深色的裤子搭配时，袜子并非也要“一深到底”，可以选择一些带有条纹、几何图案，甚至是民族图案的袜子。浅色和白色的纯棉袜应该用来配休闲风格的衣裤及便鞋。

女士的职业装束一般是套裙，而用来与套裙搭配的鞋子应该是皮鞋，并且以黑色的牛皮鞋为宜。袜子可以选择羊毛袜或尼龙丝袜，颜色最好选择单色，黑色、肉色、浅棕色、浅灰色等都是几种常见的可供选择的颜色。

女士在穿套裙时，要有意识地注意协调裙、鞋、袜之间的颜色。裙、鞋的颜色必须深于或略同于袜子的颜色。如果一位女士穿了一身白色的套裙、一双白色的皮鞋，却穿了一双黑色的袜子，则给人的感觉会不协调。不管是鞋子还是袜子都不要有过多的装饰，一些镂空、网眼、吊带、珠饰、链扣或印有时尚图案的鞋袜会给人肤浅的感觉。

鞋袜的款式在与套裙搭配时也有讲究。鞋子应该是高跟或半高跟的船式皮鞋或盖式皮鞋，丁字式皮鞋、系带式皮鞋、皮凉鞋、皮靴都不适合。不要用中筒袜和低筒袜与套裙配着穿，而高筒袜和连裤袜是和套裙最标准的搭配。另外，鞋袜应该完好无损、大小相配套，不要随意乱穿，也不要当众脱下。不要同时穿两双袜子，也不要把健美裤、九分裤当成袜子穿。有空便把鞋子脱下或处于半脱鞋状态，或者经常把袜子脱下一半，甚至当着外人的面把袜子脱去，这些都是不礼貌的行为。

女士在穿呢绒或毛织、皮革裙时，配靴子应该是一种不错的选择。如果你想把衣服穿得更得体，那最好准备几双不同的鞋来搭配上班时的着装。这些鞋可以是不同的款式，最好还要有几款别致个性的鞋，当然这些鞋要与你的着装相配。另外，即便在夏天也不要选择那些露脚趾、镂空、亮闪闪的凉鞋，以免你的白领形象被它们毁坏。

由此可见，鞋袜也是着装环节中不可忽视的一环。如果你想拥有一个大方得体的形象，那应该从这些细节方面多下功夫，让你的鞋袜帮你增添魅力。

（四）接听电话的礼仪

电话日益成为人与人之间沟通的重要手段。接听电话不是简单拿起来就接、讲完就挂，而是需要一些礼仪。巧妙运用这些礼仪，可以体现一个人的涵养和公司的形象。

接听电话的礼仪如下。

（1）电话接通后，不管对方是你的领导还是同事、朋友，都应该先说声“你好”，这是接电话的基本礼仪，这个细节可以提升你在对方心中的良好形象。

（2）如果因为有事没有及时接起电话，接起电话后的第一句话就应该说：“对不起，让您久等了。”

（3）在接听电话时，不管旁边有谁在同你说话，都要对电话另一方的问答认真响应。因为对方只能听你讲话，既摸不到你的身子，也看不到你的影子，更无法看到你的表情，所以你应该全神贯注地与对方交流，让其感觉到你对他的尊重。

（4）当电话突然挂断时，你应该在第一时间打给对方，不管挂断的理由是什么，都要与对方再次通话。这样不但表示你对对方的尊重，也能让对方感觉到你是安全的，你没出任何事情。

（5）在挂断电话时，“拜拜”“再见”“回见”都是我们经常说的礼貌用语。在你说出这些简单的用语后，对方就会知道你有挂断电话的意图，或者知道你把挂断电话的时间确定了，让彼此有心理准备，能在比较默契、和谐的气氛中终止谈话。

（6）在你想挂断电话时，如果对方还在说话，就不要挂断电话，应该等对方说完后，听到电话那边是嘟嘟的忙音时，再挂断电话。这是一条原则性的礼仪，彰显着你对对方的尊重。

项目小结——敲黑板，画重点

搜集就业信息：

搜集就业信息的渠道：政府渠道、市场渠道、学校渠道和其他渠道。

识别求职陷阱：培训费用陷阱、扣留大学生证件陷阱、不法中介陷阱、骗取大学生廉价劳动力陷阱、盗窃大学生作品陷阱、滥用试用期陷阱。

如何规避求职陷阱：增强防范意识；提高防范能力；遭受侵害时充分利用法律武器。

量身定制求职简历：

简历的制作步骤：仔细分析岗位信息；填充各个模块；进行简历迭代。

如何有效投递简历：如何用邮箱投递简历；投完简历后要做的事。

重视求职中的礼仪：

男士求职服饰礼仪：注意领带、裤子、皮带、袜子、皮鞋、公文包等的搭配。

女士求职服饰礼仪：服装要得体；鞋子要便利；袜子也很重要；饰品要少而精；化妆要淡而美。

求职仪态礼仪：坚定的手势蕴含诚意、专注的眼神彰显智慧、微笑的表情体现亲和力、礼貌的站姿暗示沉稳。

课后测试题——闯关测试验所学

前三道测试题的具体内容见二维码。

在线测试

四、综合训练

（1）结合古话“知彼知己，百战不殆”，谈谈如何在求职前做好各种准备工作。

（2）结合求职简历造假等社会现象，讨论在求职过程中到底该不该实事求是地展现自己。

（3）“才者，德之资也；德者，才之帅也”出自《资治通鉴·周纪一》。这句话的大概意思是，德行是才华的统帅，而才华是德行的辅助因素。对司马光来讲，才华固然很重要，但德行更加重要，要做到德才兼备，同时以德为先。在今天，德才兼备、以德为先仍然是公司在选拔人才、使用人才时非常重要的标准。请结合所学所感和自身生活实际，谈一下你对这句话的理解。

项目四 横看成岭侧成峰——心理调适

项目音频导学

思政导读

《题西林壁》中写道：“横看成岭侧成峰，远近高低各不同。”描写是作者游山所见，从正面和侧面看庐山山岭连绵起伏、山峰耸立，从远处、近处、高处、低处看庐山，庐山呈现出各种不同的样子 。庐山是一座丘壑纵横、峰峦起伏的大山，游人所处的位置不同，看到的景物也各不相同。这两句诗概括且形象地写出了移步换形、千姿百态的庐山风景。

职场人的职业生涯与观庐山更是有太多的相似之处。职业生涯需要从一个更高的角度、更全面的维度去规划和奋斗，要把工作当作事业来经营，同时换角度、换维度去克服工作中的重重心理障碍和阻力，通过自己的努力、勤奋、执着、学习，达到职业生涯的蜕变与升华，最终成为企业中不可替代的人。

启示

财务人员的工作看似简单、重复、枯燥，但应从不同的角度和维度去规划自己的职业生涯，通过不断实践与学习，提升自己的专业能力、沟通能力、抗压能力、情绪管理能力和持续学习能力。只有这样才可以克服工作中的种种困难，从工作中获得快乐，出色工作并获得自我价值的升华，成为企业中不可替代的人。

学习目标

素养目标

- 热爱财务工作，提升沟通能力；
- 具有良好的职业道德，干一行爱一行，树立正确的职业价值观；
- 具有较强的专业能力、持续学习能力，成为企业中不可替代的人。

知识目标

- 掌握资金管理岗位的能力要求，胜任岗位工作；
- 掌握财务核算岗位的综合核算能力；
- 掌握财务人员必备的沟通技巧；
- 掌握财务职场微习惯的内容。

能力目标

- 能熟练掌握资金管理和财务核算基础工作；
- 掌握与领导、同事、下属及客户沟通的技巧，提高工作效率；
- 具备较强的抗压能力和情绪管理能力；
- 掌握微习惯的培养方法，持续坚持学习，努力成为优秀的财务人员。

思维导图

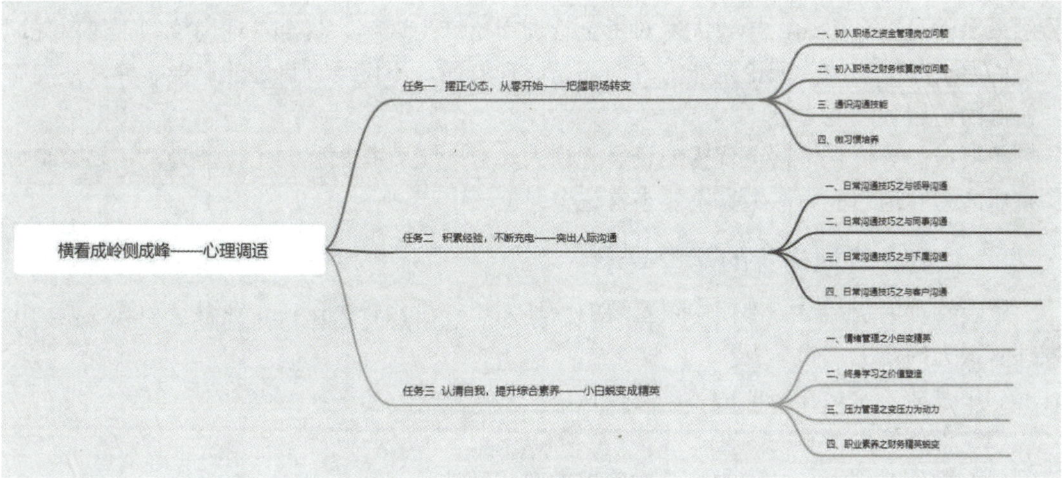

任务一　摆正心态，从零开始——把握职场转变

案例导入

刚刚走出校门，如何快速适应岗位及职场

小赵同学毕业于一所职业院校，学的是财务专业。毕业后，他到了一家民营企业做出纳。刚刚参加工作，他对新的环境和新的岗位有太多的不适应。并且由于职场与学校有很大的区别，他对自己由学生身份转变成员工身份，一时难以适应。如何做好岗位工作？怎样应对枯燥而重复的工作？如何培养良好的工作习惯？如何快速适应环境并提升自己的专业能力？面对诸多疑问和困惑，小赵摆正心态，逐一克服并努力提升自己。

案例分析

对初入职场的财务新人来说，在实际工作过程中，面对大量重复且烦琐的工作，有时会力不从心，甚至会感到迷茫，不知道自己的职业规划如何定位，同时会有一系列的疑惑，如在工作中如何培养微习惯。财务工作是一个由量变向质变转换的过程，在这个过程中，我们要树立正确的职业价值观，在工作中通过不断学习培养良好的习惯，提升自己的专业能力、实践能力、沟通能力。万丈高楼平地起，努力做好当下工作，打好地基。

一、初入职场之资金管理岗位问题

动画

微课

对刚刚离开校园、迈入社会的财务新人来说，接触的第一个岗位就是资金管理岗位。资金管理岗位是会计工作的基础，非常重要，直接关系到核算主体的质量和效率。这就要求资金管理人员要具有高度的责任心，并不断积累经验，为以后的职业晋升打好基础。

大多数人都会片面地认为资金管理就是一项管理企业现金和存款的工作。其实，资金管理是一个大的范畴，设置的岗位主要有资金主管、外汇管理专员、现金出纳。平时大家接触最多的是现金出纳，导致大家对资金管理岗位产生误解。资金管理岗位的工作对任职人员的要求是很高的，无论是能力方面还是心理方面，不仅要有良好的职业素养，还要有非常好的情绪管理能力。

想要成为一位合格甚至优秀的资金管理人员，一定要有很强的工作能力，还要有良好的抗压能力和沟通能力，大家不要小看这个岗位。

（一）资金管理岗位的能力要求

资金管理岗位是财务部门中很重要的一环，工作量比较大，在企业融资和资金调动上发挥着很大的作用。

（1）熟悉资金运作方面的管理与操作。

（2）熟悉资金清算。

（3）熟练掌握财务、税收、金融有关的政策和法规。

（4）具有良好的沟通能力。

（5）具有很强的组织和协调能力。

（6）具有一定的团队合作精神，能承受一定的工作压力。

（二）资金管理岗位常见的困惑与瓶颈

1. 重复性工作过多，就职者眼高手低

资金管理岗位的工作重复且烦琐，但重复是财务工作的常态。作为资金管理人员，我们要更早地认识到这点，否则会因为枯燥且烦琐的工作、频繁的跳槽和抱怨，而整日浑浑噩噩地混日子，对工作提不起一点儿兴趣。

大部分财务新人都把工资看作找工作的第一标准，实则不然。财务工作是一项实践性很强的工作，大部分经验都要在实际工作中积累，刚步入职场应该把学到更多的技能当作求职标准，不能只看眼前利益，要有长远性的眼光，不能眼高手低，这不利于自己的职业发展。

过硬的本领都是重复训练出来的。今天干这个，明天干那个，虽然能让我们始终保持新鲜感，不会因为重复工作产生倦怠感，但是这样我们永远不会成为这个岗位或行业中的精英，只能是一个“一瓶不响，半瓶晃荡”的人。如果你认为重复就等同于枯燥，就是停滞，就大错特错了。通过重复的工作，我们会总结经验，钻研出不同和规律，从而提高工作效率。

2. 现金支付风险较多

资金管理岗位的现金支付风险较多，作为资金管理人员，我们要遵守职业道德，坚持职业操守，不能触碰红线。下面给大家列举 6 条不能触碰的红线，请大家牢记。

（1）禁止白条入账。

（2）禁止出纳兼任违反企业内控制度的职务。

（3）禁止坐支现金。

（4）禁止同时保管财务章和法人章。

（5）禁止公款私存。

（6）严禁监守自盗。

资金管理人员严禁监守自盗

3. 审批签字不全，沟通不畅

在企事业单位或国家机关中，作为资金管理人员，我们经常会接触到各个部门的报销单据。有的报销人员由于马虎或对相关规定不了解，递交的报销单据上的领导审批签字不全，这时候我们就应该严格按照相关规章制度执行，对不符合规定的报销单据坚决予以退回。但作为财务新人，要讲究拒绝的方式和方法，避免给同事留下不好沟通的印象，导致工作沟通不畅。拒绝时要有理有据，耐心跟报销人员解释，不要造成冲突。

4. 报销项目繁多，无法准确归类

报销人员来自各个部门，报销项目繁多，无法准确归类，这也是资金管理岗位常见的问题。这时候就需要资金管理人员提高自身专业水平，对企业业务和国家相关政策了解透彻，准确地把各类费用归类好。例如，同样是餐费，业务人员出差的餐费支出就属于差旅费，用来招待客户的餐费支出就属于业务招待费，用于员工餐的费用支出就属于福利费等。

（三）资金管理岗位职场转变心理调适

资金管理岗位主要和钱及银行打交道，平时的工作重复且烦琐，那么对刚刚离开校园、步入职场的财务新人来说，要如何做好职场转变的心理调适呢？

1. 作为财务新人，必须从心理上转型

初入社会，每个财务新人都充满了对未来的迷茫与期望。刚刚进入竞争激烈的职场，

我们肯定会有很多不适应，这就需要我们完美地从“校园人”向“职场人”转变，为我们的未来打好基础。不能好高骛远、眼高手低，不然很容易被社会淘汰。

2. 摆正心态，戒骄戒躁

在工作中，我们要摆正心态，自己的路怎么走，要有自己的规划。一颗浮躁的心，只会让我们在工作中摇摆不定，觉得别的工作更适合自己，别的部门工资更高，使自己始终不能沉下心来认真学习业务，努力工作。

随着工作时间的延长，在自己还没有完全胜任本职工作的时候就开始惦记别的岗位和工作，这是不可取的。初入职场，作为财务新人，对我们来说最重要的是摆正心态，戒骄戒躁，不断积累经验，多学习充实自己。要知道，你若盛开，蝴蝶自来。

3. 提前规划，努力奋斗

对财务新人来说，首先要做好自己的职业规划，不能“当一天和尚撞一天钟”，那是对自己人生的不负责任。只有做好自己的职业规划，朝着目标努力，才能最终走向职场的巅峰。

保持终身学习是最好的职业规划。好多人都认为学习是学生的事，我们已经有了工作，只要做好本职工作就可以了。做好本职工作是基本，但是在工作期间也要多多学习，努力提升自己的专业技能和其他综合能力，只有这样才能在机遇面前迎难而上，实现自己的华丽转变。

4. 面对诱惑，坚守本心

从走出校门、步入社会的那一刻起，我们就不再是象牙塔里无忧无虑的大学生了，而是独立的社会人。面对社会中复杂的工作环境、人际关系及种种诱惑，要坚守本心，坚持财务人员的职业操守，不爱慕虚荣，禁得住各种诱惑。

（四）资金管理岗位胜任小锦囊

1. 要细心、严谨，要准确把握财务数据

对资金管理人员来说，就要算得准，一分钱也不能差。例如，出纳人员负责企业资金的收付工作，如果在支付款项的时候按错小数点，那可能银行付出去的资金就会十倍百倍地递增，这会给企业带来巨大的损失。或者在付保证金的时候输错客户账户，款项没有按照规定的时间到达对方账户，企业就可能失去一笔大单，导致企业整年的销售业绩惨淡。

2. 熟练运用财务及办公软件

随着科学技术和经济的发展，以及计算机的普及和办公的智能化，社会对财务人员熟练使用财务及办公软件的要求越来越高。“工欲善其事，必先利其器”，只有充分了解并熟练使用各类财务及办公软件，才能使我们的财务工作如虎添翼、简便快速。

3. 养成校验数据的习惯

对资金管理人员来说，数据的重要性就不多言了。认识到了数据的重要性，就需要资金管理人员多花时间研究数据之间的钩稽关系，多花时间反复检查计算结果，以及公式的正确性。

4. 严于律己，拒绝懒散拖沓

所谓“严于律己”，就是严格约束自己。国有国法，家有家规，个人也有个人的“纪律”，这个“纪律”是对自己的高要求，做到自我批评和自我检讨。如果不能遵守个人的“纪律”，那无论是在工作中还是在学习中都会养成懒散拖沓的毛病，进而影响我们的工作进度和学习效果。

测测你的诚信指数

二、初入职场之财务核算岗位问题

熟悉了资金管理岗位，现在我们来了解一下财务核算岗位。财务核算是财务体系的基础模块。财务工作的本质就是收集数据信息，记录企业的每一笔经济业务。财务核算的工作质量影响着整个财务信息系统的质量。

动画　　微课

财务核算工作就是基于会计数据进行分析，在对历史会计记录和现实信息进行分析后，对企业运营的财务数据进行预测和判断，并做出决策。由此可见财务核算岗位的重要性。在会计工作中，财务核算工作必须做到合规合法、高标准化、高效率性，这就对财务核算人员提出了更高的要求。

（一）财务核算岗位的能力要求

1. 熟悉有关财经法律、法规和政策，掌握并熟悉企业经营过程的全貌

财务核算工作讲究遵纪守法、数据准确。大数据时代对数据准确性的要求越来越高，这就要求财务核算人员遵纪守法，不弄虚作假，保证数据的准确性。只有掌握并熟悉企业经营过程的全貌，才能准确地获取数据。

2. 拥有良好的表达能力，能熟练并准确地表达出自己的意思

传统的财务核算人员给大家的印象大多是不善言辞，只会闷头工作。造成这种现象的主要原因是财务核算工作要求谨慎、细致，不能夸夸其谈。但随着社会的发展，财务核算人员与其他人的交流越来越多，如跟领导汇报工作、与客户沟通往来、参加员工培训、进行年终工作总结、开展跨部门交流等，都需要财务核算人员拥有良好的表达能力。良好的表达能力是财务核算人员今后晋升为中层管理人员的一个核心竞争力。

3. 要有良好的学习能力，提升自身的专业能力和管理能力

随着社会的发展，各界对财务核算人员的要求越来越高，只有专业能力是不能满足财务核算工作要求的，还需要具有一定的管理能力，为今后的工作做好铺垫。这就要求财务核算人员要有良好的学习能力，人外有人，只有提升自己的学习能力，不断学习，才能适应财务核算工作的发展。

4. 要有严谨的工作作风和较强的风险意识

财务核算人员要具备财务风险防范和监控能力，只要是跟钱有关的人和事，都要注意。同时，要有严谨的工作作风。小事不留心，关键时刻就会栽大跟头，等到给自己或企业造成严重损失的时候就已悔之晚矣，因此一定要未雨绸缪，从点滴小事上多注意。

（二）财务核算岗位常见的困惑与瓶颈

1. 智能化时代到来，业财税融合做核算

当下，财务核算不是简单的记账和算账，而是在业财税高度融合的背景下做核算，用专业的大数据分析能力为企业提供管理与决策依据。财务核算人员面临从核算型岗位向管理型岗位的转型，以实现企业价值的最大化。

2. 缺乏数据共享，各部门之间的信息不通畅

财务核算工作中数据的重要性不言而喻，但是在实践工作中缺乏数据共享，各部门之间的信息不通畅，这样很容易导致企业决策失误，甚至造成更严重的后果。

只有打破各部门之间的信息壁垒，才能真正实现数据的共享。

3. 相关科目设置缺乏统一性，增加统计工作的难度

会计科目是按照会计要素的具体构成进行科学分类而确立的。会计科目设置的准确性深刻影响经济活动的侧重点和会计信息的准确性。

在财务核算工作中，相关科目设置缺乏统一性，不仅增加了统计工作的难度，也降低了数据和信息的准确性。“凡事预则立，不预则废”，要在工作前做好规划。

4. 数据传递不及时，影响领导决策

在财务核算工作中，数据较多、部分财务核算人员的专业性不足，导致不能及时提供重要的核算数据。另外，数据传递的流程与制度问题，也会导致数据不能及时地传递到需要的部门，严重时可能导致领导的决策出现重大失误。

数据共享，促进决策成功

（三）财务核算岗位职场转变心理调适

1. 强化内功，紧跟时代的步伐

财务核算人员的内功不仅包括精湛的专业技能，还包含较强的心理调适能力。财务核算人员相比其他岗位人员，工作量更大，这就要求财务核算人员要多多学习，积累丰富的经验，提升自身的专业技能，同时要有强大的心理调适能力和坚强的意志力。

2. 保持愉悦的心情，稳定自己的情绪

财务核算岗位的工作重复且烦琐，工作量大。繁重的工作容易让财务核算人员产生厌烦、抵触的情绪，严重时会使人处于沮丧、苦闷的状态，对工作长吁短叹，影响工作的效率和身体的健康。这就要求财务核算人员通过转移注意力、变通等方式保持愉悦的心情，稳定自己的情绪，不要让自己的情绪大起大落。

3. 采用正确的方法，合理宣泄情绪

不好的情绪不是别人造成的，而是自己造成的，因为自己没有管理好情绪，放任情绪发泄，一遇到小事就会情绪爆发，影响自己的心情。所以，不管遇到什么事都要心平气和，让心静下来，做到心脑一致，不要思虑太多，尤其是坏的事情。财务核算人员要加强对心理的控制，提高修养，自我激励，提升认识他人情绪和自己情绪的能力，不断调整自己，不能让情绪控制自己。

4. 善于总结与归纳，并且要具备独当一面的能力

在职场中，要善于总结与归纳。在工作中，大家会遇到各种各样的状况，只要善于总结工作中的经验、吸取教训，在以后的工作中就可以少走弯路。另外，要日积月累，不断提升自己，让自己在职场中成长为能够独当一面的人才。

5. 主动深度思考，注重细节

在职场中，财务核算人员还需要主动深度思考，不能做那个只知道执行的人，要明白领导指令的意图，从被动转为主动，并思考如何做得更好，只有这样才能使自己蜕变为优秀的财务人员。俗话说得好，细节决定成败，只抓全面而不注重细节的工作，到最后只能功亏一篑。财务核算人员更要注重细节，可能一个小数点的错误就会给企业带来一系列的麻烦。

6. 站在管理和业务的角度思考问题，提升财务分析和管理能力

财务核算人员是最基础的财务人员，要想今后有更好的发展，就要培养自己的管理能力。站在管理和业务的角度思考问题，不能简单粗暴地看待问题，而是要提升自身的财务分析和管理能力，以便在今后的工作中迎难而上，抓住晋升时机。机会总是留给那些有准备的人，如果平时没有积累经验，就算有机会也只能遗憾错过。

（四）财务核算岗位胜任小锦囊

1. 在职场中要多留心，珍惜每次学习和成长的机会

在职场中，作为财务新人，有很多事情需要我们去学习，不仅要提升自身的专业技能，还要学习如何处理各种人际关系。职场中不会有人主动指导我们如何去做事，这就要求我们在职场中要多留心，主动学习，抓住一切机会提升自己。

2. 对于领导或同事交代的工作要认真完成，并熟练掌握操作流程，能够做到举一反三

对于领导或同事交代的工作要认真完成，不懂的一定要及时询问，不能自己瞎琢磨，这不仅浪费时间，还会影响工作效率。不要认为领导或同事欺负新人才会给自己这么多的

工作，即使对方是故意刁难，也要把这些当成对我们的磨炼。不能有抱怨的情绪，因为抱怨是没有任何作用的，只能迎难而上，在领导或同事面前证明自己的能力。这就要求我们平时多学习，熟练掌握操作流程，能够做到举一反三。

3. 在职场中要虚心好学，主动承担任务，不抱怨

在工作中，我们会遇到很多领导或同事，有的人更是在工作中遇到了影响自己一生的贵人，从他们身上学到了很多，不仅是工作能力，甚至给自己的一生指明了追求的方向。“三人行，必有我师焉”，这就要求我们在职场中要虚心好学，多多请教，主动承担任务，锻炼自己，不要抱怨工作的重复与烦琐，而是坚信我们会在困境中奋进，最终收获成功。

4. 拔高一级要求自己，克服工作中的重重阻力

在工作中，要拔高一级要求自己，只有站在山顶才能看到远方的风景，偏于一隅只会局限自己。只有接触比自己更优秀的人，按照更高的标准要求自己，才能使自己变得更优秀。我们的前方永远有比我们更优秀、更努力的人，不要让眼前的荆棘困住自己，不要让现在的安逸腐蚀自己的理想，要克服重重阻力实现自己的理想。

5. 充分认识到，只有用心和努力付出才会有收获

“少壮不努力，老大徒伤悲”，这是每个人从小就会背的诗，我们都在心里默默发誓不做虚度光阴的人，但是现实中大多数人最终都成了这样的人。不要假装自己很努力，结果不会陪你一起演戏。只有用心和努力付出才会有收获，不要成为那个假装努力的人。

拓展阅读

责任感创造价值

刘洋出身于书画世家，家里很多亲人在书画上造诣很高。在这样的环境熏陶下，他从小就非常喜欢画国画，期望自己以后能成为一名出色的国画大师，把国画发扬光大。但阴差阳错之下，他考进了某大学的医学专业。虽然他对医学并没有多大兴趣，但是他学得非常刻苦，每学期都名列前茅，受到老师和同学们的夸奖。毕业时，他又被保送到名校继续攻读，并以优异的成绩毕业。

如今，他已经是一位有名的外科医生了。在被人问起这段经历时，他依然很遗憾地说：“如果能再给我一次选择的机会，我还是会选择自己喜欢的国画，但这只是一个美好的假设，现在我会把手中的工作做得更好。”

他的学生问他：“既然您不喜欢自己的专业，又是怎么学得这么棒的？”

刘洋充满自信地表示：“因为我站在这个位置，这里有我应尽的职责，更多的病人从我的手中病愈，获得新生。我的责任感要求我必须认真对待工作，不论是否喜欢，我都需要面对。我没有任何理由潦草应对，必须竭尽全力，这不仅是对自己的工作负责，对病患的生命负责，也是对我自己负责。有责任感的人会更有机会成功。”

好多成功人士并不都是一帆风顺的。很多人都像刘洋这样被安排在了自己不喜欢的领域，但是他们都能勇敢面对，不抱怨、不气馁、不消极应对，而是迎难而上。只有把对工作的责任感扛在肩头，全心全意地投入工作中，才会有所回报，实现自己的人生价值。正

是在这种“在其位，谋其政，任其职，尽其责”的高度责任感的驱使下，他们才取得了令人瞩目的成就。

三、通识沟通技能

测测你的责任心　微课

财务是企业信息的中枢。在企业中，财务人员要跟所有的部门打交道，收集各部门的信息，审批、考核销售部门的业绩。除了企业，财务人员还要跟税务部门、市场监管部门、银行等单位的人员打交道。同时，财务人员又要履行监督的职能，不可避免地会养成严肃的工作作风，给人留下不好沟通的印象。

财务人员要意识到，工作严谨是必需的，但是做人必须灵活，与领导、同事沟通时要将心比心，多换位思考。在履行监督职能的同时，也要提升自己的服务质量，提供优质的服务。在与企业外部人员沟通时，要保持沉稳大方，遇事冷静，提升自身的沟通能力。

财务岗位的特殊性要求财务人员不仅要有精湛的专业技能，还要有良好的沟通技能，掌握沟通技巧，在工作与生活中都能游刃有余，处理好各种人际关系。

（一）沟通的内涵

沟通是不同的行为主体，通过各种载体实现信息的双向流动，形成行为主体的感知，以达到特定目的的行为过程。

沟通的模式有口头语言和身体语言两种，口头语言更擅长沟通的是信息，身体语言更擅长沟通的是人与人之间的思想和情感。对财务人员来说，开展有效的沟通能提升自己的工作效率及工作的准确性。

（二）财务职场沟通的场景

案例场景：

某公司财务部的小丽是一个性格随和、万事不与人争的人，跟公司各部门员工相处得都很融洽，大家也都十分喜欢她。最近小丽却很苦恼，不知道什么原因，同部门的小方老是和自己过不去，不仅让自己多干工作，还在其他同事面前故意指桑骂槐，甚至经常在领导面前诋毁自己。刚开始的时候，小丽觉得多一事不如少一事，忍忍就过去了，可是小方越来越过分。有一天，小丽终于爆发了，找到经理告了小方一状。经理知道后，叫来小方狠狠地批评了他一顿。从此以后两人彻底势不两立，严重影响了工作。

点评：

小丽遇到的问题在职场中经常出现。小丽已经意识到了小方对她态度的转变，这时候应该与小方好好沟通，找出问题的症结并解决，而不是一味忍让，否则只会让事态扩大化。可是小丽却选择了一种最笨的解决方法——找领导告状。领导是批评了小方，但这只会让两人的矛盾更深，并没有很好地解决问题。

（三）财务职场沟通常见的问题

1. 与非财务人员沟通时，专业术语很难被理解

财务工作是一项专业性很强的工作，与财务部门沟通的大多是不了解财务的人员，这就造成了沟通时的麻烦。如果财务人员不能让专业术语变得通俗易懂，那在与相关人员沟

通时就会出现很多问题。例如，在跟领导汇报工作时，用的专业术语较多，领导不能理解，就会造成沟通无效，使领导对财务人员不重视和不信任，导致财务工作无法得到领导的全力支持。

2. 分析财务数据时，只站在财务的角度

受表达能力的限制，虽然财务人员对数据了然于胸，但是表达不出来，没有说服力，导致与同事或其他部门主管之间沟通不顺畅。这就要求财务人员在提交财务数据、报表或进行财务分析时，要站在管理者的角度分析数据，根据各部门的需求让财务数据真正地发挥作用。

3. 缺乏专业素质和沟通能力

财务工作是繁重的，沟通不到位，很容易导致工作抓不住重点、工作效率低下。这就要求财务人员提高自身的专业素质和沟通能力。只有具备较高的专业素质和沟通能力，才能助力财务工作，减少因为工作繁重导致财务人员压力大、情绪失控的情况出现。

4. 沟通不到位，延伸影响很大

沟通不到位，会导致客户需求不能得到满足，严重影响企业的经营。在现实工作中，经常出现因为财务工作做得不到位，导致企业损失大客户的情况。财务人员要站在客户的角度去思考，提升与客户沟通的能力，实现企业价值与客户利益的共赢。

（四）财务职场沟通小锦囊

1. 听

倾听是沟通过程中主动参与的过程，在这个过程中，人必须思考、接收、理解信息，并做出必要的反馈。同时，倾听的对象不仅局限于声音，还要注意沟通对象的手势、面部表情、眼神及情感等。倾听的要点如下。

（1）专注于说话者的主要观点。

（2）复述说话者所传递的信息。

（3）不要轻易打断他人的讲话。

（4）及时给予对方回应。

（5）在倾听时，及时记录重要的问题和数据。

2. 说

说话是用语言表达意思，是最常见的口头沟通，包括演说、正式的谈话、访谈及非正式的讨论。说话的要点如下。

（1）根据对方的身份、职业、知识水平、性格等确定自己的说话方式。

（2）礼貌为先，尊重别人就等于尊重自己。

（3）与非专业人士沟通时要用通俗易懂的语言。

（4）谈吐得体，适当配合身体语言，沟通效果倍增。

3. 问

在职场中，提问往往是交谈的起点，是把话题引向深入的方式之一。因此，会不会问，

该怎么问，问什么，都直接影响着沟通效果。提问的要点如下。

（1）明确自己的提问需求。

（2）注意提问的场合。

（3）了解提问对象的身份、职业、知识水平等。

（4）提问简明扼要，便于对方理解和回答。

（5）及时给予对方回应或肯定。

（6）及时记录专业数据。

4. 答

回答是沟通过程中的重要环节之一，有效的回答建立在对提问者的诉求了解的基础之上。回答的要点如下。

（1）有问必有答，有针对性地做出回答。

（2）专业问题用专业术语答。

（3）及时回答，减少与提问者的误会。

（4）财务专业问题、机密问题谨慎回答。

（5）企业商业机密避而不答。

测测你的沟通能力

微课

动画

四、微习惯培养

好习惯成就好人生，某大学的一项研究表明：我们的行为中大约有 48% 源于习惯。其实，习惯比这 48% 的比重代表的含义更重要，因为习惯是不断重复的行为，而且大部分每天都在重复。从长远看，这种不断的重复叠加起来，要么收益颇丰，要么贻害无穷。

（一）微习惯解读

微习惯是一种非常微小的积极行为，需要每天坚持完成。微习惯太小，小到不可能失败！正是因为这个特点，微习惯不会给我们带来任何负担，反而会成就我们的精彩人生。

微习惯基本上就是习惯经过大幅压缩的版本——把“每天读 30 页书”缩减成“每天读 5 页书，甚至只读 1 页书”，把“每天坚持学习视频课程 2 小时”缩减成“每天坚持学习视频课程 20 分钟”，等等。

按照微习惯策略行动，就是运用少量的意志力强迫自己做一件事。利用微习惯做事，你会收获巨大的惊喜。首先，在完成你的微目标之后，你很可能继续完成“额外环节”。其次，即使你没有超额完成微目标，你的行为也会慢慢发展为微习惯。之后，你会完成“额外环节”或逐步提升微习惯，还会接连不断地收获成功。

因为微习惯太小不至于无法完成，所以你不会因为未完成而产生消极情绪，如挫败感、失落感等。因为设定的微目标能轻易实现，而且自带强大的螺旋状激励机制，所以微习惯能跻身少数可以切实保证每天成功的目标策略的行列。

总结一下，微习惯就是强迫自己每天做微不足道的积极行为。微习惯每次都能有效果，而习惯来自坚持。

（二）如何培养微习惯

每个人在生活和工作中都有自己喜欢做、想坚持做的事情，但是往往由于缺乏毅力而无法坚持下来，如坚持锻炼、坚持学习等。如何通过微习惯来坚持，并获得意想不到的收获呢？下面介绍一下微习惯培养的八步法。

第一步，选择适合自己的微习惯。

把自己在某一时刻想拥有的习惯或想完成的任务列成一张简单的清单，重要的习惯和任务会很快浮现在你的脑海里，这将成为你在第一步的参考清单。之后，可以一次设定多个微习惯，因为微习惯对意志力的消耗很少，而且非常灵活，只是在初始难度和超额完成量方面有所不同。建议最初设定的微习惯数量不超过五个。下面给大家列举三种微习惯计划。

（1）每周弹性计划。把自己的计划或任务拆分成以周为单位的时间段，再把微习惯分配在一周的每天。做完每周弹性计划后，针对微习惯进行评估：自己有没有感到筋疲力尽？是否发现自己每天都能超额完成微目标？完成这些微目标是否很轻松，让自己很有收获感？是否渴望培养更多好习惯？如果上述评估你认为都能达到并符合，那你可以继续专注一个微习惯或增加更多微习惯。

（2）单一微习惯计划。对于自控力较差的人，可以试着制订单一微习惯计划，数量仅为一个。这需要你把所有的注意力都放到一个计划上，因此成功率相当高。这一计划可以帮助自控力很差的人提升自控力。增加新的微习惯总是很轻松，但要切记分清主次，制订一个主要计划，放弃一个次要计划。

（3）多项微习惯计划。经过单一微习惯的培养，可以尝试制订多项微习惯计划。该计划中的每个微习惯都很小，每天完成所有微习惯只需要少量的意志力和自律意识。你的微习惯的理想数量是多少，在很大程度上取决于每个微习惯的难度。

建议大家把想要培养的微习惯缩小，直到小得不可思议。把想法变小和把微习惯变小一样重要。你必须像接受完整目标那样接受微目标，这就意味着如果你实现了微目标，今天你就成功了。

第二步，深度挖掘每个微习惯的价值。

列好微习惯后，问问自己为什么要实现它们。多问几个“为什么”，不断问下去，直到形成循环和重复，以便找到核心。想让这个方法奏效，就必须深度挖掘。

举例说明：我想每天早上 6 点起床。为什么？因为成功人士好像都是这么做的。为什么成功人士都这么做？因为早睡早起可以让人养成好的作息习惯，同时可以利用早起的时间学习。长久坚持下去，我会变得越来越优秀！

第三步，建立微习惯依据。

微习惯的常见依据有两种：时间和行为方式。如果根据时间来选择微习惯，就是：“我打算每周一、三、五晚上学习一小时。”如果根据行为方式来选择微习惯，就是：“我打算每天吃完晚饭半小时后锻炼身体。”职场人士根据时间来选择微习惯通常效果较好。

人们在做决策时有两种思维状态：一种是权衡各种选择的状态，叫慎重心态；另一种是决定行动的状态，叫执行心态。你的目标是进入执行心态层面，而不是被困在慎重心态层面。建立微习惯依据能帮你跨越慎重心态层面，更快地进入执行心态层面。“执行意向”

指提前对自己将在何时和如何做某件事做出决定，而微习惯依据正是它的关键因素。

第四步，设定回报机制，以奖励提升成就感。

为了能够使微习惯坚持下来，一定要设定回报机制。如果在坚持微习惯的过程中加入一个切实可行的回报机制，就能提高微习惯的执行力。例如，你的微习惯是每天坚持读10页书，当你读到一半的时候，奖励自己一块甜点、奖励自己去看一场电影、奖励自己出去吃一顿超级想吃的自助餐……这样做不但使微习惯坚持下来了，还有了小奖励或回报，自己会更有成就感，同时会为了得到回报而继续坚持，甚至挑战更多的微习惯，以成就更优秀的自己。

第五步，动态记录与追踪完成情况。

当你想到某件事时，立刻把它写下来，就意味着把它提升到了比其他想法更重要的位置。一项研究显示，把想法（无论是积极的还是消极的）写在纸上时，会让其在大脑中更加突出，而打字就不具备同样的效应，一定要手写才能将其重要性放大。把自己设定的微习惯设置成表格，每天把完成情况记录下来，晚上临睡前再检查自己是否完成。从一开始就写下你的微习惯，然后随着计划进展检查进度，这两件事对你的成功极其重要。不要跳过任何一步，要认真记录与追踪微习惯的完成进度和情况。

第六步，微量开始，超额完成。

这一步很重要，一定不要设置太高的目标和太多的习惯，要从微目标、微习惯开始。这样，每次完成微习惯时，你都会有很大的成就感，从而促使你继续坚持并设置更多的微习惯，同时增强你的意志力。

第七步，严格执行计划安排，摆脱高期待值。

期待值是生活中一种复杂的东西。经常对自己有较高的期待值是很有价值的，因为这能提高你的目标上限。你要把期待值和精力放在坚持完成目标上，而不要对任务量抱有较高的期待值。任何事情成功的最强大武器就是坚持，这是让行为转变成习惯的唯一途径。

第八步，留意微习惯养成的标志。

在执行微习惯的过程中，要留意自己的进步及潜移默化的改变。微习惯养成的标志一般包括完成微习惯前没有抵触情绪、行动时无须考虑、不再担心完不成微习惯、完成微习惯变成常态化。

（三）如何培养财务职场微习惯

在财务职场工作中，我们应从学习成长与工作方法两个方面培养微习惯，并坚持执行。

1. 财务职场——学习成长篇微习惯养成记

终身学习是一个优秀财务人员的必备习惯，所以步入职场后的第一件事，就是要制订学习成长篇的微习惯计划。具体可以从以下几个方面展开。

1）每天浏览一次税务局网站或财税公众号

财税不分家，税收政策及法规是财务人员进行税务处理的准绳。在大数据时代，更应该多关注税务局网站或一些正规的财税公众号，学习最新的税收政策、细则或问题解答。税务局网站或财税公众号里面都是一些财税“大咖”对财税政策的解读及运用，所以一定要坚持每天浏览一次税务局网站或财税公众号，日积月累，能给自己的工作带来很大的帮助。同时，及时关注税收政策，也能避免工作出现失误。

2）每天阅读并学习一条会计准则

会计准则是会计科目设置、账务处理等财务相关工作的“字典”。每天阅读并学习一条会计准则，有利于提升自己的专业水平，并且通过长时间的坚持，将这些会计准则熟记于心，对自己的专业能力提升有很大的帮助。

3）每天总结并学习一条优秀前辈的工作方法或成功经验

经验是最好的老师，多向优秀前辈学习工作方法或成功经验，可以使自己少走弯路、少犯错误。同时，可以将学习到的工作方法或成功经验提炼并总结成一套工作流程，这样对自己和所在部门的工作都有益处。

4）每天学习一条企业的管理制度或业务流程

财务是为企业提供核算及管理决策服务的。在业财税融合时代，只有深入了解企业的管理制度及业务流程，并将其融入财务核算和财务管理中，才能最大化地发挥财务人员的工作职能和价值。

5）每天看一次专业书籍

专业书籍有财务数据分析类、账务处理类、股权架构类、纳税筹划类等，只要与财务相关的书籍或资料都值得财务人员每天坚持阅读并学习，同时可以运用到实际工作中。

2. 财务职场——工作方法篇微习惯养成记

运用好的工作方法可以达到事半功倍的效果，而缺乏好的工作方法则会事倍功半，甚至差错百出，给企业造成损失。可以从以下几个方面制订工作方法篇的微习惯计划。

1）每天总结工作日志，及时跟进工作进度，并记录在册

现在很多企业都是软件办公化，每天下班前要及时总结工作日志，如一天的工作内容和成果、自己的不足、需要汇报的问题及明天的计划，对于待办的工作要及时记录进度和完成情况，有特殊情况需要沟通或协调的要及时向相关同事、领导或部门反映，不能积压问题。

2）数据核对三遍以上，票据、资料、印章及时入柜

财务人员每天都和数据打交道，对于所有数据的记录或确认都要养成好习惯，核对三遍以上。一些专用票据、资料、印章要做到随取随拿、随拿随归档，避免因为工作疏忽而遗失，或者浪费时间寻找。

3）及时记录并确认领导交代的任务，完成后及时汇报

对于领导交代或需要协作完成的任务，要随时沟通办理进度、完成情况，不要做没有过程的执行者。很多财务人员由于不善于表达，总是做默默无闻的工作，缺乏和领导或同事间的沟通，导致工作完成不理想、协作不顺畅。养成认真记录工作过程、及时汇报工作进度的微习惯，对财务工作很有帮助。

（四）财务职场微习惯培养小锦囊

（1）满意自己的每次进步。

（2）经常奖励自己，尤其是在完成微习惯之后。

（3）感到强烈抵触时，后退并缩小目标。

（4）提醒自己完成这件事很轻松。

（5）用多余的精力超额完成任务，而不是制定更大的目标。

任务二　积累经验，不断充电——突出人际沟通

案例导入

职场中沟通能力很重要

小王参加工作两年有余了，他的专业能力逐渐提升，但是人际沟通的困惑始终难以突破。在实际工作中，他会与不同角色的人沟通，如领导、同事、下属、客户。在与领导沟通时，小王会有紧张情绪，不能正确表达与领会领导的指示；在与同事沟通时，由于工作任务重，所以他的情绪不太稳定，有时不能很好地处理同事间的关系；在向下属分配工作任务时，下属不能正确理解任务内容，导致任务未完成；在与客户沟通时，面对客户的一些业务需求，他总是不能很好地进行沟通，导致客户不满意。

案例分析

人际沟通在职场中的地位不容小觑。在实际工作中与不同角色的人沟通时要注意方式、方法及原则，应始终秉承一个宗旨："以企业利益为主、以诚相待、诚信为本、讲究方法，做到有效沟通、高效沟通。"

一、日常沟通技巧之与领导沟通

动画　微课

每个人在职业生涯中获得成功的因素有很多，沟通能力就占了相当高的比例。不得不说，在职场中，沟通是必备的能力。与领导沟通得当，可以获得领导的赏识和认可，从而获得更多的发展机会。然而，很多人即使工作了很多年，每次见到领导仍会紧张到不知道该说什么好，直言沟通太难。

沟通方式不必烦琐，尤其是与领导沟通，要掌握一定的方法和技巧，只有这样才能使沟通更高效。

（一）财务职场中与哪些领导沟通

职场沟通的对象包括领导、同事和下属等，对象不同，沟通技巧也有所不同。财务人员主要面对的领导有财务部门主管、其他业务部门主管、各部门经理、总经理、董事长。

（二）与领导沟通的基本原则

1. 正确领会领导指令

在与领导沟通时，对于领导交代的工作，要注意倾听、及时记录，有什么问题及时沟通，以便更好地开展工作，圆满地完成领导交代的工作。会错意，有误解也不沟通，按照

自己的想法做，这样下去只会错得更加离谱，不仅得不到领导的认可，反而会让领导觉得我们的执行力太差。

2. 工作为主，尊重权威

财务人员与领导的关系主要是工作关系。财务人员是领导的参谋、企业的管家，在与领导沟通时应从职业角度站位，从工作出发，以做好工作为沟通的要义，在任何时候、任何问题上，都要为了工作，一切以企业的利益和全局角度为主。上级居于领导地位，在面对领导时，不能没大没小，在跟领导说话时要注意自己的语气，用委婉的方式表达，本着对工作高度负责的态度，及时向领导汇报工作。

3. 谦虚谨慎，礼貌大方

在与领导沟通时，一定要谦虚谨慎、礼貌大方。文雅、和气、宽容的语言不仅沟通了人们的心灵，更反映出一个人的文化修养。“君子不失色于人，不失口于人”，说明有品德的人待人应该彬彬有礼，不能态度粗暴，也不能出言不逊。领导作为上级，在与其沟通时要始终保持文明、礼貌、谦逊、大方。

4. 坦诚相待，值得信任

在工作中，要想赢得领导的肯定和支持，很重要的一点就是让领导感受到我们的坦诚。工作中的事情不要对领导有所隐瞒，要以直率、坦诚的态度与领导交流，这样领导也会觉得我们值得信任，并以一种真心交流的态度与我们相处。人是具有强烈感情色彩的动物，只有给领导留下了坦诚的印象，他才能对我们产生信任，放心把工作交给我们。只要能以真诚待别人，就会得到别人的坦诚相待。

5. 多用陈述句和判断句，避免用转折句

在与领导沟通时，避免用转折句，多用陈述句和判断句。当领导交给我们一项工作时，如果我们认为这项工作完成有难度，那在表达时应尽量避免用转折句，如“但是”“不过”，而是把这个转折句改为陈述句或判断句。领导其实喜欢做选择题，不喜欢做问答题，更不喜欢听到各种转折句。因为转折句在某种程度上会让人认为自己在找借口推脱，所以还不如把转折句直接改为陈述句或判断句。这点很重要，领导喜欢遇到问题找解决办法的员工，想听到我们说“我认为怎么做”，而不是只会问“我该怎么做、我该做什么”。要有解决方案，而不仅是提出问题。

（三）与领导沟通的方法与注意事项

1. 提前准备，掌握重点

没有准备的行动，只会导致自己像无头苍蝇那样，使一切陷入无序的状态，最终导致行动失败。在与领导沟通前一定要做好准备工作，掌握事情的重点，只有这样才能取得良好的沟通效果。

2. 选准时机，掌握时间

在与领导沟通时，要选准时机、掌握时间。领导给我们的时间是有限的，我们要在有限的时间里让领导准确地领会自己的意思。同时，要选准时机，不要总是等着领导找自己，

有时需要主动抓住时机向领导汇报。

3. 清楚角色，准确定位

正确认识自己的角色，清楚自己的定位，真正做到出力而不越位，这是处理好上下级关系的一项重要艺术。决策是领导活动的基本内容，不同层次的领导的决策权限也不同。如果上级的决策由下级做出了，这就是不清楚自己的定位、越位的行为。一个人对某件事的基本态度，往往与其特定的身份相关联，超越身份胡乱表态，就是不清楚自己的定位。有些工作应该领导去做，而下属抢先去做，这不仅是工作越位，而且容易出错，给企业造成不好的影响。在一些重要场合更应该突出领导的身份，如果下属抢风头，就是场合越位。所以，在与领导沟通时，一定要清楚自己的定位，不要做出一些令人反感的事。

4. 适度沟通，多说无益

沟通既不能“不及”，也不可“过分”，要与领导保持在一个有利于开展工作的氛围内，创造和谐的工作环境。不要频率过高地沟通，否则只会对领导的正常工作造成干扰，也会让领导认为我们缺乏独立工作的能力，没有主见；也不要频率过低地沟通，否则既不利于开展工作，在一定程度上也会影响个人甚至整个团队的发展前途。要学会适当捧场，但这并不是无原则的套近乎，做事要有一定的立场和观点，不能一味附和。

5. 多专注工作，少搬弄是非

在与领导沟通时，不能搬弄是非。很多人背地里对同事有意见，就想借着汇报工作的机会，向领导举报某人，背后说人坏话，这本身就是错误的行为，而且显得举报人的格局很小。流言蜚语在职场中是杀伤力极强的武器。经常搬弄是非，看似是为了企业的发展提出问题，实则这种经常打小报告的行为会让领导认为我们小肚鸡肠、没有格局、不识大体。在与领导沟通时，要专注自己或团队的工作汇报，少涉及个人私事和与同事之间的恩恩怨怨。平时也要多提升自己的业务能力，少聊八卦。

（四）与领导沟通小锦囊

（1）主动沟通，消除恐惧。
（2）简明扼要，层次分明。
（3）专业术语，通俗易懂。
（4）语速得当，声音洪亮。
（5）姿态大方，表情自信。

拓展阅读

带着答案问问题

作为财务人员，你即将和领导一起去出差，需要针对订酒店的问题征求领导的意见。
第一次你去找领导。
你：“领导，我们订什么酒店？”
领导：“你问我，我问谁！”

领导的眼皮都没有抬，你的心里一定非常难受。

第二次你兴冲冲跑到领导办公室。

你：“领导，我们是订 A 酒店还是订 B 酒店？”

领导：“都行。”

你一脸蒙，这不等于什么都没说吗？

正确的“打开方式”应该是：

你：“领导，咱们初步计划订五星级酒店。同样的场地面积和使用时间，A 酒店报价 3000 元，B 酒店报价 3200 元。其中 A 酒店包括茶歇，其余不包括，B 酒店的房间有点紧张，可能不能容纳所有随行人员入住。评估下来，我推荐 A 酒店！”

领导：“听你的！”

领导终于抬起了头，露出一丝微笑。

当然，在实际工作中还会有更多细节需要罗列，做综合对比，领导很有可能针对某些细节继续追问，但只要你能够将调研工作提前做好，将每个方案的优势、劣势罗列出来，并提出自己的建议，等领导综合评估后，最优方案就会脱颖而出。

自信心测试

二、日常沟通技巧之与同事沟通

动画 微课

同事是与自己一起工作的人，不仅是潜在的竞争者，也是天然的合作者。这是一种微妙的人际关系，既渴望合作，又警觉竞争。俗话说：“职场如战场。”如果同事之间关系融洽，就会感到心情愉快，有利于工作顺利进行；如果同事之间关系紧张，发生摩擦，就会影响正常的工作和生活。有效的沟通是与同事建立良好关系的桥梁，因此在与同事相处时，应特别注意沟通艺术。

（一）财务职场中与哪些同事沟通

企业是由众多员工组成的，按照工作性质的不同分为多个部门。由于财务岗位的特殊性，所以财务人员平时与各部门同事的沟通也很多。

财务人员主要面对的同事有同部门的同事、其他部门的同事，如产品部的同事、物流部的同事、销售部的同事、行政部的同事、技术支持部的同事和后勤部的同事等。

（二）与同事沟通的基本原则

1. 尊重为本，仁者敬人

古人云：“敬人者，人恒敬之。”每个人在内心里都渴望得到他人的尊重，但只有尊重他人才能赢得他人的尊重。尊重他人是做人最起码的道德，也是处理同事关系的基础。因此，在职场中要想得到同事的尊重，就必须先尊重同事的个人隐私、工作方式和劳动成果，尊重同事在整个团队中的地位和作用。

2. 换位思考，沟通顺畅

同事之间由于生活环境、性格、认知、修养、立场等方面的差异，处理问题的思路与方法也不尽一致。面对这种差异，不要过度争论，要通过换位思考进行“双面考虑”，冷静下来分析问题。我们要做的是以最佳方案解决问题，切勿各执己见、一争高下。我们应学会容纳和认真对待与自己意见相反的声音，从事情的方方面面考虑，充分理解对方，并且能够站在他人的立场思考，心平气和地沟通并化解矛盾，始终朝着客观的发展方向前进，求同存异、相互谦让，从而获得有效的沟通。

3. 以诚相待，工作为重

只有真实、诚恳地与同事沟通，才能激起思想和情感的共鸣。真诚待人并不需要做出很大的事情，日常生活中的小举动往往更能体现一个人的内心。以诚相待，我们收获的不仅是好的同事关系，还有工作效率的提升。反之，如果当面一套，背后一套，或者说一套，做一套，就会失信于人，引起反感。在日常工作中，既要尽己所能做好本职工作，也要团结同事提高效率，一切应以工作为出发点，不私下议论同事、搬弄是非，影响团结。

4. 团队协作，分享成功

每个人都不是单独的个体，我们每天都会与同事协同工作。如果工作中表现突出，受到奖励，千万别独享光环，越是站在鲜花和掌声中，越要更加谦卑。因为一个人的力量有多大，不在于他能举起多重的石头，而在于他能获得多少人的帮助。没有人可以独自成功，成功需要同事之间的相互支持、相互沟通、相互协助，共赢是大家共同努力的结果。只有始终抱着分享和感恩的心，才能赢得同事的好感与支持，用真诚和感恩化解矛盾，以团结和合作迎接成功。

5. 目光长远，顾全大局

由于工作关系与同事进入同一集体，在工作中不要只顾眼前的利益，而忽略了集体的战略目标，要目光长远，以大局为重。人非圣贤，难免会被一时的利益迷惑，这就要求我们无论何时都要有集体和大局意识，懂得权衡利弊，懂得取舍。舍小利而为大谋，立足现实，把目光放长远，勿因小利坏了最终的目标，时刻与集体荣辱与共，不为自身小利损害集体大利。

（三）与同事沟通的方法与注意事项

1. 财务数据，禁止泄露

财务人员掌握着企业的重要财务资料和数据，无论与同事关系多么亲密和友好，也要遵守保密原则，禁止泄露企业机密和数据。

2. 保持距离，客观公正

过密则狎，过疏则间。只有同事之间保持适当距离，为人处世才可能客观、公正。搞好职场关系并不等于无话不谈、亲密无间。

3. 坚持原则，保持底线

正确识别沟通的目的，坚持财务报销制度和原则，保持好财务人员应坚守的底线。

4. 面带微笑，善用身体语言

发自内心的微笑会传递愉悦的心情，适当的身体语言会拉近彼此的距离。

5. 积极主动，多交流勤沟通

在日常工作中，要积极主动地与同事沟通，避免因沟通不到位影响工作进度，造成沟通不顺畅。

6. 跨部门沟通，语言通俗化

与跨部门同事沟通时，涉及费用报销、数据统计、库存出入库等，可以用一些通俗易懂的语言进行沟通，避免沟通信息不对称，影响工作效率。

（四）与同事沟通小锦囊

（1）主动沟通，直接表达。

（2）善于倾听，适当赞美。

（3）客观公正，保守机密。

（4）保持距离，体谅他人。

（5）重视合作，化解矛盾。

拓展阅读

说话是沟通的途径

一个善于说话的人，可以让同事乐于和他交往，让团队沉浸在团结协作的气氛中，这也是成功的保证。

古语有云：“一言可以兴邦，一言可以丧邦。”

著名作家朱自清说：“人生不外言动，除了动就只有言，所谓人情世故，一半是在说话里。”

在今天这样的信息时代，交流思想、接洽事务、交换信息、传递情感、传授技艺、交际应酬都离不开沟通。沟通需要技巧，更是一门艺术。我们每天和同事、领导、朋友之间难免要沟通。说什么、怎么说，什么话能说、什么话不能说，都应“讲究”。一句恰如其分的沟通，能够改变一个人的命运。在沟通的过程中，很多人的立足点和出发点是好的，但由于不注意沟通技巧，往往导致无谓的误解和争端，甚至影响团结。

有位心理学家和人际关系学家说过，沟通的最高境界是：“说要说到别人很愿意听，听要听到别人很愿意说。”所以在沟通中，一定要掌握说话的艺术。学会说话非常容易，基本上两岁以上的孩子都会说话，但学会说别人爱听的话可不是一件容易的事。在生活中，你知道该怎么说话吗？把握以下一些原则，做一个讲究说话艺术的人吧。

急事，慢慢地说；大事，清楚地说；

小事，幽默地说；没把握的事，谨慎地说；

没发生的事，不要胡说；做不到的事，别乱说；

伤害人的事，不能说；讨厌的事，对事不对人地说；

开心的事，看场合说；伤心的事，不要见人就说。

与同事沟通能力指数

三、日常沟通技巧之与下属沟通

与下属的沟通，绝对不是简单的聊天、谈工作。作为领导，必须了解下属的观点、态度和价值观，只有这样才能通过沟通充分调动下属的积极性，使他们的潜力得到最大限度的发挥。

动画　微课

（一）与下属沟通的场景

案例场景：

因公司业务发展，需派人去公司登记机关办理增加经营范围“室外装饰设计”的业务。

李主管告知小谢去办理业务。小谢办完回到公司，李主管问：“小谢，今天业务办得顺利吗？”

“非常顺利，”小谢兴奋地说，“资料都已提交。”

“不错，这么快就办完了业务，”李主管说，“是按咱们将要承接的室外装饰项目增加的吗？”

“我加的是‘室内装饰设计’，”小谢兴奋的表情消失了，取而代之的是惶恐的表情，“当时您说增加装饰设计的业务，公司登记机关处只能增加‘室内装饰设计’，‘室外装饰设计’不给加。”

点评：

与下属进行有效的沟通，无论是对组织还是对个人都具有十分重要的意义，既能准确表达自己的意愿，又能提高工作效率，形成积极互动。

（二）与下属沟通的基本原则

1. 知人善任，人尽其才

在与下属沟通时，应充分了解其个性特征、工作能力等，从“定规”和“关怀”两个维度制定适当的方法，从而使“关心生产”和“关心人”这两个基本要素在不同程度上结合。

2. 沟通交流，协调发展

没有沟通就没有了解，就不能全面、整体、有效地掌握工作进度，不能对工作进行整体评估。在与下属沟通时，应协调各部门、各要素协同合作，使企业成为一个整体。

3. 调动积极性，激发潜力

与下属的沟通，绝不是聊天和谈工作这么简单，因为与下属沟通最大的目的，就是通过沟通充分调动下属的积极性，最大限度地激发下属的潜力，只有这样才能达到惊人的效果。

4. 真诚待人，主动沟通

在很多企业中，一些管理者喜欢以一种居高临下的姿态管理自己的下属，来显示自己的权威，以为这样就可以让下属对自己言听计从，从而好好工作。其实，这并不是正确的做法，表面的服从不能从根本上解决问题。常言道：精诚所至，金石为开。只有带着真诚去沟通，真诚地说出心里话，才能敲开对方的心门，取得下属的好感。作为领导，需要放下所谓的领导架子，主动亲近自己的下属，让下属感受到自己真诚的态度，只有这样下属才敢于与领导沟通，从而上下齐心，走向更好的发展。

5. 尊重人格，包容下属

无论发生什么事情，都不要触碰下属的自尊心。每个人的生活环境和文化背景不同，处理问题的方式也不尽相同。作为领导，要以德服人，学会尊重下属的想法，包容不同的声音，开发下属的潜能，让企业拥有多方面的人才。下属就是与领导一起奋斗的伙伴，只有双方相互尊重才是有效交流和沟通的前提。

6. 开放心态，了解事实

对待任何事情，都要耐心沟通，不要过早对该事件定性，不要过多指责下属的过错，多用事实性语言描述已发生或将发生的事情。同时，将这件事带给自己的感受切实告诉下属，指导下属选择一种既好接受又有利于解决问题的方式，这样既能赢得下属的感激和信任，还有利于沟通的顺利进行。

（三）与下属沟通的方法与注意事项

1. 平等交流，语调温和

刚开始沟通可以先聊几句家常或开一些善意的小玩笑，以消除对方的拘束感，之后慢慢引入正题。在讲述自己的观点时，要动之以情，晓之以理，切不可咄咄逼人，还要音量适中、语调温和、态度和蔼，动作幅度不宜过大，多采用平等的姿态去沟通和交流。

2. 认真倾听，适时提问

优秀的领导应具备善听的能力和一针见血提问问题的能力。通过听来的信息，明确信息的所有内容，了解下属的心理，再通过询问，引导对方表达内心真实的意见，建立相互之间的好感。在沟通的过程中，要表现出兴趣，先不要急于否定，要全神贯注地倾听，不要随意插话打断。当发现对方有所遗漏时，要直截了当、言简意赅地提出问题。

3. 换位思考，体谅下属

孔子说："己所不欲，勿施于人。"这正是其推己及人，从对方角度看问题而得出的结论。作为领导，在遇到冲突时如果能置身于下属的立场分析问题，从下属的前提、假设和观点出发进行逻辑推演与理性论证，就会给人留下善解人意、体察入微的好印象，更具极强的说服力。所以，作为领导，要学会换位思考，经常深入基层开展调研，及时了解和掌握下属的思想动态及工作需求。

4. 适时沟通，营造氛围

人与人之间感情的建立往往在于长时间的交流与沟通，与下属之间的关系也是如此。由于上下级关系的存在，有的下属在与领导沟通或汇报工作时很拘谨，这时领导一定要放下架子，选择合适的时间、场合及对方感兴趣的话题，以诚恳谦虚、含蓄委婉的语言与和蔼可亲、平易近人的姿态主动寻求沟通，营造氛围，这样对方的戒备心理就会减弱，更有利于沟通。

适时沟通，营造氛围

5. 注意措辞，有效沟通

在一个组织中，每个人对同样的话会有不同的理解，而如果领导在传达命令时注意不到这种细节上的差别，以为自己的话能被他人恰当地理解，就会造成沟通错位。良好的措辞可以让下属绝对理解自己所表达的意图，省去相互猜测的时间，以便迅速营造到位的沟通氛围，帮助自己成功地达到沟通目的。

6. 巧化矛盾，大局为重

日常工作中的协调、合作，要齐心协力，从大局出发。虽然双方在各自的利益上产生了纷争，但当双方均以集体利益为重时，心中的怒气就会化为乌有。

（四）与下属沟通小锦囊

（1）怀着真诚的态度，不是走过场。

（2）主动营造沟通的良好氛围，不咄咄逼人。

（3）发生冲突时，可以去舒适的场合调解。

（4）站在下属的角度考虑问题，换位思考。

（5）陈述事实，给出方案。

拓展阅读

四言

一位少年去拜访一位年长的智者。少年问：“我如何才能变成一个自己愉快，也能给别人带来愉快的人呢？”智者望着他，说：“孩子，在你这个年龄有这样的愿望已经很难得了。我送给你四句话。第一句话，把自己当成别人。你能说说这句话的含义吗？”少年回答：“是不是说，在我感到痛苦的时候，就把自己当成别人，这样痛苦就自然减轻了；当我欣喜若狂之时，把自己当成别人，那些狂喜也会变得平和一些。”智者微微点头，接着说：“第二句话，把别人当成自己。”少年沉思了一会儿，说：“这样就可以真正同情别人的不幸，理解别人的需求，并且在别人需要的时候给予恰当的帮助？”智者两眼发光，继续说：“第三句话，把别人当成别人。”少年说：“这句话的意思是不是说，要充分地尊重每个人的核心领地？”智者哈哈大笑，说：“很好，很好。第四句话，把自己当成自己。这第四句话理解起来太难了，留着你以后慢慢品味吧。”少年说：“这四句话之间有许多自相矛盾之处，我用什么才能把它们统一起来呢？”智者说：“很简单，用一生的时间（第四句话是总结上面的）。”少年沉默了很久，然后叩首告别。后来，少年变成了青壮年，又变成了老人。再后来，在他离开这个世界很久以后，人们还时时提到他的名字。人们都说他是一位智者，因为他是一个愉快的人，而且给每一个见到过他的人带来了愉快。

总结一下：人的一生会遇到很多事，在遇到挫折和困难时，把自己当成别人便能走出去，从而减轻痛苦；相反，在高兴时，把自己当成别人便能保持平静，从而平衡心态，不让胜利冲昏自己的头脑。把别人当成自己，遇事站在他人的角度去思考，将心比心，要真正同情和理解别人，给予适当帮助。把别人当成别人，要尊重别人，尊重别人的自由，不可侵犯别人的领地。把自己当成自己，每个人都是独立的个体，有自己独一无二的特性，不拿别人的标准衡量自己，重视自己，不和自己较真儿，为自己而活着。

四、日常沟通技巧之与客户沟通

与下属沟通能力指数

一位著名的销售大师曾经说过：“影响销售成交与否的关键因素是销售员的沟通能力高低。”沟通在工作和生活中无处不在，从某种意义上讲，沟通已经不仅是一种工作技能，更是一种生存本能。做业务要学会与客户沟通，正确的谈判技巧能够帮助我们成功拿下订单，而错误的谈判技巧则会导致失去这笔订单，甚至与客户发生矛盾。良好且有效的沟通能迅速与客户建立积极的合作伙伴关系，为长久的工作打下稳固的基础。如果不能很好地处理与客户的沟通问题，则不仅会影响客户的满意度和服务体验，还会造成自身利益的损失。要想在当今激烈的市场竞争中保持优势，要想得到长期稳定的发展，就必须重视客户关系。

动画　微课

成为朋友，促进合作成功

（一）与客户沟通的场景

案例场景：

开票室内，小张拨通了合作客户 A 公司的电话："喂，您好！我是财务公司的开票员小张，刚刚核对了一遍您发过来的开票资料，发现贵公司以前开的都是'杠杆'，这次开的是'钢杆'，信息是否填写有误，跟您核对一下。"

对方："哦哦哦，对对对，是'杠杆'，不是'钢杆'，幸好你检查仔细，要不然库存就对不上了，还得麻烦你给改一下。"

小张："您太客气了，这是我应该做的！"

点评：

在与客户沟通时，应先介绍自己，语气谦和、态度客气，根据问题直击重点，不拖泥带水，表达清楚，不模棱两可，进行高质量且有效的沟通。

（二）与客户沟通的基本原则

1. 围绕目标，直击重点

爱说，能说，是在面对客户时的必备技能之一。同时，不要忘了，凡事过犹不及，在我们口若悬河、滔滔不绝，却离题万里时，就会表达不清楚自己的意图，结果造成沟通失败。因此，要让客户明白我们的意图，围绕目标，直击重点，这是沟通成功的关键，"见人说人话"，这句广为流传的至理名言，在面对客户时尤为适用。

2. 做一个忠实的听众

在沟通中，要充分重视"听"的重要性。在与客户沟通时，需要耐心倾听，不要打断客户的表达，只有这样才会让客户舒服。善于表达出自己的观点和看法，抓住客户的心，使客户接受自己的观点和看法，这只能说明我们的沟通成功了一半，而成功的另一半就是善于听客户的倾诉。在我们一门心思地介绍我们工作的同时，也要给客户一个讲述自我的机会，倾听他的建议、意见和心声，要知道客户需要什么，只有这样才能展开有针对性的沟通。

3. 不抢话，不插话

在交谈的过程中，当对方说到与自己不同的观点和看法时，我们就会有表明自己观点和看法的冲动，这时如果我们插话了，就会让客户有不被尊重的感觉。更不能与对方抢着说话，也不能因为觉得他的话不值一听，或者认为他的想法不能准确地表达出来，就想抢先说出自己认为的对方的想法。可以默默记下想说的内容或关键词语，在适当的时机委婉表达自己的观点和看法。

4. 不要否定客户的观点

在与客户沟通时，可能存在客户与我们有不同的观点和看法的时候，如果不留情面地告诉他，其观点和看法有错误，就很可能使对方认为我们在故意抵触他的观点和看法，还会导致交谈不欢而散。越是能容纳别人的观点和看法，就越能表明自己尊重他。如果回答"您的观点也有道理""您说得也对"等，则不仅能让客户对自己产生好感，也能促进合作的顺利进行。

5. 站在客户的立场沟通

在与客户沟通时，应学会从客户的立场考虑问题，多想想如果自己是客户，那是否能接受公司的一些经营策略和政策，是否能接受公司这样的服务方式等。在与客户沟通时，要站在客户的立场分析并解决问题，充分考虑客户的利益。

（三）与客户沟通的方法与注意事项

1. 将客户进行分类

客户对公司来说，是资源，是财富，而财务人员是双方公司之间沟通的桥梁。我们要做到把客户分类，把每个客户的信誉情况、公司规模、合作时间等整理成客户档案，以便有针对性地和客户进行沟通与合作。

2. 了解沟通目的，提前做好预案

在与客户沟通之前，应提前做足功课，充分认识客户，明确和客户交流的主题。也要把材料准备齐全，以便开展接下来的沟通，并能在客户提出一些问题的时候，回答得有理有据，不至于出现一时扰乱思绪，不知道该怎么应对的情况。

3. 以事实为前提，以准确的数据为依据

在与客户沟通的过程中，用事实说话，更能说服客户。以事实为前提，断不可加主观意识，马虎大意。以准确的数据为依据与客户沟通，更能让对方清楚地知道有利之处及弊端所在，从而更直观地看到我们的工作成果，进而认可我们的工作。

4. 保持高度的热情

我们的态度是否热情，在很大程度上影响了客户的看法及接下来的决定。对工作抱有感染人心的热情，并对我们的公司及工作保持着充分的自信，会让客户不由自主地相信我们。

5. 进行幽默风趣的沟通

枯燥乏味的解说很难让人愿意听下去，平淡无奇的交流也很难让人记住你。同一件事，换一种幽默的表达方式会更容易被人们接受，而且在众多平淡的语言中，幽默会格外显眼。幽默风趣、机智诙谐的语言总是能引人入胜，给人眼前一亮的感觉，甚至有时候可以利用妙趣横生的语言化解尴尬，由弊转利，从而取得成功。

6. 引导对方表达，找到突破口

我们常会碰到一些客户，无论自己说什么，对方都会拒绝，让自己没有办法继续沟通。碰到这种情况就是我们最头疼的时候了。这就需要我们细心观察，提前了解对方，在交谈中多讨论对方感兴趣的事，用温和的方式引导对方说出自己的想法和意见。在客户说出自己的想法和意见的时候，我们就可以依据对方所说的话找到突破口，从而达到此次沟通的目的。

（四）与客户沟通小锦囊

（1）向客户表明诚意。

（2）产生共鸣，拉近距离。

（3）设身处地，换位思考。

（4）让客户成为公司的朋友，认可公司。

（5）制订应急反应计划。

拓展阅读

真正了解客户所需

有一家公司招聘业务员，由于公司待遇很好，所以面试的人很多。经理为了考验大家，出了一道题目：用一天的时间向和尚推销梳子。很多人都说这不可能完成，和尚是没有头发的，怎么可能向他们推销？于是，很多人放弃了这个机会。但是有三个人愿意试试。第三天，他们回来了。

第一个人卖了一把梳子。他对经理说：“我看到一个小和尚，头上生了很多虱子，很痒，在那里用手抓。我就对他说抓头可以用梳子，就这样我卖了一把梳子。”

第二个人卖了10把梳子。他对经理说：“我找到庙里的住持，对他说如果上山礼佛的人的头发被山风吹乱了，就表示对佛不尊敬。假如在每个佛像前摆一把梳子，游客来了梳完头再拜佛就更好了！于是我卖了10把梳子。”

第三个人卖了3000把梳子！他对经理说：“我到了最大的寺庙，直接问方丈想不想增加收入。方丈说‘想’。我就告诉他，在寺庙最繁华的地方贴上标语，捐钱有礼物拿。什么礼物呢？一把功德梳。这把梳子有一个特点，一定要在人多的地方用，这样就能梳去晦气、梳来运气。于是，很多人捐钱后就在街上梳头，这又使很多人去捐钱，一下子就卖了3000把梳子。”

人们较少关注客户的真实需求，完全按照自己的意愿做事，结果不论多么努力，效果总是不好。我们要做的是最大限度地帮助客户，真正了解客户所需。只有从本质上去沟通，才能直入主题，简便高效。

你是否是擅长合作的人

任务三　认清自我，提升综合素养——小白蜕变成精英

案例导入

提升职业素养，小白蜕变成精英

转眼间，李会计参加工作已经有6年的时间了，她从最初刚刚步入财务职场的小白，到现在已成为会计师事务所的精英骨干。能有今天的蜕变，与她自身的努力与拼搏是密不

可分的。在这段职业生涯中，李会计一直秉承一个信念：努力做好自己的本职工作，克服所有困难，珍惜每一次学习和成长的机会，感恩企业提供的平台，与企业共同成长，将自己的职业当作事业去经营。目前，她已经荣升为部门经理，老板也把她列入合伙人的培养对象。

案例分析

从事财务工作一定年限后，会有不同程度的瓶颈，如：面对大量重复且烦琐的工作会力不从心；对现在的工作会感到厌烦；对职业方向会感到迷茫；不知道自己的职业规划如何定位；不知道如何提升抗压能力；不知道如何通过学习提升自己的综合能力。为突破以上瓶颈，我们要在工作中不断学习，提升自己的专业能力、实践能力、沟通能力、抗压能力，最终实现从小白到精英的华丽转变。

一、情绪管理之小白变精英

动画　微课

某大学中一位心理学家的一项研究表明，一般人的一生平均有3/10的时间处于情绪不佳的状态，因此人们常常需要与那些消极的情绪做斗争。事实上，情绪有两种：消极的情绪和积极的情绪。每个人都离不开情绪，它是我们对外部世界正常的心理反应，我们所能做的是不让自己成为情绪的奴隶，不让那些消极的情绪左右我们的工作和生活。

消极的情绪对我们的健康十分有害。科学家们已经发现，经常发怒和充满敌意的人很可能患有心脏病。某大学曾调查了千余名心脏病患者，发现经常焦虑、抑郁和脾气暴躁者患心脏病的概率比普通人高三倍。因此，学会控制情绪是我们在工作和生活中一件非常重要的大事。

要想做情绪的主人，懂得控制和调适自己的情绪，就要了解什么是情绪、情绪有怎样的表现，只有这样才能更好地排除情绪对我们的干扰，主宰自己的情绪。

（一）情绪解读

所谓情绪，是指人们对环境中某种客观事物和对象所持态度的身心体验，是最基本的感情现象。积极肯定的情绪是感恩、振奋、热情、幸福、信心、快乐、活力、奉献，消极否定的情绪是嫉妒、愤怒、抑郁、紧张、狂躁、怀疑、自卑、内疚。正面的情绪对人生的成功发挥着积极的作用，负面的情绪则对人生的成功发挥着消极的作用。

人的情绪是在生命成长的过程中不断演化和发展而来的。在发觉这件事会对自己造成伤害时，就会将这次的经历像种子一样存储在自己的心智中，形成人的生命程序，在日后的生活中产生影响。如果未能及时化解，情绪种子就会随着时间的推移及人在生活中的种种遭遇而不断发生变化，每当产生类似的感觉或发生类似的情况时，情绪就会作用于人的生活，使人走向不同的命运。

1. 情绪影响人的行动力

积极的情绪可以提高人体的机能，促进人的活动，使人形成一种动力，激励人去努力。

消极的情绪会使人感到难受，抑制人的活动能力，使人活动起来动作缓慢、反应迟钝、效率低下，削弱人的体力与精力，使人在工作中易感到劳累、精力不足、没兴趣。

2. 情绪影响人的智力

情绪积极、乐观的人的智力水平要比情绪消极、悲观的人的智力水平高。智力水平不仅体现在智商（IQ）上，而且体现在记忆、思维、创造、想象等众多方面。在工作中，应该保持一种积极的情绪，做到“快乐工作”，只有这样才会提高工作效率。而消极的情绪不仅对工作没帮助，而且会影响职场中的个人价值观，甚至使人丧失工作的信心，形成恶性循环。

3. 情绪具有传染性

在心理学上，“踢猫效应”是这样说的：一位父亲在公司受到了老板的批评，回到家就把沙发上跳来跳去的孩子臭骂了一顿；孩子心里窝火，狠狠去踹身边打滚的猫；猫逃到街上，正好一辆卡车开过来，司机赶紧避让，却把路边的孩子撞伤了。“踢猫效应”描绘的是一种典型的坏情绪的传染。人的不满情绪和糟糕的心情，一般会随着社会关系链条依次传递，由地位高者传向地位低者，由强者传向弱者，无处发泄的最弱者便成了最终的牺牲品。所以，情绪是具有传染性的，并且会伤害到身边无辜的同事、朋友和家人。

（二）财务职场中常见的情绪

1. 紧张

初入职场时，由于对工作环境及办公室的同事十分陌生，会造成情绪紧张，不知所措。面对领导交代的工作，紧张情绪会影响正常的发挥，甚至会导致错误发生。

2. 自卑

自卑常以一种消极的形式表现出来，如嫉妒、猜疑、羞怯、孤僻、迁怒、自欺欺人、焦虑等。自卑的人会十分敏感，经不起任何刺激。在实际工作中，由于工作经验不足或对某项工作不熟悉，就会更加不自信，甚至产生自卑的情绪。越是不自信越会对工作产生阻力，不能正常开展工作，造成实际工作成果大打折扣。

3. 急躁

急躁的人常有如下表现：不论做什么工作，兴趣来了马上动手，既没认真准备，又无周密计划，而且一开始就急于见成效；遇到困难时烦躁不安，处理矛盾和问题时易鲁莽和冲动；盲目行动，往往事与愿违。财务是一项细致的工作，更需要有足够的耐心和毅力，如果情绪急躁，对自己没有正确的认知，就会造成恶性循环。

4. 消极

一个消极的态度，便足以毁坏我们的工作积极性，影响我们的职业晋升，甚至对我们的人生历程产生巨大的不良影响，使我们缺乏人生的目标和方向，不明白“人生历程实质上就是克服困难的过程”这一道理。消极的情绪表现为，在遇到困难的时候，首先想到的是挫折可能带来的种种伤害，于是认为不可能实现、不可能达到、不可能成功，并迅速放弃自己原有的努力。同时，总看到事物消极的一面，害怕承担责任，使心态崩溃，超过承受的极限，于是开始推卸责任。推卸责任的常见方式就是埋怨与责怪，为自己开脱，认为似乎总是他人不好、他人不对，极端的情况便是否定现实、扩大障碍，以期用别人的同情来掩盖自己的责任。一旦找到借口，便主动打退堂鼓，最终半途而废。做事经常半途而废，成为习惯，必然造成恶性循环。这样，人生必然举步维艰，一事无成。

（三）如何管理与调节情绪

1. 正确对待批评

在现实生活中，我们很容易发现，许多人在受到批评之后，不是冷静下来想想自己为什么会受到批评，而是心里很不舒服，总想找人发泄心中的怨气。其实这是一种没有接受批评、没有正确地认识自己错误的表现。受到批评，心情不好可以理解。但在受到批评之后产生了“踢猫效应”，不仅于事无补，反而容易激起更大的矛盾。

在职场中，一个人如果接受批评，就能做到从善如流，少犯错误；如果善听批评，就能做到虚怀若谷，在工作、学习、生活中就能少走弯路，少犯错误。若听不进批评，一听到批评的意见就生气，或者暴跳如雷、刚愎自用、固执己见，这样的人早晚要摔跟头。俗话说得好，当局者迷，旁观者清。我们应该记住，良药苦口利于病，忠言逆耳利于行。批评虽然让我们一时生气，但只要我们能冷静下来思考，就可以看到自己的不足，从而在批评中受益。在工作中有人批评自己，是一个初入职场人的福气。如果没有人批评自己或给自己提建议，试想，自己能在工作中有所进步吗？

2. 转移注意力

当遇到让自己难以处理的情绪或事件时，行之有效的办法是转移注意力，让自己暂时脱离当下的消极情绪，将注意力转向有趣的事物，或者出去和朋友聚聚。这样做，一方面可以避免个体陷入自己的情绪中无法摆脱，另一方面可以寻求外界的支持，帮助自己做出理性的分析。

3. 保持豁达的态度，提升自己的人格魅力

保持豁达的态度，就是遇事从容，能控制自己的情绪，与人为善，给周边疲倦的心灵带来慰藉与鼓励。有位高僧在外出云游前，把自己酷爱的兰花交给弟子，并嘱咐弟子悉心照料。谁知，一天晚上弟子忘了将摆放在院子里的兰花搬回室内，恰巧风雨大作，原本开得正艳的兰花被打得七零八落。弟子忐忑不安地等待着师父的责骂。高僧云游回来，得知缘由，只是淡淡说了一句：“我不是为了生气才种兰花的。”弟子从中得到启发，幡然悟道。的确，在竞争白热化的今天，时时保持豁达的态度很有挑战性。然而，在压力下还能保持风度，就意味着对自己心理弱点的克服，意味着人格魅力的提升。

（四）小白变精英小锦囊

（1）坚信财务工作的真理：从量变到质变，通过重复的工作，夯实专业和业务能力，并做到举一反三。

（2）培养耐心、细心、恒心，好会计都是从基础岗位逐步晋升的，把重复的工作做到极致。

（3）尝试挑战新的岗位，用“空杯心态”工作。

（4）放低姿态，由机械工作转向主动思考。在工作中多问“为什么”，“小题”需“大做”。

（5）提升财务分析能力，善于总结与归纳问题，站在管理者的角度做财务工作。

情绪类型的自我测试

二、终身学习之价值塑造

在知识经济时代，技术更新换代不断加快，不同岗位的内涵处于动态变化中，尤其是财务专业。随着会计准则及税收政策的不断更新，财务专业将由“单一型”向“复合型”转变，由核算会计向管理会计转型。所以，学习力是财务人员的必备能力之一，学习力可以创造职业价值，提升自己的不可替代性。终身学习是财务人员职业规划的基石。

动画　微课

（一）价值塑造的重要性

当离开校园的时候，也许只是我们真正学习的开始。很多人认为拿到了毕业证，就再也不需要学习了。其实，毕业证只是学习力的一个证明。毕业就不用学习了，这种想法是极度错误的。只有毕业后的学习才能体现我们的学习力，才能迅速提高我们的职业价值。价值塑造的前提就是拥有持续的学习力。

1. 职场的立身之本：提升专业技能

成功学大师拿破仑·希尔说：“专业知识是这个社会帮助我们将愿望化成黄金的重要渠道。”也就是说，想要在职场中站稳，就要不断学习和掌握与自己所从事的行业相关的专业知识。不论如何，我们都要在自己的行业里成为一等一的专才，只有这样才能鹤立鸡群。作为财务人员，我们一定要致力于学习专业知识，提升自己的专业技能，让自己成为企业中不可替代的人。

2. 财务专业的特殊性：持续学习和提升

企业的核心岗位是财务和管理，而财务工作输出的报表数据及信息指标则是企业生产经营与战略方向的指引。所以，作为财务人员，我们除了要不断提升专业技能，还要学习管理知识，站在管理者的角度去学习和提升。

3. 通过学习塑造价值：完胜重重压力

“凡事预则立，不预则废。”面对职场中的各种压力，只要能提前制订持续学习的计划，并坚持执行，战胜压力就不在话下。

（二）学习力就是竞争力

学习力是学习动力、学习毅力、学习能力和学习创新力的总和，是人们获取知识、分享知识、使用知识和创造知识的能力，是动态衡量一个人或一个组织综合素质和竞争力的一把尺子。其实，人的一生就是学习的过程，即使没有意识到，我们也一直在生活、工作中学习。如果将人看作一棵树，学习力就是树的根，也就是人的生命之根。我们评价一个人在本质上是否有竞争力，不是看这个人在学校时的成绩好坏，也不是看他的学历高低，而是看这个人是否有学习力。就像我们观察大树的生长情况一样，不能光看大树高大美好的外表，高大美好的外表下面，还有深深扎进泥土的根基。它能从一棵小树苗成长到参天大树，是因为从扎根的那一刻起就吸收充分的阳光和营养。阳光和营养就如同人生中知识和技能的积累，只有依靠持续不断的学习才有可能保持树根的生命力。在职场中，学习力就是竞争力，持续地学习可以丰富我们的专业知识，提高我们的实践能力、管理能力、沟通能力，让自己成为企业中不可替代的人。

（三）终身学习的重要性

1. 为什么学

学习是增长或修正个人知识、拓展个人职业发展空间的机会行为。歌德说过：“人并非生来就拥有一切，而是靠他从学习中得到的知识造就自己。”财务职场需要的不再是一个简单的核算岗位，数数钱、记记账，而是能给企业创造价值、用数据为管理提供指引的综合型人才，有扎实的理论基础，有丰富的实践经验，懂业务、会管理、会沟通。

2. 学什么

1）学习会计准则

会计准则是财务人员从事财务工作的依据。同时，会计准则也逐步向国际会计准则靠拢，根据现代会计环境进行动态调整、不断修正。

2）学习税收政策

财务工作中离不开税收政策，税收政策包括基本的税收法律、法规，以及国家税务总局的公告、解释、问题答复。在不同的行业里，税种大致是相同的，如增值税、企业所得税、个人所得税等。根据经济环境的变化，国家会推出各种税收优惠和减免政策。所以，在日常工作中，我们要认真学习各种税收政策，还要关注政策的有效性，并将其运用到实际工作中。

3）学习业务流程

当下，每家企业不管规模大小，都逐步走向业财税融合，实现业务、财务、税务三位一体。财务人员仅知晓会计知识是远远不够的，要到业务中去，到车间、到生产一线、到业务部门中去，充分了解业务流程、工艺流程、产品投入产出情况等与业务相关的实际工作环节。只有了解了业务流程，才能真正做到业财税融合，用数据提供参考，为业务助力。通过学习业务流程，可以降低成本、增加效益，实现企业价值的最大化。

4）学习管理经验

有一句话说得好：“数据为管理提供支持，懂管理的财务才是好财务。”在日常工作中，财务人员经常报送各种数据及报表，这些数据及报表是管理者在做战略决策时的参考指标和依据。因此，财务人员要懂管理，通过设计财务流程、内控制度、报销流程、融资流程等来规避管理中的一些漏洞和弊病。试想，如果一个财务人员不懂管理，就只能是纸上谈兵。

3. 怎样学

1）向优秀的前辈学习

财务工作是一个由量变向质变转换的过程。经验丰富的前辈遇到的实践问题比较多，解决问题的能力也非常强，而经验是无形的财富。初入职场的财务新人要积极向优秀的前辈学习，多干多学，努力提升自己的学习能力和实践能力。

2）考取相关证书

考证过程中专业知识的学习、意志力的锻炼、自学能力的提高都在潜移默化地提升自己的学习力，同时证书的取得也代表着自己的专业能力不断提升，激励自己不断向前、不断进取。考取证书的过程也是财务人员职业生涯升华的过程。

3）总结工作经验

总结工作经验是成功的源头。总结优秀同事的工作经验，总结自己工作的失败经验、成功经验，养成良好的总结习惯，久而久之，我们会发现自己在不知不觉中进步了不止那么一点点。

及时充电，全方位提升

（四）如何通过学习来提升价值

1. 干一行，爱一行，通一行，做“专家员工”

一位成功的职场精英曾经说过：“如果你能专注地制作好一根针，就比你制造出粗陋的蒸汽机要成功得多。”企业需要精业的“专家员工”。要想在激烈的市场竞争中更好地生存，第一步就是把本职工作做精、做专！必须通过学习修炼自己，让自己成为一名“专家员工”。

2. 抓住事业腾飞的引擎，提升创新能力

在提升专业能力的同时，我们还要提升创新能力，善于总结和提炼，把专业的工作优

化、创新。善于用创新的思路和方法解决工作中的问题，是人才的核心价值所在，更是职场人保持竞争力的保障。

3. 及时充电，全方位提升，做一块现代职场中的“锂电池”

老板会时刻把目光投向那些掌握新技能、能为企业提升竞争力的人，所以未来的竞争除知识与技能的竞争外，还有学习力的竞争。作为财务人员，我们要多学习管理知识、税收政策、会计准则等与企业经营相关的所有知识，做永不断电的财务精英。

4. 把学习当习惯，不做“吃老本”的掉队者

现代社会是信息爆炸的时代，无论是知识还是技术都日新月异。我们现在所掌握的知识有限，如果继续抱残守缺、坐吃山空，迟早会被淘汰。社会在进步，我们也要跟上社会进步的步伐，不吃老本，不掉队！

5. 做一个懂管理的财务精英，在升值中升职

我们要与企业齐发展、共生存，要懂管理，通过价值塑造来提升我们的价值，使自己在升值中升职！

（五）价值塑造小锦囊

（1）由被动学习转向主动学习。

（2）循序渐进，不要急于求成。

（3）开拓创新，不能墨守成规。

（4）持之以恒，不能三心二意。

动画　微课

三、压力管理之变压力为动力

“压力之说”最早由汉斯·塞利于 1936 年提出。通过白鼠实验，汉斯·塞利发现身体对于各种不同应急环境的反应大体上是相同的，如血压升高、肌肉绷紧、激素分泌加速等，从而为面对新的问题做好准备——攻击或从猛兽面前逃离。但是，如果身体保持这种亢奋状态的时间过长，那么免疫系统和身体器官将随之恶化，由此可见压力危害之大。

我们每天都在应接不暇的日程安排中疲于忙碌，在高速运转的现代职场中，我们时常感到压力重重，于是，很多人硬生生把自己关进了“心理牢笼”，精神紧张、心情沮丧、缺乏安全感、情绪焦虑，一波还未平息，一波又来袭击。然而，压力是生活和工作中不可避免的组成部分。只有正确认识压力，才能变压力为动力。

（一）职场压力解读

每个在职场中前行的人都承受着一种无形的力量——压力。如果我们忽视它，它就会变得越来越重，最终将我们彻底压垮。只有正确看待压力，卸掉双肩上这无形的力量，才能在职场中轻松上阵，奔向成功的彼岸。

（二）职场压力来自哪里

1. 职场压力是从哪里来的

大家肯定认为是因为发生了一些不如意的事情而产生了压力，其实不然。科学研究表明，心理压力往往是自己造成的，用百分比来说明如下。

（1）50% 来自对本人专业胜任能力、晋升压力、上级或领导对自己的看法、工作的稳定性等事情的担心。

（2）20% 来自对已经发生的事情后悔、对失败的经历耿耿于怀。

（3）12% 来自对别人的评价过于在乎。生活在别人的眼光里，怎能不累？

（4）10% 来自对自己的外在形象过于在乎，而不注重自己的内在修养。例如，有的人过分关心个人外貌，其实这是一种自卑。

（5）只有 8% 来自生活中必须面对和承受的压力。这 8% 是比较合理的。

2. 与工作有关的 10 项压力

（1）工作任务过重。

（2）对自己没有自信。

（3）难以快速适应工作环境。

（4）新工作熟悉过程很慢。

（5）在理想、价值观方面有冲突，对企业的未来或自己的前途感到迷茫。

（6）个人目前的业务能力较差。

（7）对新的工作任务有抵触情绪。

（8）抗挫能力差。

（9）与同事、上级沟通能力差。

（10）缺乏合理分配时间的技巧。

从上述 10 项压力中可以看到，我们所处的环境中某个事件能直接导致自己产生压力。但是，其实绝大部分压力来自自己。这些压力并非产生于诸如交通堵塞、领导要求过高、失业，或者一堆未完成的工作等外部事件，而是通过自己看待和理解这些外部事件的方式产生的。这些外部事件只是客观存在的事，只有在把它们看作自己所想象的与自己所拥有的之间的差距时，它们才能成为具有压力的事。

压力存在于个人的思想中，并非存在于事物本身中。它是内在的东西，是由人的思维产生的。产生压力的真正原因在于我们如何看待和思考事物。

总之，压力是内在的东西，它取决于我们如何看待、思考事物，以及对事物做出反应的自然性与意识性。

（三）财务职场中常见的压力

对初入职场的财务新人来说，抗压能力将直接决定我们在职场中的适应能力、晋升能力、自我价值的实现能力。了解财务职场中常见的压力，对于如何减压、轻松胜任职场工作有很大的帮助。

1. 工作任务多，经常加班

对每个身处职场的员工来说，尤其是财务人员，都有过加班到深夜或一连几周都无法得到休息和放松的经历。当这样的情况发生时，我们往往就会感觉到压力倍增、有种喘不过气的感觉。工作上的压力是职场带给我们的压力中最为重要的一个方面。随着职场竞争日趋白热化，每个人都希望自己能够在激烈的竞争中得以生存。因此，我们只能加倍努力，以增加工作量来换取工作业绩，以增加工作时间来超越他人。久而久之，这种长期的繁重工作就会让我们积蓄过大的压力。

2. 职场人际关系难处理

除了要应付日常繁重的工作，财务人员还要解决职场中的另一大难题——处理人际关系。相比应付日常繁重的工作，人际关系的处理往往会给我们带来更大的压力。

当下是一个讲求合作共赢、讲求团队合作的时代，每家企业都在不断强化团队合作这一工作模式，这对员工处理人际关系的能力提出了新的要求。在企业中，我们要想体现自己的价值，就必须拥有良好的人际关系；要想处理好人际关系，就需要拥有更全面的应变能力。

3. 工作与学习难平衡

初入职场的财务新人经过一段时间的适应，工作能力有所提高，面对繁重的工作往往可以轻松应付，身边的人际关系也保持良好，然而这样就能够做到毫无压力吗？当然不是。除了工作，我们还要不断地学习和提升，不断地考证、进修，学习税收政策、会计准则等。如何平衡工作与学习是我们应该面对的一个现实问题。当同时面对工作与学习两个方面的问题时，往往力不从心，压力也就自然而然地产生了。

4. 职业晋升路漫漫

拿破仑曾经说过：“不想当将军的士兵不是好士兵。”而在财务职场中，“不想当CFO的会计不是好会计。”前面多次提到，财务工作是一个由量变向质变转换的过程，这意味着我们要从基础岗位做起。很多人秉承这一理念，不断奋斗在自己的晋升之路上，希望有朝一日自己能够成为“将军”。但也有很多人在这条漫漫晋升之路上没有坚持到底，他们并没有输给困难，也没有输给时间，而恰恰是倒在了压力面前。

5. 工作挫折不断发生

每个人的一生中都会经历坎坷和挫折，在工作中也不例外。当我们在完成工作任务的过程中遇到了挫折时，会由于要承担责任和后果，受到同事嘲讽、领导批评或外界非议等因素而产生很大的心理压力，使自尊心大受打击，甚至在接下来的工作中产生心理障碍，影响以后的工作状态，进而导致产生更大的压力。

6. 消极心理的存在

对初入职场的财务新人来说，其实很多压力是毫无意义的，都是自己给自己制造的压力。压力的来源就是自己心中的消极心理。如果我们有焦虑心理，那么不管做任何事情都会患得患失、杞人忧天，无形中让自己背负了太多的压力。例如，如果心中焦躁，在工作中就会缺乏耐心与细心，工作自然容易出现错误，从而给自己造成更大的压力。

树立自信，莫被压力击垮

（四）压力心理调适

（1）树立自信、谦卑的心态，快速融入环境，做一只多听、多看，勤学、苦练，爱问、多干的“小蜜蜂”。

初入职场时，要有一个积极的心态，同时快速融入环境，平时多找机会向同事、前辈、老师请教和学习。财务专业是一个实践出真知的行业，只有多干才能多收获。所以，我们要从量变开始，从基础岗位做起，随着时间的推移，经验的积累越来越多，专业能力也随之大大提升，压力自然会减轻很多。

（2）热爱自己的岗位，调整认知，正确定位，树立职业晋升目标，为了目标而努力坚持。

有一个正确的职业价值观非常重要，不管从事什么工作，都不要以工资为目标，而是要树立一个职业晋升目标，喜欢自己的专业，热爱自己的岗位，永远保持一颗求知向上的进取心。只有不以赚钱为目的，才能通过不断学习来提升业务能力、工作能力，让自己变得更“值钱”、更有价值，最后工资上涨是自然而然的事。

（3）努力学习财务和税收政策等相关知识，让自己更强大，从容应对各种压力。

财务专业的特殊性要求我们有扎实的会计理论基础、丰富的实践能力，懂税法、会计法，精通各种税收政策，让自己变成全能的财务人，只有这样才能变得越来越强大，才能从容应对各种压力。

（4）善用分割法分割工作，运用时间管理，促使效率和质量齐头并进！

当面临的工作繁重时，要掌握好的工作方法，分割工作，优先完成紧急而重要的工作，其次完成重要而不紧急的工作，最后完成相对来说不太紧急和重要的工作，分清主次轻重。要做到事半功倍，而不是事倍功半。

（5）用积极的心态面对压力，想办法、找对策，化压力为动力，圆满完成工作。

没有压力就没有动力，动力来源于压力。能否正确看待压力，是能否战胜压力的关键。心态决定解决问题的方式和角度，要化压力为动力，善于和团队合作，因为团队的力量十分强大。

（6）学会自我调整，取长补短，通过不断努力，实现自己的职业价值提升。

调整生活方式，如保持充足的睡眠，劳逸结合，适度运动，运动可以舒缓人体的肌肉紧张，使个人的精神得到放松。每天抽出一小时左右的时间进行体育锻炼，如慢跑、散步等。同时，要放松心情，分散注意力，如听音乐、看电影、穿自己喜欢的漂亮衣服，这样有利于排解心中积郁。在工作中取长补短，结合自我调整，以最好的状态迎接工作，通过不断努力，实现自己的职业价值提升。

了解你的抗压能力

（五）变压力为动力小锦囊

（1）制定适合自己的短期目标。

（2）量力而行，在力所不及时要尽早求助。

（3）在工作中抓重点，解决重点，使压力骤减。

（4）制订工作计划，走在压力之前。

（5）善用分割法分割工作，分解压力。

四、职业素养之财务精英蜕变

模拟场景——心理调适

模拟场景——与领导沟通

（一）财务精英必备的五大职业素养

1. 责任心

在职场中，只有当一个人能够对自己负责时，他才能对自己的岗位、对自己工作的平台负责。梁启超说过：“人生须知负责任的苦处，才能知道尽责任的乐趣。”只有尽职尽责才能完美地完成工作，没有不完美的工作，只有不尽责的员工。

无论从事什么工作，责任心都是必备的基本素养。财务工作更是如此，如果没有责任心，如何担当起财务的每一个重要岗位呢？只有带着责任心去工作，尊重并重视自己的工作，秉持认真负责、一丝不苟的工作态度，才能发挥财务岗位的监督、核算职能，同时为自己的职业生涯奠定坚实的基础。

2. 忠诚度

当下，企业对人才的需求还是很大的，但很多老板都抱怨，求职的人很多，忠诚的人却太难找了！

诚信是企业的立身之本，忠诚是企业员工的立身之本。忠诚是一种态度，它比能力更重要。忠诚是一种不求回报的义务和责任，但忠诚必然会有回报。忠于企业的员工，往往视企业如生命，视职责为己任，与企业同呼吸、共命运。在这个忘我投入的工作过程中，员工个人的能力和技能会不断提升，学识和才华会得到充分展现，工作业绩会得到领导和同事的肯定。因此，对员工来说，忠于企业就是忠于自己，对企业负责就是对自己负责。最终，忠诚度高的人将成为企业中不可替代的优秀员工，得到企业的重用。

3. 感恩心

在物理学中，一个物体要前进，不外乎有三种力量的作用：外部的推力、引力，以及自身的驱动力。在工作中同样如此。员工之所以会自动自发努力地工作，其原因也不外乎三种力量：使命感、成就感和感恩精神。

职场人应该怀着感恩的心去工作，感恩企业提供的平台，感恩领导提供的工作机会，感恩团队给予的学习机会……只有怀着感恩的心去工作，才会有使命感，才会把工作视为一种快乐，否则每天在工作时都会有一种敷衍的心态。

感恩企业，珍惜工作！感恩能让我们更加珍惜眼前的一切，能让我们更加积极地生活、更有激情地工作。心怀感恩，宛如在我们的躯体中植入了一种叫“使命感”的基因，影响我们的一举一动。它像定时闹钟一样，提醒我们应该时刻保持谦卑的心态，应该对别人充满热情，应该勇敢地承担责任。

4. 学习力

财务人员正处于信息高速发展的时代，需要不断地更新知识。对财务人员来说，目前最严峻的挑战是须具备对新知识的学习和对新问题的解决能力。作为财务人员，我们更应当掌握新的财会法规，新的财务、会计、审计技术手段及一些国际财会知识。快速学习的能力还包括谦虚、自强的精神，我们应当虚心向其他人学习，要有勇气从错误、教训中学习。

5. 恒心

某上市公司的总裁曾说过：“一个优秀的员工具有两大优良品质——老人一样的经验和小孩一样的好奇心。”无论从事什么工作，都要从工作中总结丰富的经验，以提高自身的专业能力和实践能力。每家企业都需要经验丰富的员工，但只有丰富的经验是万万不行的。如果员工经验丰富，但在工作中没有主动性，没有恒心，对工作提不起兴趣，只是敷衍工作，那他必然得不到企业的重用。很多员工在凭借热情和勤奋努力实现自己的价值后，就不再坚持，甚至更放松，最后又回到了起点。所以，在职场中，我们应该有一颗持之以恒的心，保持对工作的好奇心和热情，最终到达成功的彼岸。

（二）财务精英职业素养提升四步走

第一步，建立正确的职业价值观。

一个人的职业价值观在职业生涯里有着举足轻重的地位，如果一个人没有正确的职业价值观，则很难得到工作单位的认可和老板的重用。当下，很多刚刚步入社会的毕业生在找工作或投简历时，第一想到的是：工作累吗？会不会加班？工资多少？离家远吗……很少考虑自己的能力怎么样、能不能胜任这项工作。但是，想要挣更多的钱，得先让自己“值钱”。当自己的能力达不到的时候，如何能有更多的要求呢？所以，有一个正确的职业价值观太重要了！财务岗位是一个阶梯式的晋升过程，就业初期不要考虑太多有关工资的问题，而应该加倍努力，学习专业知识，提高实践能力和综合能力。

第二步，爱上自己的岗位。

工作是一个施展自己的舞台。我们寒窗苦读学来的知识，我们的应变能力、决断能力、适应能力、协调能力都将在这样一个舞台上得到展示！除了工作，没有哪项活动能提供如此高度的充实自我、表达自我的机会。可以说，工作质量往往决定生活质量。

干一行，要爱一行！爱上自己的岗位！记住，要为了工作而学习，从工作中找到学习的乐趣，找到学习的动力，找到提升自己的原动力。只有这样，我们的职业生涯才会越来越精彩。

第三步，感恩企业提供的平台。

任何企业都对忠诚度高、有感恩心的员工求贤若渴！如果你的专业能力差一点儿，那企业可以培养你，可以给你机会去学习，但如果你没有忠诚度、没有感恩的心，试想有哪家企业敢培养你，敢给你平台让你施展所谓的“才华”呢？当今社会，每家企业、每个老板都希望能找到忠诚度高、有感恩心的员工，并将其培养成企业的得力助手，甚至是企业的合伙人。

一定要做懂得感恩的员工，只有懂得感恩，才能成就职业生涯的高度。当我们怀着一颗感恩的心去工作时，最受益的就是自己。因为职业的责任感会让我们成为值得别人信赖的人，会让企业对我们委以重任。

第四步，把财务工作当成毕生事业。

每份工作都如同一棵小树苗，想要长成参天大树，需要将其视为自己的毕生事业。财务工作更是如此，想要做一位财务界的精英，就要在财务行业经历各种磨炼、摔打，尝遍酸甜苦辣，只有这样才能历练成参天大树。

（三）财务精英蜕变小锦囊

（1）以职业道德为本，爱岗才能敬业。

（2）忠诚大于能力，感恩、快乐地工作。

（3）谨慎细心，提高专注度。

（4）持续学习，提升专业能力。

（5）把工作当作事业，蜕变成精英。

（四）拓展小互动

1. 必须具备极致意识

为什么同一家企业的员工，工作能力和学历相差不多，有的人却能脱颖而出，成为领导眼中的好员工和“办公室的明星”？

有调查表明，把事情做到极致是这些脱颖而出者的最主要特质之一。这种特质来自他们内心的自我驱动——不是把每项任务当工作，而是把每项任务当机会，通过抓住每一次机会来锤炼和提升自己的能力。这种特质表现为在动手之前想一想，用什么方法可以做得更快、更好。在完成工作的时候，不急着收工，而是再审视一遍——还能不能让结果再有点滴的提升？哲学上有“从量变到质变”的说法，工作上也一样，每次迈出的这一小步，既是对自己能力的提升，也是对个人品牌的一次积累，到最后将汇聚成超越他人的一大步。

2. 始终具备精品意识

成功的人绝对不会以平庸的表现而自满，他们不管做什么事情，都必然会全力以赴、追求完美。所以，在觉得工作索然无味的时候，在觉得无所突破的时候，可以问问自己：还能不能做得更好？只要始终具备精品意识，就会发现自己总有提升的空间。

3. 养成重视细节的习惯

细节是最能看出一个人是否具备追求极致精神的方面。因此，不要忽视细节，只要在每个细节上都比别人做得好，综合起来就会卓尔不群、比别人好很多。

4. 扼杀得过且过的心理

把一件事做到极致，就是把一件事做到最好，做到独一无二，做到人无我有、人有我优。不要抱怨资源太少，不要抱怨条件不够，要扼杀得过且过的心理，把一件事做到极致。做到极致，就是成功。

（五）14 条定律助你蜕变成精英

（1）相信定律。当你百分之百相信一件事时，这件事最后就会变成事实。因为当你下定决心去做一件事，并且相信自己一定能成功时，就会有一种积极的动力推动你前进。

（2）期望定律。当你对某件事怀有非常强烈的期望时，你所期望的事物就会出现。如果一个人有自信心，对自己怀有期望，他就会朝着期望的方向发展。

（3）情绪定律。人百分之百是情绪化的。即使有人说某人很理性，但其实当这个人“理性地思考”问题的时候，也会受到他当时情绪状态的影响，“理性地思考”本身也是一种情绪状态。所以，人是情绪化的动物，而且任何时候的决定都是情绪化的决定。

（4）因果定律。任何事情的发生都必有其原因，有因才有果。换句话说，当你看到任何现象的时候，不用觉得不可理解或奇怪，因为任何事情的发生都必有其原因，你今天的状态是你过去种下的因导致的果。

（5）吸引定律。当你的思想专注在某一领域的时候，跟这个领域相关的人、事、物就会被你吸引而来。

（6）重复定律。任何行为和思维，只要你不断地重复，就会得到不断的加强。只要你能够不断地重复思考一些人、事、物，它们就会在潜意识里变成事实。

（7）累积定律。很多年轻人都曾梦想做一番大事业，其实世界上并没有什么大事可做，有的只是小事。一件件小事累积起来就形成了大事。任何大成就或大灾难都是累积的结果。

（8）辐射定律。当你做一件事的时候，影响的并不只是这件事本身，还会辐射到相关的其他领域。任何事情都有辐射作用。

（9）相关定律。世界上的每件事之间都有一定的联系，没有一件事是完全独立的。要解决某个难题，最好从其他相关的某个地方入手，而不只是专注在一个困难点上。

（10）专精定律。只有专精在一个领域，才能在这个领域有所发展。所以，无论做任何工作都要以成为该行业的顶尖人才为目标。只有当你能够专精的时候，你才会出类拔萃。

（11）替换定律。当你有一段不想要的记忆或一个负面的习惯时，你会发现自己无法完全清除它，只能用一段新的记忆或一个新的习惯去替换它。

（12）惯性定律。不管做任何事情，只要你能够持续不断地加强，它就会变成一种习惯。

（13）显现定律。当你持续寻找、追问答案的时候，它最终必将显现。

（14）需求定律。任何人做任何事情都带有一种需求。只有尊重并满足对方的需求，别人才会尊重并满足你的需求。

项目小结——敲黑板，画重点

把握职场转变：

初入职场之资金管理岗位问题：岗位工作重复且烦琐。要求坚守职业道德底线，摆正心态，戒骄戒躁，坚守本心。

初入职场之财务核算岗位问题：专业能力要求高、压力大。要求快速适应岗位，合理宣泄情绪，不抱怨，多留心。

通识沟通技能：沟通常识欠缺，沟通不到位，影响工作。要求将财务专业术语通俗化，掌握沟通技巧。

微习惯培养：习惯难养成会影响工作与学习。要求设定微习惯，从微量开始，超额完成目标。

突出人际沟通：

日常沟通技巧之与领导沟通：畏难情绪导致沟通无效果，影响职业晋升。要求适度沟通，消除恐惧，礼貌大方。

日常沟通技巧之与同事沟通：与同事沟通难处理影响工作与团队协作。要求尊重为本，换位思考，以诚相待，团队协作，目光长远。

日常沟通技巧之与下属沟通：与下属沟通不顺畅影响工作进度。要求平等交流，营造氛围，换位思考。

日常沟通技巧之与客户沟通：与客户沟通不顺畅导致合作难达成。要求保持高度的热情，提前做好预案，达成合作。

小白蜕变成精英：

情绪管理之小白变精英：坏情绪影响职业生涯，难克服、不好战胜。要求正确对待批评，转移注意力，保持豁达的态度，提升自己的人格魅力。

终身学习之价值塑造：没有持续的学习力难以提升自身价值。要求终身学习，把学习当成习惯。

压力管理之变压力为动力：工作压力大，职业晋升路漫漫。要求学会自我调节，善用分割法分割工作，分解压力。

职业素养之财务精英蜕变：心态浮躁，难以坚持。要求保持五大职业素养，努力蜕变，提升自己。

课后测试题——闯关测试验所学

前三道测试题的具体内容见二维码。

在线测试

四、综合训练

（1）初入职场的财务新人如何培养自己的微习惯，并胜任岗位工作，成为企业中不可替代的人？

（2）想要把财务工作当成毕生事业，应在实际工作中轻松化解负面的情绪和压力，使自己蜕变成职场精英。谈谈如何做。

（3）“图难于其易，为大于其细。天下难事，必作于易；天下大事，必作于细”出自《道德经》第六十三章。这句话的大概意思是：解决难题的办法是从容易之处开始，成就大事的行动要从细微之处起步，处理天下所有的难事必须从容易的事做起，处理天下所有的大事必须从细微之处着手。在工作中也是如此，从容易之处开始，从细微之处起步，一步一个脚印，克服重重困难，最终取得胜利。请结合所学所感和自身生活实际，谈一下你对这句话的理解。

项目五 真刀真枪上战场——职场演练

项目音频导学

思政导读

《孙子兵法·作战篇》中说："凡用兵之法，驰车千驷，革车千乘，带甲十万，千里馈粮，则内外之费，宾客之用，胶漆之材，车甲之奉，日费千金，然后十万之师举矣。"这里的"驰车千驷，革车千乘，带甲十万，千里馈粮"意思是兴兵作战，须充分准备物资。

启示

对求职者来说，必须知晓招聘单位的基本情况，知道面试为何、准备有几、策略何如，只有这样才能举全力"出兵"。

学习目标

素养目标

- 具有良好的道德修养、心理素质和行为习惯，切实提高就业竞争力；
- 树立职业生涯发展的自主意识，具有正确的人生观、价值观和就业观；
- 熟悉财经法纪，遵纪守法，清正廉洁，愿意为国家富强、民族复兴贡献力量。

知识目标

- 掌握面试前的资料准备与形象设计；
- 了解面试前的心理准备；
- 掌握面试的规矩、技巧及禁忌。

能力目标

- 能运用互联网自主探索职业环境，了解招聘单位的基本信息；
- 能有效进行求职信息的搜集，掌握招聘岗位的基本信息；
- 能独立完成面试的资料准备，做到面试中高效沟通。

思维导图

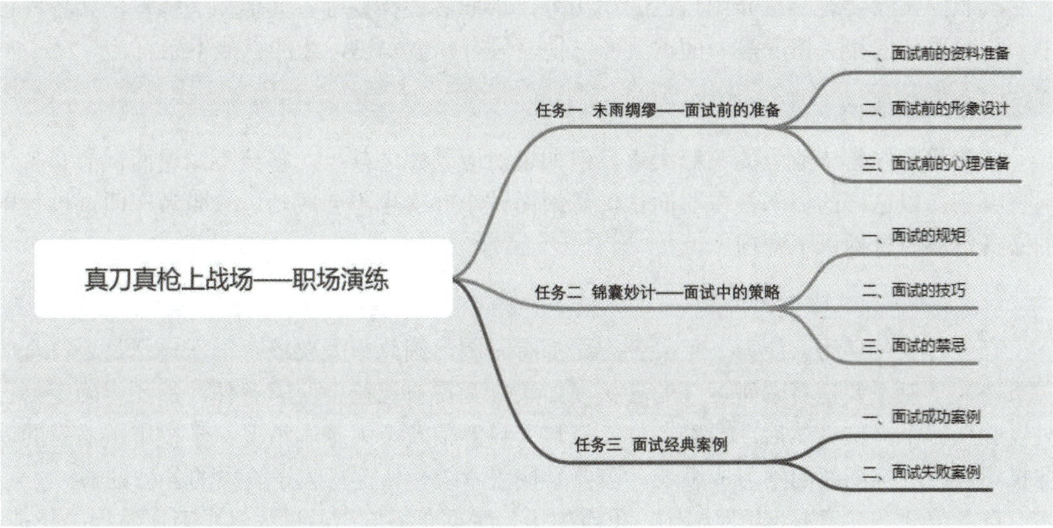

任务一　未雨绸缪——面试前的准备

微课

案例导入

不好意思，不太了解

动画

小月是沈阳某职业院校会计信息管理专业的应届毕业生。一天，她特意从沈阳坐火车到北京参加一家公司的面试。

面试官：“你了解我们公司吗？”

小月：“不好意思，不太了解。”

面试官：“你还记得招聘信息中我们的岗位描述吗？”

小月：“好像是财务助理吧，财务助理。”

面试官：“你觉得什么是财务助理？”

小月：“这个……我了解得不是特别多，很想找一份工作好好学习一下。”

同学们，你们认为小月的面试会通过吗？最后的结果是，由于没有做好面试准备，最后小月被淘汰了……

案例分析

兵家讲“不打无准备之仗”，其实求职面试也是战场，想要从中获胜，必须做好充分的准备，否则将被拒之门外。只有做好充分的准备，才能在面试中从容应对，取得成功。

一、面试前的资料准备

求职面试除要有一份介绍自己的简历外，求职者还需要准备其他相关资料，如各种证书、招聘单位的相关情况等。面试就像打仗，只有知彼知己，才能百战不殆。

（一）准备面试的必备资料

毕业找工作是毕业生的头等大事，但如果对应聘知之甚少，甚至不知道面试的必备资料有哪些，以这样的姿态去求职面试，恐怕面试 100 次也不会成功。求职者在面试过程中的必备资料应包括以下两项。

1. 自荐信、就业推荐表、学习成绩表、各种证书

有些行业在学历、能力、年龄各方面都有限制，因此事先要核查一下自己是否符合应聘条件，千万不要抱着碰碰运气的念头。如果你觉得自己符合应聘条件，那还得确定自己可以胜任哪个岗位。然后，要准备如下资料：自荐信及个人基本情况；学校审核盖章的就业推荐表；大学期间的学习成绩表，需要学校盖章统一认定；大学阶段的各种证书。

自荐信要言简意赅、思路清晰、重点突出，注重介绍自己通过大学学习所掌握的技能，通过对自己能力的展示提出自己的工作意愿，字数不超过 800 字；就业推荐表要字迹工整、如实填写，并贴上一张个人近期的彩色照片，给招聘单位留下朝气蓬勃的印象；学习成绩表在学校教学办公室打印，并盖上公章；各种获奖证书须复印并盖上学生处的公章，各种等级考试证书须复印，如计算机二级证书、英语四级或六级证书、普通话证书等。以上这些资料的准备不应追求华丽的装饰，而应注重资料的完整性和真实性，能够充分反映自己在大学阶段德智体美劳全面发展的状况，展示自己的优势和个性、特长。

小贴士

巧用文件夹

去面试时，应把资料有条不紊地放在一个文件夹里随身携带，以便面试官随时查看。准备一个便携文件夹，会使你看上去大方得体、值得信赖。文件夹里除放置上述个人资料外，还可以装一些有关工作或有助于谈话的资料，说不定这些资料在面试中会产生惊人的效果。假如面试官提些你意想不到的问题，你可以拿出自己的笔记本回答：“前些时候我看到一篇和这个问题有关的文章，很感兴趣，因而做了笔记。您是否有兴趣翻一下？”这样，面试官便会对你另眼相看。

巧用文件夹

2. 一份完整的简历

求职的本质其实就是人的流通，和一般的商业行为无异：一方求售、一方求货。求职与推销类似，也就是将自己推荐给企业，使出浑身解数说服企业接纳自己。相信每个求职者都希望“开门红”，不会出现“出师未捷身先死”的惨淡场面。因此，在撰写简历前，希望你能了解它、重视它。

简历必须真实地呈现出求职者的背景资料、经验技术，以及优势、劣势。借着撰写简历，求职者重新经历自己的过去、审视收获和缺憾，等于在客观地检验自己，默记手中拥有哪些筹码、应该补充哪些能量，为面试预先做好准备。

五花八门的简历

（二）了解招聘单位的基本信息

一项调查显示，九成以上的 HR 都会问求职者这样的问题：“你对企业了解吗？”如果你能在面试前对招聘单位进行简单的了解，这时候也不至于摇头。一个对招聘单位很了解的求职者，往往较容易获得面试官的认同；反之，一个连招聘单位做什么产品都不了解的求职者，是很难取得面试官的信任的。但对没有经验的应届毕业生或工作时间不长的求职者来讲，往往在这方面准备得都不会太充分。俗话说，“知彼知己，百战不殆。”那么，求职者在面试前应了解招聘单位的哪些信息呢？

一般情况下，应了解一下招聘单位的概况、企业文化，以及招聘岗位的特点、工作内容、需要应聘人员具备哪方面的素质及能力，以便在面试中朝着所了解的方向去努力。如果想更好地分析自己的发展前景，则可以更多地了解招聘单位的规模、性质、开办年月、做什么产品、年营业额、成长幅度、人事制度、在行业中的排名等，了解得越多越好。除此之外，如果能够了解招聘单位的氛围，对准备合适的穿着也是十分有用的。

具体可以了解以下几项。

（1）规模及性质。例如，招聘单位是合资企业，还是国有企业，抑或是私营企业；招聘单位的规模大小；招聘单位的优缺点。要根据自己的实力、定位和兴趣来判断该单位是否适合自己。

（2）业务范围。

（3）自己所应聘部门的情况。例如，应聘财务助理，须注意对方有没有什么特殊要求。

（4）人员构成。根据该单位中高素质员工的占比可以预测自己的实力，从而预测自己在该单位是否能得到重用和能否承担有挑战性的工作。

（5）工作性质。对以自身发展而非获得报酬为主要目标的求职者来说，具有挑战性、多样性、成就感的工作会有更大的吸引力。

（6）晋升机会。例如，该单位的晋升制度是否公正、合理。

（7）岗位培训。从一家单位的岗位培训政策中可以判断出该单位是否注重员工素质的培养，以及其在人力资源上的投资战略。

（8）企业文化。了解一下该单位是偏重于有创新精神的员工，还是偏重于行事稳健之人。当然，招聘岗位不同，要求可能也不一样。

只有充分了解招聘单位的情况，才能知道自己适不适合这份工作、能不能胜任这个岗位，从而在以后的工作中得到发展。

小贴士

了解招聘单位至关重要

招聘单位招聘新人的目的是为自身的进一步发展服务，并非每年有义务减轻大学生的就业压力。如果把招聘看成整个招聘单位发展过程中的一步棋，那求职者便更容易把招聘单位的需求和自己的实际结合起来，判断自己的目标是否与招聘单位的发展目标一致。这样，在面试的时候就能使自己思考问题的角度和面试官保持一致，以提高自己求职成功的命中率。

（三）了解招聘岗位的基本信息

招聘单位的岗位要求既是招聘单位招聘新人的依据，也是求职者应聘的依据。招聘单位为了招到与岗位相匹配的人员，通常会披露岗位信息。这些信息包括招聘岗位、招聘人数、岗位要求、入职时间、薪资待遇及培训晋升等。只有了解岗位信息，知道岗位要求，才能根据这些要求对照自己的现有能力和条件加以考量。

1. 专业能力要求

许多岗位对专业和技术能力要求较高，如计算机编程、财会审计等。求职者可以根据自己的情况分析专业是否对口。如果自身不具备这方面的专业能力，并且这种专业能力不能通过短期培训就可以获得，就需要重新规划求职意向了。

2. 实践能力要求

每个人的实践能力不一样，有人擅长理论研究，适合做研发，有人擅长社会交际，适合做销售，不同实践能力的人在面对不同工作的时候就更要注意按照岗位要求来规划。现在大多数工作需要较强的人际沟通能力和实践能力，如果个人不具备这样的能力，在选择岗位的时候就要慎重。

3. 性格要求

许多招聘单位在选择员工时会十分注重员工的性格。例如，一些服务行业或前台岗位，会要求员工除拥有良好的人际沟通能力外，还需要有十分温柔的性格，只有这样才能为顾客提供优质的服务。如果个人的性格不适合此类工作，在选择的时候就要注意了。

了解招聘单位的岗位要求也是个人进行职业规划、统筹自身发展与工作前景的基础。因此，如果不能全面、详细地了解所要服务的行业和岗位，则是对自己不负责任的一种表现。

二、面试前的形象设计

（一）面试着装的设计

服装及饰品是求职者留给面试官的第一印象。得体的穿着打扮能为求职者加分，也会使其更加自信，在面试中发挥更好。要达到这个目的，需要研究着装风格，注意细节修饰。

1. 面试着装要求

1）女士着装要求

西装：淡雅简朴风格，中性色调，颜色忌选大红色、绿色、黄色、橙色、紫色，可用小型胸针点缀，以提升气质。

衬衣：干净利落，不要有太多的花边和流苏。

皮鞋：黑色，款式简单大方，中跟 3 ～ 5cm。

女士的服装比较灵活，每位女士应准备一两套较正规的套装，以备去不同企业面试之需。尽可独树一帜，穿出自己的风格，突出个人的气质，强调个人的魅力。

小贴士

女士面试着装有讲究

女士在面试时应针对不同背景的招聘单位选择适合的套装，必须与“准上班族”的身份相符，要以内在素质取胜，从严肃的服装入手，如剪裁得体的西装或套裙、色彩相宜的衬衣使人显得稳重、自信、大方、干练，给人“信得过”的印象。

裙子长度应在膝盖左右或以下，太短有失庄重。服装颜色以淡雅或同色系的搭配为宜，穿着应有职业女性的气息。

中跟鞋能使你步履坚定从容，带给你职业女性的气质，很适合在求职面试时穿。相比之下，高跟鞋显得步态不稳，平跟鞋显得步态拖拉。如果穿中高筒靴子，则裙摆下沿应盖住靴口，以保持形体垂直、线条流畅。同样，裙摆应盖过长筒丝袜袜口。夏日最好不要穿露出脚趾的凉鞋，或者光脚穿凉鞋，更不宜将脚指甲涂抹成红色或其他颜色。

穿裙装时袜子很重要，丝袜以肉色为宜。丝袜缝拉得不直和不正，会给人邋遢的感觉。

当今是一个追求和谐美的时代，适当地搭配一些饰品无疑会使你的形象锦上添花。但搭配饰品也应讲求少而精，一条丝巾、一枚胸花、一条项链，就能恰到好处地体现你的气质和神韵。应避免佩戴过多、过于夸张或有碍工作的饰品，让饰品真正有画龙点睛之妙。否则会容易分散面试官的注意力，有时也会给面试官留下不成熟的印象。

女士可以适当地化点淡妆，使自己更显亮丽。用薄而透明的粉底营造健康的肤色，用浅色口红增加自然美感，用棕色眉笔调整眉形，用睫毛膏让眼睛更有神。但不能浓妆艳抹，过于妖娆，香气扑鼻，过分夸张，这不符合求职者的形象与身份。越淡雅自然、不露痕迹越好，切记一定不要将清纯美掩盖掉。

2）男士着装要求

西装：颜色宜选藏青色、深蓝色、深灰色，以冷色调为主，宜穿做工精细、质量考究的套装。

衬衣：以白色为主，米白色或乳白色更佳，可有细条纹或暗条纹，但不能花哨（忌粉红色）。

领带：与西装颜色相近，斜条纹、几何图、小碎花都行（不能太另类、艳丽）。

皮带：宽细适中，朴实无华。

皮鞋：黑色轻便皮鞋（忌筒帮），身高不高的男士可穿内增高鞋。

袜子：黑色或灰色。

2. 面试着装禁忌

禁忌一：脏污和褶皱。

肮脏、破旧、皱得像酸菜干的服装，也许很“酷”，但绝对不适合穿去面试，如此装扮会让人觉得你吊儿郎当，没有诚意。此外，时下流行仿脏污、故意抓褶皱的前卫风服装，也不适合。

禁忌二：装可爱或太花哨。

面试可能决定你的一生，因此暂时把内心里的“可爱”收起来，把身上的彩色娃娃、缤纷花朵、公主发卡一一取下，乖乖去面试吧！

禁忌三：浑身名牌。

参加面试，衣着装扮的确要花钱打点，但不代表就得浑身名牌。浑身名牌常会给人“高傲”“个性娇纵”“不肯吃苦耐劳”的负面印象，就算应聘精品业的工作，也不必如此。不过，拎一只材质好一点儿的名牌包是可以的，但最好品牌的 Logo 不要太明显。

禁忌四：太过性感或裸露。

你的身材可能非常性感，但在面试时，最好还是包紧一点儿，以免火辣的身材蒙蔽了面试官的眼睛，使其只看见你的身材，看不见你的才华。

禁忌五：面容不洁或浓妆艳抹。

也许你是自然主义者，不爱化妆，但在面试时一定要保持面容清洁，适当遮住你的黑眼圈。不过，太过浓烈的妆容也不合适，会让你显得太过俗气，也要避免。

禁忌六：穿露趾鞋。

流行的露趾鞋一直是时尚圈争议的焦点。虽然很多人认为露趾鞋已可登大雅之堂，国外女星甚至还穿去赴宴呢！不过，还是建议能免则免。

（二）面试发型的选择

女士：不管是长发还是短发，一定要洗得干净、梳得整齐，增添青春的活力。发型可根据服装正确搭配，要善于利用视觉错觉来改变脸形。例如，脸形过长的人，可留较长的刘海，并且尽量使两侧头发蓬松，这样长脸看起来不太明显；脖颈过短的人，可选择干净利落的短发来拉长脖子的视觉长度；脸形太圆或太方的人，一般不适合留齐耳的发型，也不适合留中分的发型。

男士：发型要吹得饱满，不能遮住眉毛，建议留平头、三七开、二八开的发型，在面试前 4 ～ 10 天理发，保持自然状态。

（三）面试化妆的原则

“爱美之心，人皆有之”，此话在面试时还适用吗？根据前程无忧的调查结果，有 36% 的网友表示“面试要化妆”，但也有 52% 的网友表示“面试化妆视情况而定”。

其实，适当化妆有助于提升自己的精神气质，也可以向面试官表明“我是非常重视这次面试的”。应届毕业生在面试时化妆可以让自己看上去更成熟，更像职场人。

小贴士

面试化妆的五大原则

面试化妆，求职者须记住以下五大原则。

（1）淡妆最宜。化妆有利于提升自己的气质，“有妆似无妆”是化妆的最高境界。如果你达不到此境界，则可以化一个淡妆，既不会显得用力过度，也能体现自己尊重这次面试。

（2）最忌浓妆。浓烈口红、夸张眼影、假睫毛都会引来面试官的反感。一定要记住，你是去面试的，不是去逛街的。

（3）不会化妆没关系。不会化妆就不要化妆，保持面容干净、穿戴整洁、口气清新即可。

（4）男士不用化妆。男士化妆会给人一种奇怪的感觉。如果你并非面试艺术类的工作，就放下那些化妆品吧！把胡子刮掉，把衣领弄干净，把鞋子擦干净，看着舒服即可。

（5）窗口岗位必须化妆。如果你面试的是窗口岗位，如前台、销售等，或者时尚行业的工作，如设计师、时尚杂志编辑等，其岗位性质决定了日常工作需要化妆，所以这时候，妆容也成为面试考核的项目之一，化妆就是必需的了。

三、面试前的心理准备

（一）从容应对电话面试突袭

一些窗口岗位，如前台、销售等的初次筛选，招聘人员会比较青睐采取突袭的电话面试，他们认为这样能够更好地知道求职者的真实情况。那些表现得体、举止礼貌的求职者，比较容易通过面试。如今，有些应聘技巧丰富的求职者，在面试之前会做大量的准备，如在网上搜集经典问题的答案，这些准备有时会使其表现掺杂很大的水分。因此，有些招聘单位会临时通知电话面试，多选择在周末，让求职者基本没有提前准备的机会，从而见识他们的真功夫。

从容应对电话面试突袭

拓展阅读

突袭的电话面试

星期六的上午，陆明正在和朋友打台球，突然接到某招聘单位的面试电话。此时，他的周围充斥着音乐声和人群的嘈杂声，对面试很不利。于是，陆明非常礼貌地告诉对方："不好意思，我正在外面，环境比较吵闹，是否能过10分钟给您打回去？"对方应允，并留下了电话号码。

一些招聘单位在收到简历后，为节约时间和人力成本，会通过电话面试进行初步筛选，准备几个有目的性的问题，用以核实求职者的背景，考察求职者的语言表达能力。通话时间一般为15～20分钟。不管招聘单位是否有电话面试的环节，为成功求职，求职者最好还是做好充分准备以备不时之需，这样当突然接到来电时就能顺畅对话。若接电话时正好有事，那上面这位求职者的做法值得借鉴，同时可以利用"时间差"来厘清思路。"您好""请问""谢谢"等礼貌的电话用语能给自己加印象分。

小贴士

电话面试的注意事项

在应对电话面试时还应做好以下几点。

（1）拿着简历回答问题。简历是一份个人说明书，若接电话时正好手边有简历，记住一定要把它拿出来，对照着回答问题。一般来说，面试官会进行常规的简历信息核实。对一些跳槽多次、工作经验复杂的求职者来说，对照着简历可以避免错报跳槽数次及跳槽时间等，免得给对方留下"不诚实"的印象。

（2）在手边准备纸和笔。有时，面试官会出一些技术题或逻辑题请求职者回答，若手边有纸和笔可方便记录及计算。这是一个良好的习惯，希望求职者谨记。

（3）注意语速。人的语速有很大差别，求职者应注意尽量配合面试官的语速。若面试官语速相对较慢，你就该放弃一贯快速的说话方式，转而和对方语速同步。同时，注意不要抢话，要等对方提问完毕后再回答。另外，回答时不要滔滔不绝，也不能只答"是"或"好"。

（4）控制语气和语调。在通话时要态度谦虚、语气温和、语言简洁、口齿清晰。语调、态度也要配合对方，只有这样才能营造一个良好的面试环境，有利于双方愉快地交流。

（二）调整自己的心态

很多人在面试前如临大敌，战战兢兢、哆哆嗦嗦，一方面担心自己太弱，在面试时不能妥当地处理问题，另一方面牵挂着对手太强，很可能把自己打败。找工作不仅是能力的较量，更是心态的比拼，因此要想找到一份好工作，必须调整自己的心态。

1. 找准自我定位

在决定是否应聘前，要进行自我定位。在客观把握自身条件的前提下，依照一定的标准，确定适合自己的职业和职位。没有进行恰当的自我定位，求职时便会像"无头苍蝇"

一样盲目乱撞，到哪里都干不好。

求职前的自我定位必须客观、科学、准确。要注意两大问题：在自我评价时，要实事求是、不卑不亢，既敢于承认自己的不足，又善于发现自己的长处；不能妄自尊大、自以为是，也不应妄自菲薄、自轻自贱。

2. 克服恐惧心理

千万不要因为本不存在的恐惧让你的才华“夭折”于茫茫人海。因此，要努力克服毫无必要的恐惧心理，其方法有三。

（1）自我暗示。它能帮助你燃烧信心和力量的火苗，克服所有的障碍。

（2）承认自己。不要把自己看成“丑小鸭”，而要相信“天生我材必有用”。经过这么多年的学习和锻炼，你肯定有自己的长处，在某些领域或问题上会成为“白天鹅”。

（3）拥抱信念。怀着必胜的信念、带着旺盛的精力，在面试时还可能反过来把面试官镇住。

3. 充满自信

自信是面试前必备的心理素质，是面试成功的关键。任何企业都不希望自己的员工畏首畏尾、过分谦卑而担当不了大事。

拓展阅读

自信方能取胜

一家中外合资公司正在组织招聘面试，通过道道关卡，最后只剩下一男一女。这家中外合资公司的经理是外国人，他在与这两位求职者闲聊时，随便问了两个问题。

经理问：“会打羽毛球吗？”男生说：“会。”女生其实是不错的羽毛球选手，却答道：“打得不好。”

经理又问：“给你们一辆小轿车，有没有把握学会驾驶？”男生说：“有，没问题。”女生则说：“做得不好。”

最后，公司录用了男生，淘汰了女生。公司对她的评价是：有自卑情绪，缺乏自信心，无法胜任本公司的工作。那个男生就是凭“会、有、没问题”这五个字轻而易举地击败了对方，取得了求职的胜利。

4. 莫言放弃

初入职场的求职者，容易把自己估计得偏高，常抱有“非 ×× 企业不去”的念头，而一旦马失前蹄，就容易产生失落感，从而陷入自卑的深渊。这个时候，不要轻言放弃，凡事总有得失。

正确的做法是痛定思痛，分析原因，找出自己的不足，以更大的信心寻找市场，抓住下一个机会，相信“山重水复疑无路，柳暗花明又一村”。

5. 调整观念

如今的就业市场比较低迷，找份工作不容易，找份好工作更难。有的求职者“宁要大城市的一张床，不要小城市的一间房”，盲目坚持非大城市、待遇高、效益好的企业不去，到头来只能是“竹篮打水一场空”，不但浪费了时间、精力、财力，更重要的是错过很多适合自己的好机会。求职者应从自身的实际出发，处理好理想与现实的关系，调整就业观念。与其等待“一步到位”，不如“骑驴找马”，先就业，再择业，这也是一种新的择业观。

（三）关注面试常问的问题

下面盘点一下面试时面试官常问的一些问题，还有专家给出的回答提示。

（1）请你自我介绍一下。

回答提示：

一般人回答这个问题过于平常，只说姓名、年龄、爱好、工作经验，这些在简历上都有。其实，面试官最想知道的是求职者能否胜任工作，包括最强的技能、最深入研究的知识领域、个性中最积极的部分、做过的最成功的事、主要的成就等，这些既可以和学习无关，也可以和学习有关。但要突出自己积极的个性和做事的能力，说得合情合理，只有这样面试官才会相信。面试官喜欢有礼貌的求职者，因此你要尊重面试官，在回答每个问题之后都说一句“谢谢”。

（2）你觉得你在个性上最大的优点是什么？

回答提示：

优点有沉着冷静、条理清楚、立场坚定、顽强向上、乐于助人、关心他人、适应能力强、有幽默感、乐观和友爱等。求职者在回答这个问题时要结合自己在日常工作中的经历，如：“我在学校会计工厂有过一年的培训及项目实战，我的适应能力很强，因此我认为自己适合这份工作，我相信我能成功。”

（3）说说你最大的缺点。

回答提示：

这个问题被问到的概率很大，面试官通常不希望听到求职者直接回答自己的缺点是什么。如果求职者说自己小心眼、爱嫉妒人、非常懒、脾气大、工作效率低，那公司肯定不会录用你。绝对不要自作聪明地回答自己最大的缺点是过于追求完美，有的人以为这样回答会显得自己比较出色，但事实上，他已经岌岌可危了。面试官喜欢求职者从自己的优点说起，中间加一些小缺点，最后把问题转回到优点上，突出优点的部分。面试官喜欢聪明的求职者。

（4）你对加班的看法是什么？

回答提示：

实际上，好多面试官问这个问题，并不证明一定要加班，只是想测试求职者是否愿意为公司奉献。

可以这样回答：如果是工作需要，我会义不容辞地加班。我现在单身，没有任何家庭负担，可以全身心地投入工作。但同时，我也会提高工作效率，减少不必要的加班。

（5）你对薪资的要求是什么？

回答提示：

如果你对薪资的要求太低，那显然贬低自己的能力；如果你对薪资的要求太高，那又会显得你分量过重，公司受用不起。一些公司通常会事先为招聘岗位制定开支预算，因而其第一次提出的薪资往往是其所能给予的最高薪资。面试官问你只不过想证实一下这笔钱是否足以引起你对该工作的兴趣。

另外，请不要说一个宽泛的范围，否则你将只能得到最低限度的数字。最好给出一个具体的数字，这样表明你已经对当今的人才市场进行了调查，知道像自己这样学历的求职者有什么样的价值。

可以这样回答。

① 我对薪资没有硬性要求，我相信贵公司在处理我的问题上会公平合理。我注重的是找对工作，所以只要条件公平，我就不会计较太多。

② 我受过系统的软件编程训练，不需要进行大量的培训，而且我本人也对编程特别感兴趣。因此，我希望贵公司能根据我的情况和市场标准的水平，给我合理的薪资。

（6）在五年的时间内，你的职业规划是什么？

回答提示：

这是每个求职者都不希望被问到的问题，但几乎每个人都会被问到。比较多的答案是“管理者”。但近几年来，许多公司都已经建立了专门的技术途径，这些岗位往往被称作顾问、高级软件工程师等。当然，说出其他你感兴趣的岗位也是可以的，如产品销售部经理、生产部经理等与你的专业相关的岗位。要知道，面试官喜欢有进取心的求职者，此时如果说“不知道”，或许就会丧失一个好机会。最普通的回答是“我准备在技术领域有所作为”或“我希望能按照贵公司的管理思路发展”。

（7）你的朋友对你的评价是什么？

回答提示：

这是面试官想从侧面了解一下求职者的性格及其与人相处的情况。

可以这样回答。

① 我的朋友都说我是一个可以信赖的人，因为我一旦答应别人什么事情，就一定会做到。如果我做不到，就不会轻易许诺。

② 我的朋友都说我是一个比较随和的人，与任何人都可以友好相处。在与人相处时，我总能站在别人的角度考虑问题。

（8）你还有什么问题要问吗？

回答提示：

这个问题看上去可有可无，但其实很关键，面试官不喜欢说“没有问题”的人，因为公司很注重员工的个性和创新能力。面试官不喜欢求职者问个人福利之类的问题。如果有人这样问：“贵公司对新入职的员工有没有什么培训项目，我可以参加吗？”或者“贵公司的晋升机制是什么样的？”面试官将很欢迎，因为这能体现出你对学习的热情、对公司的忠诚度及你的上进心。

（9）如果这次面试我们录用了你，但工作一段时间后发现你根本不适合这个职业，你怎么办？

回答提示：

工作一段时间后发现自己不适合这个职业，有两种情况。

① 如果你确实热爱这个职业，就要不断学习，虚心向领导和同事学习业务知识及处

事经验，了解这个职业的精神内涵和具体要求，力争缩小差距。

② 如果你觉得这个职业可有可无，那还是趁早换个职业，去发现适合你的、你热爱的职业，那样你的发展前途也会更好，对公司和个人都有好处。

（10）在执行某项工作时，你认为领导要求的方式不是最好的，自己还有更好的方式，应该怎么做？

回答提示：

这是面试官在考察求职者的应变能力和沟通能力。

可以这样回答。

原则上我会尊重和服从领导的工作安排，同时私底下找机会以请教的口吻，婉转地表达自己的想法，看看领导是否能改变想法。

但如果领导没有采纳我的建议，我仍会按领导的要求认真地完成这项工作。

还有一种情况，假如领导要求的方式违背原则，我会坚决提出反对意见。如果领导仍固执己见，我会毫不犹豫地向上级领导反映。

（11）如果你的工作出现失误，给本公司造成经济损失，你认为该怎么办？

回答提示：

这是面试官在考察求职者的责任意识。

可以这样回答。

我的本意是为公司努力工作，如果给公司造成经济损失，我认为首要的做法是想方设法去弥补或挽回经济损失。如果我无能力负责，希望公司能帮助解决。

另外，分清责任，各负其责。如果是我的责任，我甘愿受罚；如果是团队其他成员的失误，也不能幸灾乐祸。作为一个团队，需要相互提携，共同完成工作，此时我会安慰同事并帮助同事查找原因、总结经验。

一个人的一生不可能不犯错误，重要的是能从自己或别人的错误中吸取经验，并在今后的工作中避免发生同类错误。我会检讨自己的工作方法是否有问题、自己分析问题的深度和力度是否不够，以致出现了本可以避免的错误。

（12）如果你在这次面试中没有被录用，你怎么打算？

回答提示：

这个问题也经常被问到，这其实是对求职者抗压和受挫能力的考察。

可以这样回答。

现在的社会是一个竞争的社会，从这次面试中也可以看出这一点。有竞争就必然有优劣，有成功就必定有失败，成功的背后往往有许多的困难和挫折。如果这次我失败了，那也仅是一次而已，只有经过经验的积累才能塑造出一个完美的成功者。我会从以下几个方面来正确看待这次失败。

第一，敢于面对。面对这次失败不气馁，接受现实，从心理意志和精神上体现出对这次失败的抵抗力。要有自信，相信自己经历了这次失败之后，经过努力一定能超越自我，走向成功。

第二，善于反思。对于这次面试经验，要认真总结、思考剖析，从自身的角度找差距。正确对待自己，实事求是地评价自己，辩证地看待自己的长短得失，做一个明白人。

第三，走出阴影。要克服这次失败带给自己的心理压力，时刻牢记自己的弱点，防患于未然，加强学习，提高自身素质。

第四，认真工作。回到原单位岗位中后，要实实在在、踏踏实实地工作，相信三十六行，行行出状元，争取在本岗位上做出一定的成绩。

第五，再接再厉。成为财务主管或财务分析师一直是我的梦想，以后如果有机会我仍然会再次参加竞争。

（13）谈谈你对跳槽的看法。

回答提示：

面试官通常想通过这个问题了解求职者的稳定意识。

可以这样回答。

① 正常，“人往高处走，水往低处流。”员工有选择更好机会的权利，应该支持。

② 频繁跳槽对公司和个人都不利，应该反对。

（14）假如你在工作中难以和同事、领导相处，你该怎么办？

回答提示：

这是面试官在考察求职者的沟通能力及对人际关系的处理能力。

可以这样回答。

① 我会服从领导的指挥，配合同事的工作。

② 我会从自身找原因，仔细分析是不是自己的工作做得不好让领导不满意、同事看不惯，还要看看是不是自己在为人处世方面做得不好。如果自身确实有问题，那我会努力改正。

③ 我会找机会跟他们沟通，请他们指出我的不足。有问题就及时改正。

④ 作为优秀的员工，应该时刻以大局为重，即使在一段时间内领导和同事对我不理解，我也会做好本职工作，虚心向他们学习。我相信，他们会看见我的努力，总有一天会对我报以微笑！

（15）假如你在某公司工作，成绩比较突出，得到领导的肯定，但同时你发现同事越来越孤立你，你怎么看这个问题？你准备怎么办？

回答提示：

这个问题与上一个问题类似，在回答时，需要从自身的角度出发。

可以这样回答。

① 成绩比较突出，得到领导的肯定是一件好事，我以后会更加努力。但同时，我会检讨一下自己是不是对工作过于投入，忽视同事间的交往了。我以后会加强同事间的交往，培养共同的兴趣爱好。

② 在工作中切勿伤害别人的自尊心，不在领导面前搬弄是非，要乐于助人。

（16）请说出你选择这份工作的动机。

回答提示：

这是面试官想知道求职者对这份工作的热忱及理解度，并筛选出那些因一时兴起而来应聘的人。如果是无经验者，可以强调就算职业不同，也希望有机会运用之前的经验。

（17）你能为我们公司带来什么呢？

回答提示：

试着告诉面试官你可以降低公司的费用，如：“我已经接受过两年专业的学习和一年的实习，立刻就可以上岗工作。”

面试官很想知道未来的员工能为公司做什么，求职者应再次重复自己的优势，然后说：“就我的能力，我可以做一名优秀的员工，在组织中发挥潜力，给组织带来更高的效率和更多的收益。”面试官喜欢求职者就申请的岗位表明自己的能力，如申请营销之类的岗位，可以说：“我可以开发大量新客户，同时对老客户进行更全面周到的服务，开发老客户的新需求。”

（18）你的业余爱好是什么？

回答提示：

可以说一些富有团队合作精神的爱好。这里有一个真实的故事：有人在面试时被否决掉，因为他的爱好是深海潜水。面试官说：“这是一项单人活动，我不敢肯定他能否适应团体工作。”

（19）你怎么理解你应聘的岗位？

回答提示：

把岗位职责和任务及自己的工作态度阐述一下。

（20）你喜欢这份工作的哪一点？

回答提示：

对于这个问题，相信大家心中一定都有答案了吧！每个人的价值观不同，评断的标准自然也不同。但是，在回答这个问题时可不能太直接就把自己心里的话说出来，尤其是薪资方面的问题。可以考虑说一些无伤大雅的回答，如交通方便、工作性质及内容颇为符合自己的兴趣等。不过，如果这时你能仔细思考出这份工作的与众不同之处，相信在面试时会大大加分。

任务二　锦囊妙计——面试中的策略

案例导入

你会不会五笔输入法

一位女同学毕业后立志从事文秘工作。一家企业收到简历后通知她去面试。

“你会不会五笔输入法？”面试官提问。

这位女同学不会五笔输入法，所以一下子愣住了，但她忘记告诉面试官：“虽然我不会五笔输入法，但是我用拼音输入的速度相当快。”结果她支支吾吾，没回答上来。

“那么，你有没有办公自动化方面的证书呢？”面试官又问。

“没有。”这位女同学非常诚实地回答后，就不再有下文了。她没有告诉面试官：“虽然我没有证书，但是我可以十分熟练地操作一些常用的办公软件。”

接下来，面试官又提了一个不痛不痒的问题，便结束了这次面试，结果可想而知。

案例分析

回答面试官的问题当然要诚实，但也要掌握一些策略，并不是说只能他问什么，你答什么，还要看他问这个问题的真实用意。例如，面试官问你会不会五笔输入法，可能实际上是问你打字速度快不快。又如，面试官问你有没有办公自动化方面的证书，可能实际上是想知道你能不能熟练操作办公软件。只要你用拼音输入的速度很快是事实，也能熟练地操作办公软件，你就该如实地告诉面试官。这类失误在性格内向的人中发生的频率很高，一定要注意。有时候，尽管面试官提出的要求你暂时不具备，但只要你有诚心和毅力，就可以在诚实的基础上表示你可以通过学习来弥补。

一、面试的规矩

面试礼仪实训

（一）面试时的基本礼仪

现在，大多数企业都已经开始运用“视频＋电话”的“不见面”招聘模式。但是，对于求职者而言，面试时的基本礼仪还是要遵守的。

1. 遵时守信

求职者一定要遵时守信，千万不要迟到和毁约。迟到和毁约都是不尊重面试官的一种表现，也是一种不礼貌的行为。如果求职者有客观原因不能如约按时到场，则应事先打个电话通知面试官，以免对方久等。已经迟到了，不妨主动陈述原因，宜简洁表达，这是必需的礼仪。

2. 礼貌用语

在回答问题时，口齿要清晰，声音要适当，答话要简练、完整。一般情况下，不要打断面试官的问话或抢答，否则会给人急躁、鲁莽、不礼貌的印象。

3. 仪态大方

交谈时的仪态反映了一个人的修养和素质。在面试交谈时，要正视面试官，面带笑容、认真倾听，不能做出东张西望、低头看桌面、心不在焉、傲慢无理等行为。站立时挺胸收腹，双臂自然下垂，不要歪脖、屈腿、手插口袋或做其他小动作，否则会给面试官带来缺乏自信的感觉。在面试场合，入座、离座时要轻柔和缓，坐下时须腰背挺直，肩放松。女士可两膝并拢或两膝合并倾斜，男士宜两膝分开不超过肩宽，坐下时双手可自然放在膝盖或桌面上。

4. 穿着得体

着装不一定要华丽高档，但要干净整洁。此处特别提醒，参加面试时切记不能穿校服，有些学生以为穿校服能给面试官带来好印象，事实上为了公平起见，面试一般都会要求学生不要穿校服，尤其是有学校 Logo 的校服。男士不要留胡子、长发，女士穿着不要太过花哨或暴露，不要化浓妆或有太多装饰。

求职者的综合素质、工作能力在一定程度上可通过态度、语言、仪态、穿着等方面表现出来，招聘单位也会以此为依据判断求职者是否合格。因此，面试礼仪在一定程度上可弥补其他方面带来的缺陷，掌握面试礼仪知识必不可少。

（二）面试时要注意肢体语言

长期以来，职业专家都将肢体动作作为一种确定一个人性格的方式来分析。因此，在面试时，肢体语言也是需要注意的。

1. 身体坐直

这会传递出求职者坚定和自信的信号。如果你本来就驼背，则更要强迫自己像有一根绳子把自己从头到脚拉起来那样笔直地坐着。

2. 不要直勾勾盯着面试官的眼睛

不要直勾勾盯着面试官的眼睛，相反，要与面试官进行眼神交流，要使你看上去有兴趣。有效的方式是每隔两秒转换一次看对方面部的部位，在眼睛、鼻子、嘴唇间不断转换，避免一味盯着面试官的眼睛。

3. 在说话时学会使用手势

如果你不知道自己的手该往哪里放，就在说话时学会使用手势。当自己真的很紧张时，你往往想要藏起自己的双手，因为它们会暴露出你的焦虑，但这可能被误解为不信任对方的表现。

4. 露出手掌

手掌向上，表示真诚和参与。一般情况下，向上的肢体语言，如手掌摊开、微笑和笔直的坐姿都会让你看起来精力充沛。

5. 脚要接地

面试时，建议把双脚牢牢放在地上，这样可以表现你的自信。保持双脚接地还有一个好处：回答高度复杂的问题是很困难的，除非你的双脚都在地上，这可以帮助你实现高度复杂的理性思维与创造性思维。

6. 注意走路方式

有些面试官会在见到求职者的 10 秒内做出是否录用的判断，因此求职者如何走进房间也是其参考的标准之一。求职者走路要庄重平稳，每一步大约半米，直接朝面试官走去，并与其保持眼神交流。

7. 保持深呼吸，并在说话时呼气

一种缓解面试紧张情绪的方法就是正确地呼吸。求职者应将呼吸视作面试过程的重要组成部分，保持深呼吸，并在说话时呼气。

深呼吸会影响交感神经的反应，从而使人平静下来。专家建议在面试之前做十次膈肌深呼吸，因为这可以降低求职者的心率、血压和应激激素水平。

8. 边听边点头

除了保持眼神交流，边听边点头也是一种表示专心的方法。偶尔点点头，让面试官知道你欣赏和理解他所说的内容。

9. 身体前倾

前倾是每个人在谈话中都会做的一件极其自然的事。身体稍向前倾可以表明自己感兴趣，要知道，姿势是非语言对话中的重要组成部分。

另外，如果是电话面试，建议站起身来，在面试时来回走动。就像把双脚放在地上一样，站起身来可以帮助你协调左右脑，使思路更清晰。

面试中的应答技巧　　微课

二、面试的技巧

（一）如何进行自我介绍

自我介绍是面试中常见的环节，如何进行自我介绍是求职者最关心的问题之一。在求职面试中，在进行自我介绍之前，面试官应该看了你的纸质版简历，对你有一个大概的印象（也可能没有纸质版简历，或者面试官没来得及看，所以面对面的自我介绍就显得尤为重要）。

此时，应该针对纸质版简历的重点进行介绍。毕竟面试官每天浏览的简介那么多，不一定记得住你，所以要把你认为重要的事项（如学历、专业、经验、能力、以往工作的突出之处等)用语言表达出来，以加深面试官对你的印象。下面总结一下自我介绍的一些技巧。

（1）自我介绍要围绕岗位要求展开。求职者面试的目的在于争取工作机会，面试时间有限，做过多与工作无关的介绍不仅浪费时间，而且容易引起面试官的反感。所以，有人总结，自我介绍 80% 要围绕招聘岗位所需的专业胜任能力展开，20% 要围绕招聘岗位所需的行为风格展开。

（2）可以切合岗位要求介绍一些自己的优点。不要单纯说自己的概括性优点，要说出能反映自身优点的一些实例。优点最好不要造假，尤其是性格之类的容易被一眼看出的优点。可以事先在网上进行性格或职业测试，查看自身的情况。

（3）自我介绍不应是念简历。简历上的自身情况可能过于详细，在进行自我介绍时要有所侧重，不要把条条目目都列举出来，否则会显得冗余且令人厌烦。

（4）多准备几份自我介绍模板。针对国企、外企、私企的面试差异，多准备几份不同类型的自我介绍模板。时间可以设置为一分钟、两分钟或三分钟，不同时间的自我介绍的侧重点不同。到某家特定的企业面试时还要针对具体的情况对自我介绍模板进行修改。

（5）如果面试经历比较少，则可以进行事先模拟练习，请自己的同学或朋友扮演面试官，向他们进行自我介绍，让他们给自己提出一些意见，反复练习、不断修改。

（6）善于运用肢体语言。自我介绍的过程不宜平铺直叙，要结合自我介绍的内容，配合恰当的肢体语言。这部分可以平时多进行模拟练习，否则如果运用不当，反而容易弄巧成拙，达不到预期的效果。

拓展阅读

财务岗位面试自我介绍范例

各位面试官：

大家好！

很荣幸能参加贵公司的这次面试。我是一名财会专业的应届毕业生，三年的专业学习让我扎实地掌握了专业知识，能熟练操作 Word、Excel、用友 U8 财务软件及 ERP 管理系统。

我富有团队合作精神，有较强的逻辑思维能力和极强的责任心，并会在以后的工作中继续保持。正是由于这种性格因素，我非常喜欢财务工作。

在实践方面，在财务软件练习课上，我对客户资料的输入与修改、业务的处理、凭证的填制、报表的制作及输出都做了大量练习。通过会计账务流程模拟实践，我了解了从收集原始凭证、填制记账凭证、登记账簿、结账，到制作报表的全过程。通过三年的专业学习，我更加坚定地选择了会计这个行业，我觉得自己很适合这份工作，并希望在会计职业生涯中能有所成就！

我目前正在考初级会计师，希望充实自己的会计专业知识，使自己努力成长为一名合格的会计人员。我希望找到一份财务工作，能让我将所学充分发挥，提高我的会计业务能力，为公司贡献一点儿力量。对财务工作极度的热情和持之以恒的精神是我有信心做好财务工作的最大因素！

我的自我介绍完毕，谢谢大家！

模拟面试

（二）如何克服面试时的紧张情绪

拓展阅读

动画

面试紧张导致失败

张小勇是某经贸大学的毕业生，他的首选求职意向是国际四大会计师事务所。经过层层筛选，他如愿进入安永的最后一轮面试，也就是要去见事务所的合伙人。这对他来说是极大的鼓励，因为能在数千大军中“杀”到见合伙人已经实属不易。但是，在面试的时候，他紧张得手脚发颤，甚至叫错了面试官的名字。由于是英文面试，所以他每说一句都要重复数遍，唯恐对方听不清楚，直至面试官打断并说明自己已经明白了他的意思，他才反应过来自己该适可而止。最糟糕的是，他在离场后把包落在了面试官的办公室里，后来又费尽周折才把包拿回来。结果可想而知，这家国际一流的会计公司在最后的面试中将他拒之门外。

无独有偶，李江同学在某集团总部面试时，面试官问他对单位了解多少。由于紧张，他的脑袋里一片空白，原本看过的资料也被他抛在脑后了。难堪的半分钟过去后，他说道："我在面试前看过相关的资料，但是现在忘记了。"面试官对他说："我们招人自然希望他能了解我们集团，你还是回去再准备准备吧。"

从上面的案例中可以看出，张小勇由于精神紧张、缺乏自信，跌倒在自己最想去的公司前，而李江由于过度紧张，导致大脑一片空白，回答不出常规问题。跟案例中的两位一样，很多求职者在面试时生怕出错，生怕面试不过关，越是这样越屡次失败。究其原因，怯场是一个很重要的因素。明明准备充分，自身条件也不错，却因为面试时紧张不安导致发挥失常，最终落选。

克服紧张情绪，建立自信，是面试成功的必备法宝。要想建立自信，就必须知彼知己，对自己和招聘单位有客观的认识。求职应聘是一个了解自己、了解招聘单位，向招聘单位展示自己能力与素质的面对面接触过程。只有做好充分的准备，才能用特色和真才实学为自己铺就成功之路。在临场实践中，求职者可参考以下 9 点克服紧张情绪。

（1）要以一颗平常心正确对待面试，做好承受挫折的心理准备。即使面试一时失利，也不要以一次失败论英雄。

（2）要对自己和招聘单位有一个正确的评价，相信自己完全能胜任此项工作。清醒的自我认识能够帮助求职者在面试中表现良好。

（3）适当提高服装的档次，穿着整洁大方，以改变自身形象，增强自信。

（4）见到面试官时，不妨有意大声地说几句有礼貌的话，做到先声夺人，这样紧张的情绪自然就会消除。

（5）与面试官对视时，要主动与对方进行亲切有神的眼神交流，借以缓解紧张情绪，在心里建立起与面试官平等的关系。如果心里实在害怕，有被对方的气势压倒的感觉，就鼓起勇气与对方进行眼神交流，待紧张情绪消除后，再表述自己的求职主张。

（6）回答问题时一旦紧张，说话就可能结结巴巴或越说越快，从而导致紧张情绪加剧。此时，最好的方法是有意放慢自己的说话速度，让字一个一个地从嘴里清晰地吐出来。说话速度放慢了，心情也就不紧张了。另外，也可加重语尾发音，说得缓慢响亮，用以缓解紧张情绪。

（7）与对方的谈话出现时间间隔时，不要急不可耐，表现得坐立不安。要知道，出现时间间隔反而能给自己留下思考的空间，抓紧厘清头绪，让对方感觉你是一个沉着冷静的人。

（8）出现紧张局面时，不妨自嘲一下，说出自己的感受，可使自己轻松一些。面试官喜欢真实的求职者。

（9）感到压力大时，不妨借助谈话间隙来发现面试官在服饰、语言、体态方面的缺点，借以扩大自己的心理优势，这样就会在不知不觉中提升自信，回答问题时也就自如多了。

小贴士

克服面试时的紧张情绪有方法

微课

克服面试时的紧张情绪的方法有以下四种。

第一，认知平衡法。面试没有捷径，唯一的方法就是做好充分的准备。解决过度紧张问题的最有效、最实在的方法，就是充分准备，全面提高面试水平。绝不能有投机心理，找所谓的高手押题。只有充分认识到自己的能力与实力，才能达到认知上的有备无患。

第二，心态平衡法。求职面试竞争十分激烈，不仅是知识的比拼，也是心理的较量，更是意志力的对决。面试时的心态特别重要，求职者一定要记住：树立信心，不要紧张，放松心情。具体的做法是做到一高一低：在士气上高——相信自己肯定能够表现出色；在目标上低——把成功概率降低，尽力而为，做最坏的打算。要记住，过程比结果更重要，参加面试全当锻炼自己，只有保持这样的心态才能丢掉包袱，轻松上阵。

第三，身心平衡法。在面试这一关，让身体放松也是一个重要的环节。科学表明，意念能够影响人的现场表现。面试前，做几次深呼吸，慢慢吸气并慢慢呼出，每当呼气的时候在心中默念“放松”；或者闭上眼睛，想象一些恬静美好的景物，如蓝色的海水、金黄色的沙滩、朵朵白云、高山流水等。

第四，语言平衡法。在面试中，一般求职者会因紧张而使说话速度变快，这又会加剧紧张情绪，由此进入恶性循环。放慢说话速度，一则可以缓解紧张情绪，二则可以为自己争取更多的思考时间，三则可以让面试官仔细倾听你的话，以便给面试官留下深刻的印象。

面试紧张是大忌

（三）如何与面试官交谈

想要找到一份好工作，与面试官交谈是必不可少的。下面介绍一下与面试官交谈的技巧。

1. 保持适当的距离

一般一米以内的距离是熟悉的人或朋友之间的谈话距离，所以应该和面试官保持一米以外的距离，这样可以让自己感到安全。当然也不要太远，一般要在三米以内，否则会听不清对方在说什么。

2. 不要四处张望

眼睛是心灵的窗户，若四处张望会让人感到不安。要让别人看到你的眼睛，目光要集中在对方的身上。如果感到紧张，则可以把目光集中在对方眼睛的上三角位置，或者上嘴唇中心的下三角位置。为了更好地理解说话者的意思，在注视对方时，不要一直盯着看或斜着看。

3. 不要随意打断对方的话

要认真听对方提出的问题，最好在思考后再有条理地回答，不要回答得乱七八糟。如果碰巧和对方在同一时间说话，则应立即停下来，让面试官先说。在别人说话时插嘴是很不礼貌的。

4. 不要反驳对方的话

当不同意对方的观点时，不要随便反驳，要尊重对方的观点。当然，如果对方明显错了，那可以用另一种方式表达自己的观点。如果对方对你提出批评，千万不要生气，这也许是面试官在检验你的修养，此时可以心平气和地说出自己的想法，与对方寻求共同点。

5. 找到合适的话题

知道什么该说，什么不该说，找到合适的话题进行诚实的交谈。在交谈时，语言要得体，少用理论性的词语，注重对方的想法。不要太健谈，也不要只顾自己，要兼顾对方和谈话的主题，注意别离题。

6. 不要太谦虚

不要反驳面试官，但这并不意味着要贬低自己，盲从对方的观点。说话时最重要的是要真诚、坦率，并对对方表示尊重。只要用真诚的方式表达你的想法，对方就会信服并尊重你。

（四）如何推销自己

推销自己可分为七步。

第一步，热络场面。面试开始时，注意注视面试官，面带微笑，就像平时碰到一个很久不见的熟人一样。这个简短、有效的举动，会让人觉得你容易相处，打破面试开始时的尴尬。

第二步，强调成就。进入谈话阶段后，马上说出自己的工作成就，使自己站在有利的位置。多用“我能”“我做到”这种肯定句式，别用“我不能”“我做不到”这种否定句式。肯定且自信的话，可以大大增强面试官对你的好印象。

第三步，展现能力。谈到招聘岗位的工作性质和目标时，可立刻指出“我过去也解决过类似问题”，然后详细举例说明，让对方知道，你是帮他解决问题的最佳人选。

第四步，表露兴趣。事先通过网络等途径查阅招聘单位的相关信息，在谈到招聘单位的情况时，马上说出自己对招聘单位的了解和兴趣，并表明愿意学习有关招聘单位的一切。你越了解招聘单位，面试官对你的印象越好。

第五步，问点问题。在对方问了你几个问题后，可以适当反问一两个问题，表示对工作的强烈兴趣。专家建议，面试时最好想十个问题，随时准备发问。但注意不要花过多的时间问问题。

第六步，说明贡献。在面试全过程中，要时刻找机会展示自己的贡献。不要复述简历，而是站在对方的立场，想一想你的什么技能才是对方最需要的，将谈话引到这一点。

第七步，简捷有序。提前把想要讲的事想清楚，尽可能主动掌握面试节奏，以保证有足够的时间让对方记住你表达的内容，使整个面试过程简捷有序。

（五）如何沉着应对面试

世界之大，无奇不有，面试也是这样的。有时候，求职者在面试时会遇到一些“怪题、偏题”。

职业心理学专家指出，在面试中，面对面试官提出的那些看似和岗位没有关系的问题，求职者最好表现出“很想回答、很愿意回答”的态度，这样会给人一种积极向上的感觉。反之，如果仅简单地回答“我不知道”，有时会让人觉得你没有努力尝试去找解决问题的方案。如果真的一时想不出，可以思索几分钟来整理一下自己的思路，千万不要乱了阵脚。

在面试中能否以积极的心态来化解难题是非常重要的。专家提醒，求职者在遇到一些难以回答的问题时，一定要沉着，不会没什么，但必须得做出回答。求职者也可以出其不意，反过来向面试官追问一些问题。面试是平日里自然状态的流露，最好从平时点滴做起，提高自己各方面的素质。

拓展阅读

为什么下水道的井盖是圆的

“例如‘为什么下水道的井盖是圆的’这种问题，其实和专业、岗位根本没有关系，可是面试官偏偏问这种问题，这是为什么呢？”小刘一脸困惑地说。面试时，小刘被这个问题考倒了，他沉默了半天，然后说了句“我不知道”。由于这个问题没回答好，小刘的情绪明显受到影响，越来越没有信心。

“为什么下水道的井盖是圆的？”这是一道非常经典的面试题，很多就业指导的书籍都引用过它。这道题之所以经典，就是因为它的答案是开放式的，求职者可以天马行空，随意发挥。出题者的目的是用这道题来考察求职者的逻辑思维和创造性思维，同时考察求职者的临场反应能力。常规的回答是这样的：圆形的物体容易搬运，因为可以滚动。

拓展阅读

反应测试

小杨上个月刚刚经历了一场面试。面试官向小杨提出要求：“请你在20分钟内，叫你的10位朋友到达我们的面试现场。”听完，小杨从口袋中掏出手机，准备拨号。面试官接着说：“你认为自己是一个自私的人吗？你为了自己的面试，就让那么多朋友为你奔波？”小杨回答：“真正的朋友，能够在对方需要的时候伸出援手。今天我来贵公司谋职，对我来说是一件大事，而当我的朋友有类似重要的事情找我时，我也会答应帮他。”面对面试官的“刁难”，小杨从容不迫、毫不慌张。专家指出，在面对这些问题时，面试官主要是看求职者的反应方式，而具体的反应内容则居于其次。

拓展阅读

压力测试

“这就是你的简历吗？我觉得你并没有重视这次面试。”“你认为你刚才的回答正确吗？”“我对你今天的面试表现非常失望。”有时，面试官会否定求职者的成绩和观点，然后看求职者在被否定的情况下会如何表现。这种面试就是我们常说的“压力面试”。在这种面试过程中，面试官会提出一些具有困难性、挑战性、非常规性的问题，或者设计类似的场景，通过追问或质问的方式，有意营造出紧张且有压力的气氛，从而观察求职者的反应，探索其素质和个性。有些岗位需要较高的心理承受力，应聘这些岗位的求职者常常需要经历“压力面试”。

遇到这种情况，求职者要保持镇定，不要被突如其来的质问吓住，要给自己一点儿时间调整思路，还要对自己的判断和回答有信心。例如，求职者可以提出反问：“您觉得我的简历有什么地方需要修改？”专家认为，当被面试官否定时，最关键的是，求职者要对自己有一个准确的认知。

拓展阅读

情景测试

一家电器大卖场通知小林参加面试。小林说这是他遇到的最怪异的面试，没有一问一答，没有自我介绍，却是一次情景模拟。到了现场后，面试官将十多位求职者领到卖场大门口的马路上，要求他们对来往行人说“您好”。当面对路人时，小林觉得十分难为情，表现得十分不自然。几天过后，小林打电话询问面试结果，对方告诉他，他对人不够热情，不具有亲和力，不适合做这份工作。

专家分析，小林经历的这次面试，是通过一种情景的模拟来测试求职者的心理状况。这类情景测试有着很强的针对性。以小林经历的这次面试为例，招聘单位其实是想给员工一种心理暗示：每位行人都是潜在的顾客，员工要知道“顾客至上”，不放弃任何一个潜在的顾客。

我们不知道自己即将面临的面试会是怎样的，为了有备无患，求职者要事先对自己应聘的岗位有充分的了解。如果应聘销售、编导等岗位，则可以事先做一些准备，了解这类岗位日常工作需要承受哪些心理压力。只有这样，才能在可能进行的情景测试中做到心态稳定、沉着从容。

（六）如何把握面试的关键点

很多面试技巧都有针对性，不可千篇一律地套用，适合这个求职者的不一定适合那个求职者。因此，在面试中我们经常看到，不少求职者掌握了一大堆技巧，在面试中也足够积极主动，然而依旧被企业无情拒绝。症结在哪里？我们发现，针对不同的求职者，面试官提问的侧重点各有不同。特别是应聘技术类岗位、中高层管理者的求职者，只有把握面试的关键点，有的放矢，才是上策。

1. 技术类岗位：看是否诚信

张先生是某IT公司的技术面试官，上个月在一场“IT/电子/通信行业”专场招聘会上，他面试了一位应聘软件工程师的求职者。

张先生问道：“你是否接触过这类大型机的研发工作？你有怎样的工作计划？”

求职者回答：“对不起，我之前做过一段时间的保险行业软件研发工作，但并没有接触过大型机的研发工作。贵公司在这一行业很有实力，我想加入贵公司，以便对这一行业的软件研发有进一步的了解。我相信以我的学习能力和技术水平，应该能很快上手。”

无论是哪个行业，技术类岗位一直在求职市场上占据较大的比重。企业普遍表示，虽然求职者很多，但要想找到完全符合技术类岗位要求的专业人才还是很难的。因此，一般情况下，只要符合企业精神、有良好的专业背景，即使没有100%符合的技术经验，企业也会考虑给予其机会。这时候，求职者是否诚信就成了面试的一个重要方面。

上面这位求职者在谈话中充满真诚和自信，再加上他有良好的技术背景，因此让面试官颇为满意。相比之下，有些求职者却对自己不甚了解的技术含糊其词，企图蒙混过关，结果自然不理想。其实在技术方面，术业有专攻，每个人都会有不懂的地方，都需要不断地学习，所以进入企业后会有几个月的上岗培训期。求职者不需要太过担忧，只要在基础专业技能上符合条件就行，对于不懂的问题不必遮遮掩掩，可以把话题引向自己熟悉的领域，谈谈自己对该领域的看法，表现出自己的表达能力、学习能力和应变能力。

2. 中高层管理者：看有无行业观

在某四星级酒店中，一位20多岁的年轻面试官正在面试一位40多岁的求职者。该求职者有15年的酒店管理经验，应聘的是餐饮部经理。

面试官说：“目前我们酒店正在装修，预计下个月正式营业。若你担任饮部经理，目前你会安排哪些工作？给予哪些建议？”

求职者回答道：“招聘部门员工，进行员工培训等。”

“我的意思是你对于餐饮部门的设置、各楼层的餐饮特色定位、客户需求方面的总体规划是什么。”面试官提醒道。

求职者为难地回答道：“这就很复杂了，我会做些市场调查。你让我说具体的设置，那我不能现在就给你成套的方案。而且你又不是专门搞这个的，就算和你说了，你也不明白。”

中高层管理者的招聘一直是企业头疼的问题。由于是重要岗位，所以企业会格外重视，面试也会更严格、更全面。求职者虽然有备而来，但大多只是抓住了表层技巧，而往往忽视了岗位的本质。

中高层管理者会参与企业发展决策、规划企业发展方向等，对行业整体结构、行业特性与现状、行业发展趋势、行业资源及市场趋势等方面的把握能力至关重要。针对中高层管理者的面试，面试官的侧重点在于，要求求职者结合企业现状和市场竞争情况，给予战略性的建议并附上操作性强的方案。但是，很多求职者的回答含糊不清，不是“太复杂”，就是“一下子说不清”，这很难让面试官了解求职者的真实水平。

以上两类人才的面试只是一个参考，不同行业、不同岗位的面试关键点都是不一样的。

例如“总经理助理”类岗位，面试的关键点在于处理具体问题的能力及应对突发事件的能力等。求职者在面试之前一定要研究好自己的求职岗位，找到面试的关键点，切不可不分重点，对所有岗位都用同一种策略。

小贴士

中高层管理者面试注意事项

面对中高层管理者面试，求职者应该在面试前和面试中做到以下几点。

1. 锻炼自己的表达能力

很多时候，不是求职者没有才华，而是没有将才华表现出来。不少求职者拥有丰富的行业经验和想法，然而他们总觉得面试官的问题涉及面太广，不适合在十几分钟的面试过程中表达出来。其实，面试官考察的是思路，而不是具体的步骤。面对这类问题，关键是说思路、说框架，不一定要具体到操作细节。

2. 做好行业研究

应聘中高层管理者的求职者，不应只专注于面试技巧的研究，更需要把握行业整体情况，了解行业最新动态。在激烈的市场竞争中，企业要招聘的不仅是一位有经验的执行者，还是一位有判断力、决策力的人才。遇到这类问题，求职者应积极表现出自己的行业眼光和专业性。

3. 尊重面试官

应聘中高层管理者的求职者一般年龄会大些，而面试官有时候会很年轻。当面试双方年龄相差悬殊，且面试官又不懂专业技术时，求职者很容易产生“鄙视”或“不屑”的心态。曾经有一位年轻的面试官向应聘市场总监的中年男子提出专业问题，求职者却回答“这个太复杂，说了你也不懂”，或者当场指出面试官问题中的纰漏。不给面试官应有的尊重，这样的结果只能是不欢而散。

（七）如何展现自己的优势

求职者在面试过程中，应尽早告诉面试官自己的优势在哪里，然后在之后的面试中重点展现自己的优势。以演讲为例，在演讲中你要让听众说“这是一场很精彩的演讲”并不难，但 5 分钟之后人家就忘了你说什么了，让听众记住你的观点更是难上加难，所以说强调很重要。尽管听众第一次忘记了，但只要不断强调你的观点，展现自己的优势，就会给听众留下难以磨灭的印象。在面试官面前，你可以根据这份工作的任职资格，展示出你的关键技能。在之后的面试中，尽量使面试官相信你所展示的技能和他的要求是匹配的。

所以，在面试的时候不妨问问自己：我的长处是什么？面试成功其实不难，展现自己的优势吧，成功就在不远处。

拓展阅读

善于展现自己的优势

赵冉是一个相貌平平的女孩子，一次她去一家广告公司应聘，顺利地通过了初试和复试。在决定能否被录用的第三轮面试中，面试官当面告诉她被淘汰了，理由是她的形象不适合所应聘的公关岗位。赵冉觉得很伤自尊，也很失败。当她走出面试房间的时候，她头脑一热突然转身又打开了门，对面试官说："主动权掌握在您的手里，说起来我只有接受结果的份儿。您告诉了我为什么不能被录用，但这个理由恰恰是一个不能被我接受的理由。我可以用5分钟换一套衣服，用20分钟化一个得体的妆，但我的学识和内涵才是真正可贵的。公关岗位真正需要的是头脑冷静、随机应变的特质，而我恰恰完全具备这些条件，这在我的初试和复试中您也已经认可了。这是我多年磨炼的结果，是无法用服装、发型这类因素改变的。"

本来赵冉这样做只是想出口气，发泄心中的不满，不料恰恰用这种方式展现了自己的过人之处。第二天，公司和赵冉联系，告诉她被录用了。

后来，赵冉在总结这次应聘经历时说："如果把人和百灵鸟放在一起做比较，人有那么发达的大脑，自然比百灵鸟聪明得多，但人有一点比不上头脑简单的百灵鸟，那就是百灵鸟可以把自己生命中最可贵的东西——美丽的歌喉，在最短的时间内展示出来，引起别人的注意，成为动物界中的'歌唱之王'。现代社会，竞争越来越激烈，职场也是快节奏的，因此面试已经很难给人一种机会，能像泡工夫茶一样让一个人的优秀特质慢慢地显露出来。为了能够在竞争中取胜，人应该学一学百灵鸟，学会在最短的时间内展示自己最优秀的一面。"

（八）如何博得面试官的好感

博得面试官的好感，这在面试中非常重要。就像每个人都喜欢被赞美一样，学会博得面试官的好感，会为你的面试加分。

在求职的过程中，一个避免不了的环节就是面试，短短几分钟的时间，就需要把自己的优势展现得淋漓尽致。那么，如何才能在最短的时间内给面试官留下最好的印象呢？应该从以下五个方面入手。

1. 着装仪表

一身得体的服装，一个干净利落的发型，往往会给面试官留下非常好的印象，因为每个人都喜欢干净整洁的人。因此，在面试的时候，更需要注重一些细节方面的问题。一定要选择适合面试的服装，根据不同的行业选择不同的服装，并且在前一天清洗干净、熨烫整洁。发型也要整齐，面对重要的人或出席重要的场合，洗头发是必不可少的，也可以稍微做一个简洁大方的造型。

2. 谈吐优雅

在与面试官交谈的时候，避免不了的就是介绍自己，展示自己的优势和长处，这个时候求职者的谈吐就显得格外重要，因为任何一个人都不喜欢啰啰唆唆、始终说不到重点的人。每个人的时间都非常宝贵，说不到重点既是在浪费自己的时间，也是在浪费别人的时间。所以，在与面试官交谈的时候，语言一定要简洁，抓住重点。在说话的时候一定要有文化、有深度，这就需要提前做准备、做积累。

首先是自我介绍，可以通过提前查阅资料，给自己准备一份精美的自我介绍。其次是一些即兴回答的问题，这就需要平时多看书、多积累，让面试官觉得你并不是一个肤浅的人，而是一个爱学习、有文化、有深度的人。

3. 眼神交流

在与面试官交谈的时候，一定要进行适当的眼神交流。因为眼睛是心灵的窗户，只有与对方进行充分的眼神交流，才能让人深刻地了解自己所表达的意思。平常在跟朋友说话或参加面试的时候，总会遇到这样的情况：如果身边有人滔滔不绝、讲个不停，但眼睛始终不看你一下，那你对这个人绝对没有兴趣，因为他只是一味地在传播自己的东西，但并没有注意到倾听者的感受。所以，在面试的时候，一定要仔细观察面试官的面部表情，因为面试官的面部表情决定了他对你所讲的内容感不感兴趣。一旦看到他眉头紧蹙，或者表现出不耐烦的样子，就一定要及时调整自己所讲的内容。当面试官面露微笑，眼睛也在紧紧盯着你的时候，你此次的面试就成功了一半。

4. 了解企业

无论做任何事情，面对一个未知的领域，都需要提前做好准备。面试也是一样的，你需要提前了解企业的企业文化，因为对企业来说，企业文化是整个企业的魂、整个企业的根，企业中的每个员工都要了解、认可企业文化。所以，在面试之前就要对企业的企业文化了解透彻，适当在自我介绍里或在与面试官交谈的时候加入一些自己对企业文化的认可，这样就会给面试官一种相见恨晚的感觉。即使他知道你提前做过功课，了解过本企业的企业文化，也只会认为你是对本企业太有意向，特别愿意加入本企业，才会这么用心的。

5. 侧面烘托

有的时候，直截了当地说出自己的优势，反而会给人一种夸大的感觉。并且在此之前，求职者并不了解面试官是喜欢自信张扬的人，还是喜欢低调内敛的人，所以可以通过侧面烘托的方式来展现自己的优势，博得面试官的好感。首先，可以通过之前的工作经历来展现，如自己之前参加过什么类型的工作，并且在之前的企业中取得了什么样的成果。其次，可以通过自己的生活习惯来展现，如自己在空闲的时候喜欢喝喝茶、看看书，跟朋友交流一下工作经验，或者在休息的时候经常去健身房锻炼，让面试官知道你是一个自律的人。

（九）如何应对各种类型的面试官

面试官大致分为四类。

1. 青涩型

这类面试官一般是刚进入招聘岗位的新人，通常是工作一两年的人事助理，他们的工作是根据主管的要求筛选简历、安排面试，负责面试接待或临时担任面试官，主要检查一些硬性指标，如学历、年龄、专业，指导求职者填写求职申请表等。在面试的过程中，他们习惯遵循标准化的甄选过程。

与青涩型面试官打交道的方法是不要忽视他们的重要性。他们的一句话可能决定你是否有机会再试一次。在与他们交谈时，要强调你的优势，如良好的教育或留学背景、曾在世界 500 强企业或知名企业工作。对这类面试官来说，展现在外部的信息是最容易获取的，也是最可靠的，这是他们推荐你进入下一轮面试的依据，所以要自信地表达自己的核心优势。

2. 盘问型

近一半的面试官都属于这种类型，他们的风格是高高在上、严肃，用盘问或“调查户口”的方式询问他们想知道的关于你的所有问题。他们面试的宗旨是，你必须有足够的能力来证明你是优秀的，别想糊弄我。

与盘问型面试官打交道的方法是保持冷静、耐心和自信，不要被他们的气势吓倒或激怒。不要认为面试官的冷淡态度一定意味着你得不到这份工作。大多数盘问型面试官都受过专业培训，有五年以上的面试经验，而且正处于职业生涯的中期，他们唯一缺乏的就是为人处世的圆滑老到。

3. 伙伴型

这类面试官已经非常熟悉面试技巧了，因为他们有十多年的面试经验。在面试中，他们习惯将身体向前倾，并保持微笑，鼓励或支持你放松和进入状态，让你慢慢打开话匣子。

与伙伴型面试官打交道的方法是积极回应，诚实回答，但不要放松警惕，以免在不知不觉中陷入自卖自夸的境地。

4. 高谈阔论型

这类面试官在面试时会下意识地推销企业或谈到自己对企业未来的憧憬。他们大多是没有什么职业面试经验，但位高权重的创业型企业主，他们对未来充满信心和期望。

与高谈阔论型面试官打交道的方法是倾听，在合适的时间提出你的问题。此外，你需要根据你的职业偏好来判断自己是否适合创业型企业。

（十）如何应对面试官的刁钻问题

在求职者看来，一些面试官经常提一些刁钻古怪的问题，有意为难自己。实际上，一位专业的面试官并不会故意刁难求职者，因为他只是负责企业的招聘工作，他的目的是为企业招聘到合适的人才，所以他的任何问题，即使再刁钻古怪，背后也是蕴含着道理的。只要明白了这些问题背后的道理，求职者就能从容地做出应对了。

拓展阅读

常见的面试十大刁钻问题

（1）你觉得你有什么优点？

如果你趁机吹捧自己，那就“完蛋”了。最好的回答方式是举一个例子，然后简单带出自己的优点，如当了三年的班长，组织管理能力还算不错。

（2）你有什么缺点？

这比说优点更让人头疼，一不小心就入坑。最好的回答方式是说对工作没有影响的方面，如自己有时候同情心泛滥，有洁癖。

（3）你怎么看待加班问题？

说喜欢太假，说不喜欢太直接，最好的回答是：“我喜欢今日事今日毕，如果工作没做完，那加班也不算加班。当然，我会努力提升工作效率，减少加班。”

（4）你事先了解过我们企业吧？

这完全取决于面试前的准备。强烈建议面试前一定要把企业的相关介绍看几遍，如业务范围、成立时间、主要产品、销售模式等，有关大方向的可以做笔记。

（5）你期望的薪资是？

一方面，面试官想看你对自己的信心；另一方面，他想验证下他心中的薪资能否与你的目标相匹配。说多了显得自负，说少了又太假，不说又不行，最好的回答方式是说一个与行业水平相当的薪资。

（6）你的职业规划是？

这个问题很大，说很仔细不现实，面试官主要想考察你的思维能力，并且听听你的长期想法。在回答这个问题时一定要注意，不要说自己以后想创业，否则面试官会觉得你想拿企业当跳板。

（7）分享一件你最有成就感的事。

这个问题的范围很广，也很好回答。但如果你随意作答，就掉进了面试官的坑里。最好的回答方式是往求职的岗位上靠，如找销售工作，就说以前自己做过的校园推广案例。

（8）为什么选择我们企业？

这个问题和第四个问题比较相似，面试官想看到的是你是否真的了解企业，并下定决心加入企业。机会有限，如果你没有极强的欲望就把机会让给其他人吧。

（9）请给我们一个录用你的理由。

对于这个问题，最好的回答是：“如果我入职，那我将凭借我在某某领域几年的沉淀，竭尽全力为企业注入新的能量。”

（10）如果我们没有录用你，你觉得最大的原因可能是？

自我挑毛病是最痛苦的，可面试官就喜欢这么问。如果你耿直作答，那又掉进了面试官的坑里，不妨借鉴这个回答：“也许我不是这批求职者中最优秀的，但我坚信我的学习能力是最棒的。如果未能被录用，那我将持续努力，因为我相信终身成长的人一定是最棒的。”

（十一）面试结束后应做好哪些善后工作

许多求职者只留意面试时的礼仪，忽略了面试后的善后工作。可事实上，面试结束并不意味着求职过程的完结，求职者不应该袖手以待，有些事情必须加以注意。

1. 写信表示感谢

为了加深招聘人员对自己的印象、提升求职成功的可能性，面试后的两三天内，最好给招聘人员打个电话或写封信表示感谢。感谢电话最好不要超过三分钟，感谢信最好不要超过一页纸。感谢信的开头应提及自己的姓名及简单的情况，以及面试的时间，并对招聘人员表示感谢。感谢信的正文要重申自己对该企业、该岗位的兴趣，加入一些对求职成功有用的新内容。感谢信的结尾可以表示对自己的信心，以及为企业的发展壮大做贡献的决心。

拓展阅读

感谢信范文

尊敬的某某先生：

我是上星期五来面试的求职者某某，感谢您那天为我面试花费的时间和精力。和您谈话让我受益匪浅，并且了解到许多关于贵公司的情况，包括公司的历史、管理形式及企业文化。

正像我提到的那样，我的专业知识、经验和成绩使我能够胜任我所应聘的岗位，尤其是我具有吃苦耐劳、苦心钻研的精神。贵公司重视人才，在员工培训方面很有名气，我很希望能够有机会成为贵公司的正式员工，希望有机会和你们共同工作，为公司的发展共同努力。

再一次感谢您，希望有机会与您再谈。

2. 不要过早打听结果

一般情况下，每次面试结束后，招聘人员都要进行讨论和投票，然后送人事部门汇总，最后确定录用人选，这个阶段可能需要 3 ～ 5 天的时间。求职者在这段时间一定要耐心等候消息，不要过早打听结果。

一般来说，在面试结束两周后，或者在面试官许诺的时间到来时还没有收到对方的答复，就应该写信或打电话询问面试结果。

3. 收拾心情

如果你同时向几家企业求职，在一次面试结束后，则要注意调整自己的心情，准备全身心投入第二家企业的面试中。因为在接到录用通知之前，面试结果还是一个未知数，你不应该放弃其他机会。

4. 做好再冲刺的准备

应聘中不可能个个都是成功者，万一你在竞争中失败了，也不要气馁，关键是必须总结经验，找出失败的原因，并针对这些不足重新做准备，以谋求“东山再起”。

三、面试的禁忌

动画

微课

在面试的过程中，没有人能保证不犯错误。犯错误并不可怕，聪明的求职者会不断地修正自己、走向成熟。但有时候面试的机会千载难逢，为了能够抓住这个宝贵的机会，错误当然是越少越好。下面是面试的十大禁忌，求职者需要特别注意，千万别让这样的错误出现在自己的面试中。

禁忌一：恶意缺席。

接到面试通知，如果不能或不想出席，则应该在前 1 ～ 3 天以打电话的方式委婉地通知对方。许多求职者可能认为：反正我已决定不去这家企业上班，何必和对方有所接触？这绝对是错误的观念，给对方留下恶意缺席的印象对自己日后在这个行业中的发展一定有所影响。

禁忌二：不守时。

面试时的守时很重要。迟到是绝对不可原谅的行为，代表你对这家企业根本不重视。太早到也不好。

禁忌三：穿着邋遢。

不管应聘何种类型的岗位，穿着都是给别人留下第一印象的机会。即使是所谓的创意型人员，邋遢、不修边幅的穿着也会不易令人亲近。是不是西装革履其实并不重要，重要的是把握干净、整洁的原则，只有这样才能给对方留下好印象。

禁忌四：没有准备。

就算你是一个毫无经验的人，但对于应聘岗位的工作性质、内容也应该有一些基本的认识与了解。企业当然可以接受新人缺乏经验，但没有准备、一问三不知的人，似乎也意味着将来在工作中缺乏责任感。更现实的说法是，企业可能要花两三倍的时间才能让你达到工作的要求。

禁忌五：欺骗。

没有一家企业会录用不诚实的人，在面试的过程中，诚实是最好的应对之策。尤其是个人简历、自我介绍中所写的个人背景资料，不要夸大自己的能力，或者谈话内容和简历所写不符。即使在面试时未被发觉，日后也会被检验。

禁忌六：言行轻浮。

面试代表的是一种对个人性格的主观判断，轻浮的言语、夸张的肢体动作，会令人失去对你的信任。面试官最讨厌的就是一副无所谓、可有可无的样子。如果你对这家企业没有兴趣，又何必来面试？

禁忌七：没有自信，或者骄傲自满。

自信和骄傲自满有时就在一线之间，尺寸的拿捏要小心掌握。没有自信的人会让人产生学习力差、推诿塞责的联想，肯定不受企业的欢迎；骄傲自满的人则令人生厌，没有团队合作的概念、不合群，企业可不想用一个单打独斗的“独行侠”。

禁忌八：天马行空。

说话的逻辑概念，代表的是一个人的组织能力。天马行空可能是一种创意，却也代表着“只会说不会做”的言行失衡。企业招聘员工多半是希望他能做好基层的执行工作，有创意当然是额外的红利，但只动嘴不动手可不是员工该做的事。

禁忌九：爱评论却无主见。

没有一个领导喜欢爱评论却无主见的员工，即使评论的是和工作无关的事。评论政治、经济、社会的现状，对求职者来说并不会有任何的加分，反而会因为言语不当，引起面试官的不快。

禁忌十：不知行情乱开价。

谈到薪资多半代表你有很大的机会被录用，可是你却来个“狮子大开口”，企业怎么敢用一个漫天要价的人？如果你不想吃亏，就应在面试前多打听相关行情，不然就采取依企业规定的保守策略。不知行情乱开价，绝对会让你的面试倒扣 100 分。

小贴士

性格优劣最重要

对企业来说，录用一个新人其实要冒很大的风险，所以在最后的面试阶段，企业往往格外重视求职者性格的优劣，以及是否符合企业文化。对求职者来说，或许不必为迎合企业的企业文化而特别调整自己的性格，但在面试时，至少不要表现出与企业文化大相径庭的一面，以免被列入不受企业欢迎的黑名单。

任务三　面试经典案例

案例导入

面试被刷的原因是孩子气

求职者：郑兰兰，女，郑州某大学会计专业毕业生。面试岗位：外事。

上周，郑兰兰接到了自己心仪已久的那家知名高新公司的面试通知，心里既高兴又紧张。这家公司给出的各方面条件都很不错，为了能够在面试中有良好的表现，她做了很多专业上的准备。

除了郑兰兰，其他进入面试环节的都是男生。考场是一间很小的会议室，中间是一张圆桌。面试进行到后期，面试官说："根据你的性格特点，我们想把你安排在外事部门，不过户口方面可能还需要再争取。"郑兰兰左思右想，拿不定主意，最后说："要不，我回家跟我爸爸妈妈商量一下。"听到郑兰兰这样回答，面试官愣了一下，随即说："好吧。"

一周后，郑兰兰得到通知自己没有被录用，电话里这位面试官告诉她："以后你在参加面试的时候，不要说和爸爸妈妈商量，否则会显得你没有主见。公司需要的是有责任感、能够独立完成工作的人。"

案例分析

事事都依靠父母的是孩子，而非职场中人。刚毕业的大学生一定要注意，在求职时千万不要表现得毫无主见，要坚决抛弃自己的学生气、孩子气，给招聘单位留下一个独立负责的印象。

一、面试成功案例

案例一　创新制胜，脱颖而出

艾米如今是一家国际 4A 广告公司的创意副总监，她当初在求职时的做法就很值得借鉴。

大学毕业之后，她想应聘广告创意岗位。她没有行业经验，却对那些小广告公司不感兴趣，当她表示非世界500强的4A广告公司不进时，所有的朋友都认为她是痴人说梦。但以后的事实表明，她做到了！

在投递求职信的过程中，她没有像常人一样借助普通的信封，而是用了一个包裹。她向所有她中意的公司都投递了这样一个包裹，并且直接送达公司总经理。

试想一下，一个包裹在一堆千篇一律的信封中必定鹤立鸡群，一下子就能抓住收件人的目光。而当对方打开包裹时，里面的东西却让人跌破眼镜——只有一张薄薄的纸尿片，正面写着："在这个行业里，我只是个婴儿。"背面留了她的联系方式。

几乎所有收到这张纸尿片的广告公司老板都在第一时间给她打去了邀请面试的电话。无一例外，他们问她的第一个问题就是："为什么你要选择一张纸尿片？"

她的回答同样让人眼前一亮，她说："我知道自己不符合要求，因为我没有任何经验，但我就像这张纸尿片一样，愿意去学习，而且吸收能力特别强。另外，没有经验并不代表我是白纸一张，我希望你们能通过这个细节看到我在创新上的能力。"

分析：创新能力是一种重要的职业能力。在未来社会，唯创新者进，唯创新者强，唯创新者胜。艾米用纸尿片做简历的方法虽然看起来有些荒诞，但展现了一名广告人员的创意素质，从而让自己脱颖而出。

案例二　放低姿态，实现职场转变

李萌是一名会计专业毕业的大学生，她的梦想是能成功入职一家代理记账公司。于是，她制定了一份应聘方案："先就业后择业，从低职位做起。"通过各种渠道的搜索，她将求职目标锁定在当地的一家代理记账公司。面试时，经理告知她第一年主要是做外勤工作，每月工资只有1000元，一年之后才可以做业务，李萌欣然同意。在此后的工作中，李萌吃苦耐劳、扎实肯干、积极上进的工作态度得到了老板的认同。一年之后，李萌成功转为内勤会计，开始接触真实的账务。又在公司工作了两年，李萌因为表现突出被提升为会计主管。

分析：作为刚迈出校门的大学生，寻找一份合适的工作是摆在你面前的紧急任务。在求职的过程中，切忌对职位的期望值过高。一般，求职者在找工作前都对未来的职业有一番设想，但这仅是个人的主观设想，与现实往往有一定的距离。因此，求职者必须摒弃找工作时眼高手低、不切实际的想法，及时调整心态，切合实际定目标，只有这样才能求职成功。

案例三　空杯心态，从基础做起

丹丹和小丽是同班同学，两个人同时参加了某公司的财务助理面试。她们顺利地通过了初试的理论考试，第二轮的面试官是会计主管。

丹丹进入办公室，见到了负责面试的会计主管。会计主管说："如果你来到公司，起初我们会安排你做一些外勤或文员之类的工作，不会让你做会计助理的主要工作，你认可吗？"丹丹回答道："我现在已经取得了初级会计师资格，会计助理的工作我也能够胜任。如果让我做与这项工作不相关的事，对不起，我不能接受。"会计主管笑了一下，说："那有请下一位面试的同学吧。"

小丽来到了会计主管的面前，就同样的问题回答道："我愿意接受公司给我安排的工作，因为我刚刚毕业，社会实践很少，做一些外勤或文员的相关工作，既可以增加我的实践经验，还能让我在这个过程中了解公司的经营与各项流程。在工作的过程中，公司也可以观察我的表现，如果我的表现让公司满意，我也相信公司将来会给我一个成为会计助理的机会。”会计主管满意地点了一下头，语重心长地说：“年轻人初入职场，一定要怀着空杯心态，先给自己一个进入公司的机会。财务人员要积累经验，才能得到公司的重用！恭喜你，你被录用了！”

分析：财务专业的面试与其他专业不同，公司要对求职者有一个熟悉、了解和考验的过程。只有怀着空杯心态入职，从基础做起，多多积累经验，才能在财务职场中立于不败之地。

案例四　实践经验的积累——面试成功的敲门砖

小张是某校会计信息管理专业的毕业生。又到了毕业季，同学们每天都穿梭在各个公司和人才市场之间，很多同学都因为公司对实践经验积累的要求被拒之门外。小张在校期间积极参加校内举办的实训大赛、技能大赛，并在周末去公司实习，同时在暑假期间在一家外贸公司做会计助理，负责开具发票、打印凭证，去银行、税务局等部门办理业务，积累了很多实践经验。

这天，小张来到一家外贸公司应聘，负责面试的人事部门主管对小张进行了简单的了解，然后问道：“对外贸公司的业务，你在实践中有了解过吗？”小张自信地说：“每年暑假期间我都会去外贸公司帮忙和学习，目前我掌握了进出口资质办理、报关单查询及打印、进出口退税流程等。”面试官又问：“对出口方面的税收政策，你是否了解？”小张回答道：“我在业余时间报了外贸公司的税收政策线上培训课，对大致的流程和政策有所了解。”就这样，小张在众多的求职者中脱颖而出。虽然小张刚刚毕业，但是他的实践经验甚至比其他从事过会计工作的前辈都要丰富。

分析：对刚毕业的大学生来说，实践经验可能是弱项。想要为自己的面试增加砝码，一定要在平时多参加实践学习，找机会在公司中实习，积累实践经验。实践经验的积累将成为你面试成功的敲门砖。

案例五　微笑求职，诚实应答

杨柳是一个性格开朗的女生，在面试时杨柳阳光灿烂的笑容曾经给面试官留下了非常深刻的印象，使她第一次求职就成功应聘到了某会计师事务所的财务岗位。她的很多同学都觉得她很幸运，纷纷向她取经。杨柳回忆自己的求职过程感慨颇深，因为在她们那一批求职者中，她是最早得到面试通知的一位。

面试是在一天的上午，杨柳走进单位办公大楼，看到前来面试的很多人都在那里紧张地做准备，而杨柳却镇定自若。她先熟悉了一下面试周围的环境，然后找到面试的办公室，静静地坐在门外的椅子上等候。轮到她面试了，面试是一对一的形式，面试官的态度很和蔼，整个面试过程始终在轻松平和的状态下进行，她轻松且诚实地向面试官介绍了自己在校的学习情况、实践活动、兴趣爱好，对面试官的问题一一做了回答，重点突出、条理清晰。当面试官问她有没有会计师事务所的工作经验时，她自知作为一名应届毕业生，工作经验是她的短板，但她仍然非常坦诚地告诉对方工作经验是自己最欠缺的。听了杨柳的陈述之后，面试官认为她是一个诚实的人，这正是一名会计师所必须具备的品质。在面试的过程中，她始终微笑面对，真诚自然地展示自己的能力和才华，以及优势和不足，给面试官留下了深刻的印象。没过几天，她便拿到了录用通知，顺利地入职这家会计师事务所。

分析：杨柳在面试时保持良好的心态，落落大方、真诚自然，全方位展示了自己的实力和胜任工作的素质。她的坦诚自信得到了面试官的认可。从这个案例中我们得到这样的启示：在面试时要突出自己的优点，但对自己的缺点也不能故意遮掩，甚至欺骗对方，一定要秉持真诚的态度，只有这样才能给人留下深刻的印象。所以，诚实、平和的求职心态很重要，这也是打动面试官的法宝。切记，在面试时千万不要说谎，不能给人留下不可信任的印象。

案例六　性情相投，征服年轻主管

打算做财务会计的小海运气不错，在校园双选会上碰到了一位公司主管，且这位主管和自己年纪相仿。这位主管性情爽快、思维敏捷、说话干净利索，重要的是他所在的公司大多都是积极进取的年轻人。这家公司的目的很明确，就是招聘那些肯吃苦、干事业、头脑灵活的"同龄人"。对于前去应聘的同学，年轻主管认为行就会将材料留下，这群年纪相仿的年轻人在一起，禁忌很少。小海心仪这家富有朝气的公司，在了解了公司的现状及发展前景之后，他又主动谈了谈自己做财务工作的长处和短处。在面试的过程中，小海和这位主管谈得很投机，两人还一度谈到了篮球。最后，这位主管告诉他，由于小海同学口才、能力出众，所以一周之后就可以签约上班。

分析：在招聘的过程中，很多年轻主管会充当主角，年轻主管一般效率更高、更了解应聘大学生，应聘大学生与之接触起来也更加顺畅。但是，要清楚的是，在竞争激烈的面试环节，优势每个人都有，因此作为求职者，一定要提前了解招聘单位。如果你的个人职业目标正好与招聘单位的发展计划不谋而合，那你的成功率会大大增加。

案例七　有的放矢，成就完美就业

张军是一名会计专业的毕业生，他在高考报名的时候选择的是机电专业，读了半年发现自己的性格不适合这个专业，而自己又对会计专业非常感兴趣，就这样，在找老师咨询后他果断地转到了会计专业，并决定毕业之后找一份会计的工作。张军每天都忙着上课、泡图书馆、研读会计学书籍，并在在校期间成功考取了初级会计师，还自学了专业英语。去年 1 月，他开始求职，将目标瞄准为北京的一家知名的会计师事务所。在了解了公司的各种信息后，他开始着手准备，经过层层筛选终于如愿进入了公司。

分析：张军的经历告诉我们，想要成功应聘，首先要有扎实的专业知识，其次在在校期间一定要想好自己的职业方向，想明白自己将来要干什么，对什么行业、什么公司感兴趣，并有的放矢地做好准备，看看行业和公司需要什么样的人才，照着人才标准来培养自己的素质。

案例八　知彼知己，掌握面试公司的基本情况

成功就业的小马同学向学弟学妹们讲述了他的求职经历。他提到，在面试前一定要知彼知己，掌握面试公司的基本情况，让面试公司感受到你对这份工作的重视。

小马说："我当时刚刚毕业，没有什么工作经验，家庭情况也欠佳，所以急于找到一份好工作。一天，我接到职业介绍所打来的电话，对方说某公司有一条空岗信息，问我是否有兴趣，我当时毫不犹豫就答应了下来。尽管求职心切，而且手头拮据，但我仍争取把面试的时间推迟了两天。这两天，我忙着做面试的准备工作，上网查阅了所有与该公司有关的资料，包括其发展历史、现有规模、每个部门的职能、下属子公司的情况等。重点是对该公司的发展方向和目前遇到的问题进行了分析，甚至了解了公司主管的名字和工作经历。我充满自信地前去面试。在与主管交谈的过程中，我发现我的信息准确无误。我的回答表明我对该公司的现状和岗位的性质、要求了如指掌，这些都大大弥补了我在工作经验方面的不足。过了不久，我就收到了录用通知。"

分析："知彼知己，百战不殆。"小马的经历告诉我们，在面试前一定要对面试公司进行充分的了解，这能够让面试官看到自己对工作的态度和搜集信息的能力，并且很好地解决自己工作经验不足的弊端。

二、面试失败案例

案例一　因一个数字的失误，错失复试机会

小月因具备扎实的理论基础而顺利地通过了初试，第二天参加复试。复试的工作人员把她的简历拿了出来，对她说："把你的这份电子版简历抄写在这张白纸上，再写出10组5位的数字。"小月马上紧张起来，由于对电子产品的依赖，自己平时几乎不怎么写字，自己的弱项就是写字太难看，她心想："这次肯定被淘汰了！"抄写完毕，复试的工作人员拿起抄写结果，给小月提出了三点意见：一是字迹不太工整；二是数字写法不规范；三是简历中的出生年份应该是2001年，但误写成了2021年，她没有发现。复试的工作人员说道："第一点和第二点后期可以改正及练习，但我之所以让你抄写，是因为想看看你能否检查出电子版简历中的错误，结果你不但没有检查出错误，反而原样抄写了错误的年份。财务工作最基本的要求就是细心认真，希望你以后注意，在之后的面试中不要犯类似的错误。"

分析：细心认真是对财务人员的基本要求，同时写一手好字更可以为自己的面试加分。希望同学们不要错过任何一个细节，要知道细节决定成败，不要因一个数字的失误而错失复试机会。

案例二　20次面试被拒绝说明了什么

在应届毕业生招聘会上，小王同学正郁闷地从一家财务公司的招聘摊位前离开。"找份工作怎么那么难？"小王不满地说，"虽然不少公司接受了自己的简历，但每次面试都通不过，前后算起来自己已经被20家公司拒绝了。"

小王是一名财务专业的毕业生，他对工作的要求并不是很高，尤其是在遭遇接二连三的打击后，已将预期的薪资从3000元降低到2000元。从简历上看，小王经验丰富，还在大型公司实习过。既然如此，为何屡试屡败？小王失败的关键是在面试这个环节。

在面试的过程中，小王根本不知道怎么推销自己，以为只要把学习过程和实习经历说一遍就可以了，重点不突出，且在着装礼仪方面也不注意，所以不被招聘单位看好也是理

所当然的了。

分析：在小王的经历中，有两点教训需要引起注意。第一，在面试时应展示出自己的运营能力，从有限的工作经验中突出自己的特点和优势，让人眼前一亮。第二，细节可以反映一个人的精神面貌、性格与气质。在面试时不一定要穿得很好，但一定要穿得得体、大方、正式，注意自身的穿着打扮。

案例三　被动等待，错失良机

某单位向某学校发布了要来校招聘大量人才的信息，学校就业指导中心迅速公布并用电话通知了各学院，各学院反应不一。有的亲自打电话与对方联系，推荐符合条件的毕业生，有的主动邀请对方到学院来选毕业生，有的则用快递寄出了毕业生的推荐材料。而与此同时，部分毕业生却在等待面试通知，认为反正该单位要来校招聘，等人来了再投材料也不迟。后来，这家单位真的来了，人事部门的负责人却非常抱歉地说："真对不起，其实我们几天前就已到贵校，但刚跨进贵校校门就被贵校某学院盛情拦截而去，晚上住在招待所，闻讯而来的毕业生一拨又一拨，结果我们的计划提前录满了。"在场的毕业生后悔不已，机会就这样在等待中错过了。

分析：在求职的过程中，机会对每个人来说都是均等的，就看你如何把握它。各种招聘人才的信息每时每刻经过各种渠道在发布、在传递，好比在一条河流中，信息是一朵朵浪花，你抓住了就归你所有，你错过了就无法回头。因此，只要你认准这条信息对你有用、你感兴趣，就必须主动以最快捷的方式向发出信息方做出回应，让对方知道你、了解你，只有这样才有可能被看中。机会往往被主动者拥有。

案例四　好高骛远，目标薪资离谱，面试失败理所当然

某新成立的科技公司在招聘财务部门各岗位。人事部门组织所有面试者集中面试，根据面试者的能力及条件对接各岗位。

小李同学开始面试。面试官看着小李的简历，抬头问："公司现在招聘的岗位有出纳、稽核、成本会计、税务会计、主管会计，你觉得自己可以胜任哪个岗位？"小李说："我想应聘成本会计岗位，听同学说出纳岗位太烦琐枯燥。"面试官说："成本会计岗位要求有经验并且懂成本核算流程，我刚刚看了你的薪资要求，目标薪资为 5000 ～ 8000 元。这位同学，你这个标准真的不好找工作呀！"小李拿着简历走出面试公司，心里充满了失落。

分析：找工作切忌好高骛远，要从自身实际出发，财务工作的专业性强，要合理设定自己的目标薪资，太过离谱的目标薪资会让招聘单位望而却步。

案例五　简历造假，能力再强终成空

小李是一名应届毕业生，在参加人才招聘的时候投了十多份简历，最后有一家贸易公司给他发来了面试通知。小李在面试前做了很多准备工作，对公司的情况也做了充分的了解。在面试时，他前面的回答令人十分满意。最后，面试官让他当场口述制作一份表格，他却支支吾吾没有回答上来，而他的简历中却写着熟练应用各种办公软件。结果可想而知，面试官对小李简历造假的行为非常生气，小李最终没有求职成功。

分析：应届毕业生由于自身经验不足，会觉得自己的简历空洞、没有内涵，很难通过

简历筛选这一关，因此很多人选择美化简历，夸大自己的工作能力。在面试时，面试官会根据简历的内容来提问，一旦自己的答案和简历的内容不符，或者简历中所提到的技能自己根本没有掌握，那么也就意味着求职失败。因此，在求职的过程中要实事求是地反映自己的真实情况。

案例六　缺乏自信，与成功失之交臂

小芳是一名专科毕业生，在校期间成绩平平。最近，她接到了一家公司的面试邀请。在等待面试的过程中，她了解到与她竞争的大多都是本科毕业生，她心里很没有底，认为自己在学历上就输了。在面试时，小芳更是低着头，回答问题时声音微弱，对面试官提出的问题也不能对答如流。面试结束后，小芳并没有接到录用通知。

分析：如果一个人缺乏自信，则会影响到工作，因此招聘单位会把自信作为面试的标准。很多毕业生在面试的过程中都会或多或少表现出不自信的一面，如眼神闪烁、声音微弱、小动作频繁等。所以，在平时，同学们就要有意识地增强自己的自信心，如反复训练语言的流畅度、对自己进行心理暗示、包装外表、讲究礼仪等，以便在求职的过程中能完美地展现自己。

案例七　团队合作精神高于个人荣誉

小雨是一名会计专业的毕业生。一次，他去参加学校举办的双选会时，得到了一家国内知名公司的面试机会，当时公司收到了上百人的简历，可是最后只有20来人进入了面试环节。在面试时，这些人被分成了几组，四人一组。小雨自认为在校期间学习成绩优异，参加的社会实践活动也很丰富，决定在面试时好好表现，争取胜出。所以，在回答问题时，他总是滔滔不绝，就属他说的话最多。面试官问："在工作中，如果你的某个同事不善于沟通，你怎么办？"大家还没有想好，小雨又抢先回答："凡事要把工作放在第一位，不会沟通的人就不要去勉强他，那是他的个性。"这场面试下来，大约有三分之二的题目都是他回答的。回去后，小雨还扬扬得意，自以为表现突出，肯定没有问题。可是，一个星期过去了，他得到的却是被淘汰的消息。人事经理给出的理由是：小雨事事只想着表现自己，没有团队合作精神，他们公司不需要这样的人才。小雨听后十分后悔，本想着好好表现，却得到这样的结果。

分析：在此案例中，小雨自恃学习成绩优异、参加的社会实践活动多，骄傲自满，在面试中急于表现自己，在回答问题时总是抢在别人前面，完全忽略了其他人的感受，显得不合群。求职者想在面试中好好表现是完全正常的事情，但要懂得收敛，有张有弛。从小雨回答问题时的表现中我们可以看出，他是一个过分强调自我、缺乏团队合作精神的人，招聘单位不会录用一个只知道表现自我，只会单打独斗的员工。这个案例给我们的启示是，在求职面试中，不仅要张弛有度，更重要的是要有团队合作精神。

案例八　要求苛刻令公司无法接受

某毕业生经过双选、面试考核，终于进入签约阶段。就业协议书先由毕业生本人签署，该生在"应聘意见"一栏写下了六条要求：（1）从事财会工作；（2）每周工作五日，每日工作八小时；（3）解决户口问题，提供单身住房；（4）住房公积金、社会保险费等相

关支出均由公司负担；（5）每半年调薪一次；（6）公司不能限制个人发展（如考研等）。该公司鉴于以上条件不能完全答应，将就业协议书退回，并建议该生修改后再签。最终，该生因坚持自己的意见而未被录用。

分析：该生未被公司录用的根本原因在于所提部分要求过于苛刻。在工作中，我们应找到个人与职业的动态平衡，既要看到公司为自身提供的平台，也要想到自身是否能够为公司的发展做出贡献。只有双方共同努力，才能良性发展。

项目小结——敲黑板，画重点

面试前的准备：

面试前的资料准备：准备面试的必备资料（自荐信、就业推荐表、学习成绩表、各种证书、一份完整的简历）、了解招聘单位的基本信息、了解招聘岗位的基本信息。

面试中的策略：

面试的技巧：如何进行自我介绍；如何克服面试时的紧张情绪；如何与面试官交谈；如何推销自己；如何沉着应对面试；如何把握面试的关键点；如何展现自己的优势；如何博得面试官的好感；如何应对各种类型的面试官；如何应对面试官的刁钻问题；面试结束后应做好哪些善后工作。

面试的禁忌：恶意缺席；不守时；穿着邋遢；没有准备；欺骗；言行轻浮；没有自信，或者骄傲自满；天马行空；爱评论却无主见；不知行情乱开价。

课后测试题——闯关测试验所学

前三道测试题的具体内容见二维码。

在线测试

四、综合训练

（1）“凡事预则立，不预则废。”接到面试通知后，你将如何规划面试前 24 小时任务清单？

（2）俗话说：“言多必失，行多必过。”那么，面试应答是否也是如此？应该如何运用面试技巧从容应答？

（3）“纸上得来终觉浅，绝知此事要躬行”，出自宋代陆游的《冬夜读书示子聿》。这句话的大概意思是：从书本上得来的知识毕竟不够完善，要想透彻地认识事物，还必须亲自实践，只有通过“躬行”，把书本知识变成实际知识，才能发挥所学知识对实践的指导作用。请结合所学所感和自身生活实际，谈一下你对这句话的理解。

项目六 知彼知己，百战不殆——就业政策与权益保护

项目音频导学

思政导读

《孙子·谋攻篇》中说：“知彼知己，百战不殆；不知彼而知己，一胜一负；不知彼不知己，每战必殆。”意思是，在军事战争中，既了解敌人，又了解自己，百战都不会有危险；不了解敌人，只了解自己，胜败的可能性各半；既不了解敌人，又不了解自己，那每战都有危险。

启示

毕业生在就业过程中，除要加强自身的专业能力外，还要提高就业能力，了解国家的就业形势及就业政策，合理调整求职预期，掌握求职基本常识，增强求职择业的实力。只有知彼知己，才能百战不殆，从而实现从学生到职场人的华丽蜕变。

学习目标

素养目标

- 充分了解就业市场，树立正确的就业观；
- 掌握就业常识和技巧，了解基本的就业流程，提高就业能力；
- 树立法律意识，学会运用法律武器维护自身的合法权益。

知识目标

- 了解就业形势及就业政策；
- 合理规划就业流程，掌握就业的基本程序；
- 熟悉常见的就业侵权行为，了解权益维护的途径及方式。

能力目标

- 能对当前的就业形势及自身能力有正确的评价，找准定位；
- 能正确使用就业协议书，能识别常见的合同陷阱；
- 能运用基本的法律常识维护自身的合法权益。

思维导图

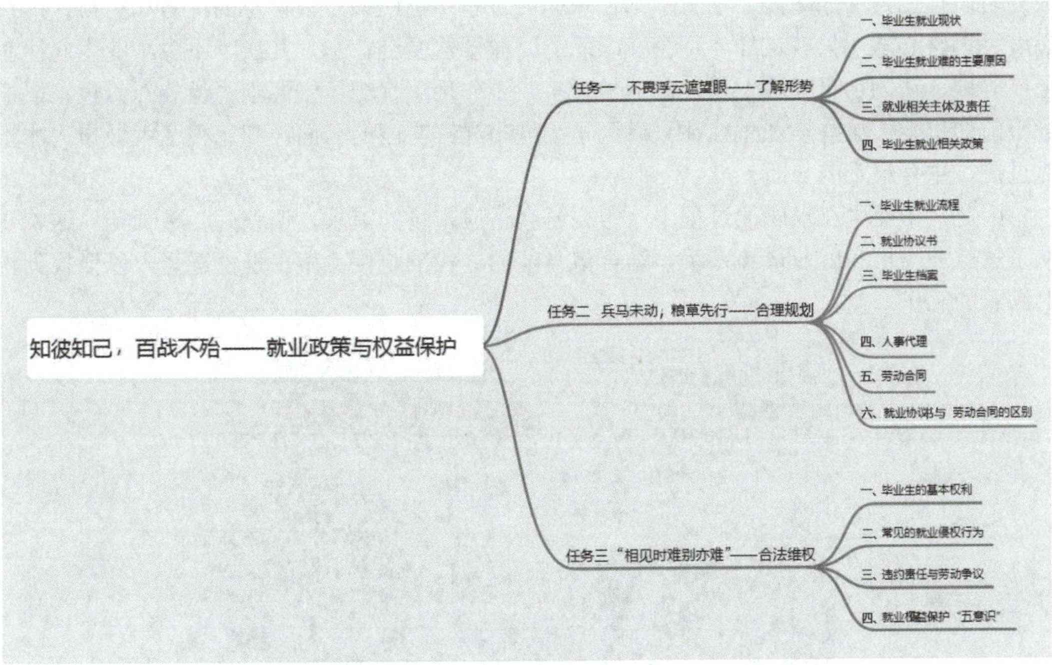

任务一　不畏浮云遮望眼——了解形势

案例导入

待业的学生干部

小梦是某高职院校2022届会计专业毕业生，她在校时担任班长，成绩优异。毕业将近，在别人都忙于找工作的时候，她认为自己成绩好，不愁找不到工作，所以迟迟没有行动。眼看同学们都找到了合适的工作，小梦仍然不为所动，直到2022年6月都未落实工作单位，班主任也为她着急。恰好她的家乡有一家企业来校招聘会计助理，班主任觉得这个岗位很适合她，薪资待遇也很不错，有一定的上升空间，便将她叫来办公室，一方面对她进行就业指导和心理辅导，另一方面向她介绍了企业的基本情况，并希望小梦能够顺利参加工作。可小梦本人却一直坚持自己当初的求职意向：工作单位的地点必须在北京，专业必须对口，工资在5000元以上，除此之外，任何单位都不考虑。在这种心态下，结果可想而知。

案例分析

小梦的这种想法在当前毕业生的择业过程中具有一定的代表性。首先，许多学生干部在求职时常常表现出盲目的优越感和自信心，过高估计了自己的能力和价值。他们认为在学校里自己是同学中的佼佼者，工作能力自然高于普通同学，在求职的过程中也就有着可以“挑一挑”的资本，殊不知这种心态是十分危险的。学生干部的身份是加分项，但不能成为阻碍自己发展的障碍。学生干部在求职的过程中更应该正视自身的优势和劣势，摆正态度、调整心态，只有这样才不会在求职的时候屡次受到打击。其次，不少毕业生向往北上广等地，认为那里经济发达，就业机会多，工作环境优越，宁愿当“漂族”，也不愿把握眼前的机会。这些毕业生往往只看到了大城市光鲜亮丽的一面，却忽视了大城市人才相对过剩、生存艰难的一面。

因此，毕业生在求职的过程中一定要学会适应市场的需求，调整好心理预期。这就要从了解就业需求和就业形势入手，结合自身能力，找准定位，做出理性选择，以便找到相对满意的工作。

就业形势

就业是民生之本。毕业生能否顺利就业，能否高质量就业，关系着其个人发展、家庭幸福及社会稳定，也是对高校人才培养成果的全面检验，因而备受社会各界的关注。

随着高等教育由精英化教育转为大众化教育，高校不断扩大招生规模，毕业生数量急剧增多，而就业市场对劳动力的需求并没有明显的增加，这就造成了毕业生相对过剩、供大于求的现象。特别是 2020 年以来，经济增速放缓，行业发展受限，对毕业生就业造成了较大的负面影响。国家相继出台了一系列支持和保障就业的决策部署，在很大程度上缓解了毕业生的就业压力，使毕业生总体就业率趋于平稳。

一、毕业生就业现状

毕业生就业现状

当高等教育步入大众化阶段时，当毕业生不再是“天之骄子”时，其就业形势发生了翻天覆地的变化，许多毕业生毕业后待业家中，成了“啃老族”，有的毕业生甚至在找工作时竞争不过进城务工人员。毕业生就业面临越来越多的挑战和困难，如毕业生总数不断增长、就业市场供需不平衡、就业岗位竞争激烈、就业区域单一等。

1. 毕业生数量急剧增多，供求关系失衡

高等教育的普及和高校的大规模扩招使毕业生数量一直处于递增的趋势。从 2009 年的 611 万人到 2019 年的 834 万人，十年的时间高校毕业生数量增长了 200 多万人。2022 届高校毕业生规模达 1076 万人，同比增长 167 万人，高校毕业生规模首次超过千万人。

毕业生的数量在不断攀升，加之城镇就业人口不断增加，就业市场需求趋于饱和，势必会造成供大于求的矛盾。

2. 城市化进程加快，就业市场拥挤

由于城市化进程加快并长期持续，农村剩余劳动力向城市大规模转移，隐藏的劳动力持续增长，毕业生的就业空间不断遭受挤压。加之农村剩余劳动力对薪资待遇的要求较低，多从事劳动密集型产业，给本就有限的就业市场造成了新的压力。

3. 供求分布不均匀，就业倾向严重

（1）我国各区域之间经济社会发展不平衡，且短时间内难以改变。不同地区对劳动力的需求存在明显的差异，经济越发达的地区对人才的需求越大，就业机会也越多，发展空间越大，而中西部地区或中小城市对人才的需求相对较小，对毕业生的吸引力不强，这就导致毕业生倾向于在一线城市、东部地区、高收入行业求职就业。

（2）制度上存在障碍。首先，就业渠道不畅，不同地区的就业政策不同、落户方式存在差异，这就导致毕业生在地区之间的流动受阻，在不同性质的企业之间的流动仍有障碍。其次，社会劳动力资源统筹不合理，有些地区的就业制度不能完全适应市场机制，导致就业机会流失，造成就业资源分布不平衡。

（3）就业性质影响毕业生就业。尽管国家出台了一系列促进中小企业吸纳高校毕业生的优惠政策，但由于企业规模的限制，薪资待遇相对较低、职业发展空间狭小，而部分毕业生对事业单位趋之若鹜，导致中小企业和非公有制企业对毕业生的吸引力不强。此外，受经济条件、编制等的限制，毕业生对基层就业的倾向也并不明显，基层就业吸纳毕业生的能力有限。

4. 产业结构调整，专业适应性下降

近些年，我国经济运行遭遇了较大的冲击，从开始仅影响假期消费和相关服务业，到后来迟滞企业复工复产，一些企业特别是中小企业的生产经营遇到了较大的困难。而且，在未来的几年里，我国的产业结构也会随之调整，这就会导致某些专业的适应性下降，毕业生在就业时可选择的与专业相匹配的职业越来越少，造成了毕业生相对过剩的现象。

虽然我们面临严峻的就业形势，但随着新经济、新业态的不断出现，也有效地提供了一些就业机会。

1. “互联网+”给毕业生带来新的就业机会

近几年，互联网表现出了极强的生命力，它的兴起推动了经济的发展，它的应用也正在全方位地渗透进各行各业，进而衍生了许多新的岗位和职业，给毕业生提供了更为广阔的就业和创业空间，当然也给毕业生就业带来了机遇与挑战。

2. 创新创业给毕业生带来新的就业机会

“大学生创业”已成为近年来社会关注的热点话题，各类创业大赛的兴起、国家出台的一系列鼓励政策，无疑为其提供了良好的平台和制度保障。毕业生必须更新就业观念，实现由被动到主动、由就业到创业的思维转变。而一大批新兴企业相继诞生，也成为吸纳毕业生就业的主要领域之一。

3. 就业政策的出台保障毕业生就业

国家及各级政府出台了一系列推进毕业生就业的政策，在提升就业指导水平和就业服务能力的同时，国家不断拓宽基层和重点行业的就业渠道，增加就业岗位。从深入推进创新创业教育到鼓励自主创业、从引导毕业生去基层就业到鼓励毕业生去中小微企业就业、从做好大学生征兵工作到支持毕业生去国际组织实习任职，国家不断拓展就业领域、推进就业制度的完善，以保障毕业生就业。

二、毕业生就业难的主要原因

当前，毕业生就业难已经成为一种严重的社会问题，其形成原因是相当复杂的，既有产业结构调整带来的隐患，又有就业市场供需变化积累的矛盾，既有高校教育的问题，也有学生素质的缺失。因此，我们要结合客观与主观因素来应对毕业生就业难这一难题。

动画　　微课

（1）毕业生数量逐年递增。自 1999 年国家扩招以来，毕业生数量从 84.76 万人增长到 2022 年的 1076 万人，高等教育已经完成从精英化教育向大众化教育的转变，同时瓦解了精英化就业，所有毕业生都要进入劳动力市场中去竞争，导致毕业生就业压力倍增。

（2）产业结构调整。随着产业结构的不断调整，高耗能、高污染的企业将关闭，第一产业、第二产业的就业人数将减少，第三产业中服务业和信息产业的岗位将增多，这就意味着劳动力市场岗位供给结构不断调整，有些专业的适应性不断下降。

（3）企业需求相对疲软。近些年，全球经济形势呈现出下滑的趋势，停工停产导致企业运营放缓甚至停滞，人才需求量大幅下降。在这种大环境下，企业和毕业生都持观望态度，缓就业、慢就业的现象频出。

（4）专门人才供给过剩。随着产业结构的不断调整，企业转型已迫在眉睫。不少企业对员工的专业素质要求也在转变和提升。社会对人才的需求不断变化，而专业调整周期远远跟不上这个速度，这就导致专业调整不及时，招生时是热门专业，就业时变成了供大于求的冷门专业。

除了以上客观因素，毕业生自身存在的问题也日益凸显，目前已成为就业难的主要原因。表现在以下四个方面。

（1）就业准备不足。多数毕业生对“职业生涯”的概念模糊，缺乏很好的职业规划，加之在校期间对就业市场、社会关心度不够，不知道自己将来能干什么、要干什么。对就业环境的迷茫加上自我认知模糊，就会导致毕业生在就业初期出现不知所措、频繁更换就业单位等现象。

（2）自身素质与社会要求不匹配。毕业生在校时过多地关注学习成绩，单纯地学习理论知识，对专业技能和综合素质的培养投入的精力偏少，缺乏实际操作能力，不能与企业的人才需求相匹配，自然会被淘汰。

（3）缺乏正确的价值观和就业观。许多毕业生片面追求地域条件和物质待遇，对经济发达地区的就业期望值过高，或者一味追求专业对口，造成就业机会流失，更有甚者出现了“伪就业”的现象。

（4）就业思想压力过大。临近毕业，面对实习就业，有的毕业生无法在升学和就业中抉择，又不愿占用家中资源，心理压力颇大，加上在求职过程中遭遇挫折、失去信心，导致很多毕业生在毕业之前思想压力过大，进而影响就业质量。

三、就业相关主体及责任

毕业生就业已经成为全社会普遍关注的热点问题。它不仅是关系毕业生切身利益的问题，更是关系多元利益主体（政府、高校、毕业生等）的重大经济和社会问题。因此，明确相关主体及责任对推进毕业生就业起着至关重要的作用。

（一）政府

政府是毕业生就业的责任主体，在毕业生就业工作中承担维持就业市场稳定、创新就业服务内容等责任。确定和发挥政府在促进毕业生就业工作中的主导作用，对探索扩大就业途径的意义重大。

1. 制定政策和法规，规范就业市场

为保障毕业生就业工作有条不紊，政府要建立健全法律法规。一方面，政府要从规范就业市场着手，逐步将就业工作纳入法制化、规范化的进程中，不断建立完善的社会保障制度，扫清各种体制性障碍，让毕业生流动更加便利、顺畅。另一方面，政府要不断梳理国家及地方就业、创业政策，统筹各方力量，加大宣传力度，拓宽就业渠道，帮助毕业生和企业了解就业政策、用好就业政策。

2. 统筹人才需求与市场需求，实现毕业生供给的有效对接

政府要根据产业的发展规划和经济转型升级的要求，以全局的高度分析现有人力资源中存在的问题，搭建供需双方交流平台。这可以在一定程度上实现学校与市场的对接，也有利于提高高校人才的培养质量，促进毕业生教育与经济发展的用人需要间进行更有效的对接。

3. 加强就业管理和就业服务

首先，政府要积极促进毕业生供给与需求的平衡，建立健全公共就业服务体系，大力开展职业培训，以提高毕业生的就业适应力。其次，政府应加强就业信息服务能力，创新信息发布和搜集方式，拓宽信息发布渠道，使毕业生和企业间的对话更直接、更全面，有效避免就业工作的随意性和盲目性。

（二）高校

毕业生就业市场不同于一般的劳动力市场，要在短时间内完成大量的高层次人才的流动，高校在其中发挥了重要的作用。

1. 进行教育改革，提高教育质量

高校要时刻关注就业市场对人才的需求，以便及时调整人才培养方式，培养毕业生树立正确的就业观和择业观，制定符合市场需求的人才培养方案，积极调整专业发展方向，转变教育评价体系，创新教育教学方式，注重培养毕业生的综合素质和实践能力，使毕业

生在就业市场中更具竞争力。

2. 加大就业工作的指导力度

高校要加大就业工作的指导力度，一方面，要设立专门的机构从事毕业生就业服务和指导工作，通过各种渠道搜集和发布社会需求信息，宣传国家就业方针和政策，解决毕业生在就业过程中遇到的心理问题和实际困难，提高毕业生的就业能力。另一方面，要时刻保持与企业的沟通和联系，了解企业的真实需求，拓宽就业渠道，实现毕业生和企业的双向选择，让人才在可控的范围内合理流动。

（三）毕业生

毕业生作为就业的主力军，在就业市场中发挥着决定性的作用，因此社会对毕业生的要求也会更加严格。

1. 提升综合素质，适应社会要求

毕业生在就业过程中的主要竞争力在于自身的综合素质。企业对人才的评价体系已经由之前的以专业成绩为主向以综合素质为主转变，现代社会更需要全面型人才，以便使其更加符合岗位要求，为企业创造更多的价值。

2. 接受就业指导，熟悉就业流程

一方面，就业指导能帮助毕业生正确地认识自己，端正就业态度，避免毕业生在就业过程中出现迷茫、失落等情绪。另一方面，通过就业指导，毕业生可以接收就业信息，积累就业实战经验。毕业生就业是一个复杂的程序，其中包含很多环节，只要一个环节出错就有可能对毕业生产生重要的影响。因此，毕业生在校期间要主动接受就业指导，熟悉就业流程，避免就业时产生不必要的麻烦。

3. 如实介绍自己，做到诚信就业

有些毕业生为了得到心仪的工作，不惜在简历上造假，甚至伪造各种证书及证件，最后造成了严重的后果；还有些毕业生执意寻找最优企业，以致反复签约、反复违约，给企业造成了不小的麻烦，这些都是诚信意识薄弱的体现。毕业生在就业过程中一定要遵守诚信原则，如实介绍自己，这样既是对自己负责，也是对学校和企业负责。

小贴士

德与才哪个更重要

深山里住着一位得道高僧，前来拜师的人络绎不绝。面对众多来访者，高僧仅用了一招就将很多人拒之门外——扫地。他对每个前来拜师的人都会提出一个要求，也就是让他们用一小时的时间将屋子里外打扫干净，任何角落都不能有灰尘。有的人拿起扫把很快就扫完了，坐在椅子上休息。高僧问他们是否真的将屋子打扫干净了，他们回答“是的”，但等高僧巡视完后就会将他们请下山去。更有甚者在打扫到一半的时候就消失不见了。面对这种情况，高僧总是沉默不语。众人非常疑惑。原来，每当有人来拜师的时候高僧都会在屋子的角落里放上几枚铜钱，如果拜师者在打扫过后没有将铜钱放回原位或交还给高僧，那他都会直接将其请下山去。

由此可见，对于一个人的考量，应当以德为先。古语有云："智者不必仁，而仁者则必智。"也就是说，聪明的人不一定怀有仁厚之心，而怀有仁厚之心的人一定是聪明的人。

德与才哪个更重要

司马光指出，德是才的统帅，才是德的辅助。德才兼备的是圣人，无德无才的是愚人，德胜过才的是君子，才胜过德的是小人。由此可见，在司马光看来，用人之道，在德才无法兼得的情况下，与其选择有才的小人，不如选择愚人，小人恃才作恶，危害难以逆转，愚人虽然才智尚浅，但尚可控制。因此，用人应该以德为先。

四、毕业生就业相关政策

微课

（一）国家就业政策[①]

十九大报告中明确指出，要坚持就业优先战略和积极就业政策，实现更高质量和更充分就业。作为一名高校毕业生，了解和熟悉相关的就业政策，有利于拓宽就业渠道。

1. 鼓励引导高校毕业生面向城乡基层、中西部地区、东北地区、艰苦边远地区以及革命老区、民族地区、贫困地区就业

国家对在基层工作的高校毕业生职业发展采取以下鼓励政策措施。

（1）在干部人才选拔任用机制上，进一步强化基层工作经历的政策导向，向在基层工作的优秀高校毕业生倾斜。

（2）自 2012 年起，省级以上机关录用公务员，除特殊职位外，按照有关规定一律从具有 2 年以上基层工作经历的人员中考录。

（3）市地级以上机关应拿出一定数量岗位面向具有基层工作经历的公务员进行公开遴选。

（4）省、市级所属事业单位面向社会公开招聘时，应拿出一定数量岗位公开招聘有基层事业单位工作经历的人员。有条件的地区，可明确具体公开遴选或招聘的比例。

（5）鼓励国有大中型企业建立健全人力资源管理激励机制，将在基层生产和管理一线表现优秀的高校毕业生纳入后备人才队伍，加大从基层一线选拔任用中层干部的力度。

① 内容来源：中华人民共和国教育部，2018 年 12 月 4 日，有删减。

（6）对具有基层工作经历的高校毕业生，在研究生招录和事业单位选聘时实行优先。

（7）高校毕业生在中西部地区和艰苦边远地区县以下基层单位从事专业技术工作，申报相应职称时，可不参加职称外语考试或放宽外语成绩要求。充分挖掘社会组织吸纳高校毕业生就业的潜力，对到省会及省会以下城市的社会团体、基金会、民办非企业单位就业的高校毕业生，所在地的公共就业和人才服务机构要协助办理落户手续，在专业技术职称评定方面享受与国有企事业单位同类人员同等待遇，对于吸纳高校毕业生就业的社会组织，符合条件的可同等享受企业吸纳就业扶持政策。

（8）对到农村基层和城市社区从事社会管理和公共服务工作的高校毕业生，符合公益性岗位就业条件并在公益性岗位就业的，按照国家现行促进就业政策的规定，给予社会保险补贴和公益性岗位补贴。

2. 鼓励企业特别是中小微企业吸纳高校毕业生就业

国家对鼓励中小微企业吸纳高校毕业生就业采取以下政策措施。

（1）对招收高校毕业生达到一定数量的中小企业，地方财政应优先考虑安排扶持中小企业发展资金，并优先提供技术改造贷款贴息。

（2）对劳动密集型小企业当年新招收登记失业高校毕业生，达到企业现有在职职工总数 30%（超过 100 人的企业达 15%）以上，并与其签订 1 年以上劳动合同的劳动密集型小企业，可按规定申请最高不超过 200 万元的小额担保贷款并享受 50% 的财政贴息。

（3）高校毕业生到中小企业就业的，在专业技术职称评定、科研项目经费申请、科研成果或荣誉称号申报等方面，享受与国有企事业单位同类人员同等待遇。

（4）对小微企业新招用毕业年度高校毕业生，签订 1 年以上劳动合同并缴纳社会保险费的，给予 1 年社会保险补贴。

3. 鼓励大学生应征入伍，报效祖国

高校毕业生应征入伍服义务兵役，除享有优先报名应征、优先体检政审、优先审批定兵、优先安排使用“四个优先”政策，家庭按规定享受军属待遇外，还享受优先选拔使用、学费补偿和国家助学贷款代偿、退役后考学升学优惠、就业服务等政策。

4. 鼓励支持高校毕业生自主创业，稳定灵活就业

高校毕业生自主创业，可以享受以下优惠政策。

（1）税收优惠：持人力资源和社会保障部门核发“就业创业证”（注明“毕业年度内自主创业税收政策”）的高校毕业生在毕业年度内（指毕业所在自然年，即 1 月 1 日至 12 月 31 日）创办个体工商户、个人独资企业的，3 年内按每户每年 8000 元为限额依次扣减其当年实际应缴纳的营业税、城市维护建设税、教育费附加和个人所得税。对高校毕业生创办的小型微利企业，按国家规定享受相关税收支持政策。

（2）创业担保贷款和贴息支持：对符合条件的高校毕业生自主创业的，可在创业地按规定申请创业担保贷款，贷款额度为 10 万元。鼓励金融机构参照贷款基础利率，结合风险分担情况，合理确定贷款利率水平，对个人发放的创业担保贷款，在贷款基础利率基础上上浮 3 个百分点以内的，由财政给予贴息。

（3）免收有关行政事业性收费：毕业 2 年以内的高校毕业生从事个体经营（除国家限制的行业外）的，自其在市场监管部门首次注册登记之日起 3 年内，免收管理类、登记类和证照类等有关行政事业性收费。

（4）享受培训补贴：对高校毕业生在毕业学年（从毕业前一年 7 月 1 日起的 12 个月）内参加创业培训的，根据其获得创业培训合格证书或就业、创业情况，按规定给予培训补贴。

（5）免费创业服务：有创业意愿的高校毕业生，可免费获得公共就业和人才服务机构提供的创业指导服务，包括政策咨询、信息服务、项目开发、风险评估、开业指导、融资服务、跟踪扶持等“一条龙”创业服务。各地在充分发挥各类创业孵化基地作用的基础上，因地制宜建设一批大学生创业孵化基地，并给予相关政策扶持。对基地内大学生创业企业要提供培训和指导服务，落实扶持政策，努力提高创业成功率，延长企业存活期。

（6）取消高校毕业生落户限制，允许高校毕业生在创业地办理落户手续（直辖市按有关规定执行）。

5. 为高校毕业生提供就业指导、就业服务和就业援助

离校未就业高校毕业生享受以下服务和政策。

（1）地方各级人力资源和社会保障部门所属公共就业和人才服务机构、基层公共就业服务平台要面向所有离校未就业高校毕业生（包括户籍不在本地的高校毕业生）开放，办理求职登记或失业登记手续，发放“就业创业证”，摸清就业服务需求。其中，直辖市为非本地户籍高校毕业生办理失业登记的办法按现行规定执行。

（2）对实名登记的所有离校未就业高校毕业生提供更具针对性的职业指导。

（3）对有求职意愿的离校未就业高校毕业生要及时提供就业信息。

（4）对有创业意愿的离校未就业高校毕业生，各地要纳入当地创业服务体系，提供政策咨询、项目开发、创业培训、融资服务、跟踪扶持等“一条龙”创业服务，及时提供就业信息。

（5）要将零就业家庭、经济困难家庭、残疾等就业困难的离校未就业高校毕业生列为重点工作对象，提供“一对一”个性化就业帮扶，确保实现就业。

（6）对有就业见习意愿的离校未就业高校毕业生，各地要及时纳入就业见习工作对象范围，确保能够随时参加。

（7）对有培训意愿的离校未就业高校毕业生，各地要结合其专业特点，组织参加职业培训和技能鉴定，按规定落实相关补贴政策。

（8）地方各级公共就业和人才服务机构要为离校未就业高校毕业生免费提供档案托管、人事代理、社会保险办理和接续等一系列服务，简化服务流程，提高服务效率；有条件的地方可对到小微企业就业的高校毕业生，提供免费的人事劳动保障代理服务。

（9）加大人力资源市场监管力度，严厉打击招聘过程中的欺诈行为，及时纠正性别歧视和其他各类就业歧视。加大劳动用工、缴纳社会保险费等方面的劳动保障监察力度，切实维护高校毕业生就业后的合法权益。

（二）各省就业政策

可以登录中华人民共和国人力资源和社会保障部官方网站或当地人力资源和社会保障局官网查询各省就业政策。

小贴士

基层就业[①]

1. 什么是基层就业

基层就业就是到城乡基层工作。国家近几年出台了一系列优惠政策鼓励高校毕业生积极参加社会主义新农村建设、城市社区建设和应征入伍。一般来讲，“基层”既包括广大农村，也包括城市街道社区；既涵盖县级以下党政机关、企事业单位，也包括社会团体、非公有制组织和中小企业；既包括单位就业，也包括自主创业、自谋职业。

2. 中央有关部门实施了哪些基层就业项目

近年来，中央各有关部门主要组织实施了 5 个引导高校毕业生到基层就业的专门项目，包括：共青团中央、教育部、财政部、人力资源和社会保障部（原人事部）四部门从 2003 年起组织实施的“大学生志愿服务西部计划”；中共中央组织部、人力资源和社会保障部、教育部等八部门从 2006 年起组织实施的“三支一扶”（支教、支农、支医和扶贫）计划；教育部、财政部、人力资源和社会保障部、中央编办四部门从 2006 年起组织实施的“农村义务教育阶段学校教师特设岗位计划”；中共中央组织部、教育部、财政部、人力资源和社会保障部等部门从 2008 年起组织实施的“选聘高校毕业生到村任职”；农业部、人力资源和社会保障部、教育部等部门从 2013 年起组织实施的“农业技术推广服务特设岗位计划”。

1）大学生志愿服务西部计划

“大学生志愿服务西部计划”由共青团中央牵头，教育部、财政部、人力资源和社会保障部共同组织实施。从 2003 年开始，每年招募 1.8 万名普通高等学校应届毕业生，到西部贫困县的乡镇从事为期 1～3 年的教育、卫生、农技、扶贫，以及青年中心建设和管理等方面的志愿服务工作。

2）“三支一扶”计划

“三支一扶”是支教、支农、支医、扶贫的简称。2006 年，中共中央组织部、原人事部等八部门下发《关于组织开展高校毕业生到农村基层从事支教、支农、支医和扶贫工作的通知》（国人部发〔2006〕16 号），以公开招募、自愿报名、组织选拔、统一派遣的方式，从 2006 年开始连续 5 年，每年招募 2 万名高校毕业生，主要安排到乡镇从事支教、支农、支医和扶贫工作。服务期限一般为 2～3 年。招募对象主要为全国普通高校应届毕业生。

2011 年 4 月，人力资源和社会保障部下发《关于继续做好高校毕业生三支一扶计划实施工作的通知》（人社部发〔2011〕27 号），决定继续组织开展高校毕业生“三支一扶”计划，从 2011 年起，每年选拔 2 万名，5 年内选拔 10 万名高校毕业生到基层从事“三支一扶”服务。

---

① 内容来源：中华人民共和国教育部，2018 年 12 月 4 日，有删减。

3）农村义务教育阶段学校教师特设岗位计划

2006年，教育部、财政部、原人事部、中央编办下发《关于实施农村义务教育阶段学校教师特设岗位计划的通知》（教师〔2006〕2号），联合启动实施“农村义务教育阶段学校教师特设岗位计划”，公开招聘高校毕业生到“两基”攻坚县农村义务教育阶段学校任教。特岗教师聘期3年。

2006—2008年“农村义务教育阶段学校教师特设岗位计划”的实施范围以国家西部地区“两基”攻坚县为主（含新疆生产建设兵团的部分团场），包括纳入国家西部开发计划的部分中部省份的少数民族自治州，适当兼顾西部地区一些有特殊困难的边境县、少数民族自治县和少小民族县。2009年，实施范围扩大到中西部地区国家扶贫开发工作重点县。2015—2016年“农村义务教育阶段学校教师特设岗位计划”的实施范围具体为：《中国农村扶贫开发纲要（2011—2020年）》确定的11个集中连片特殊困难地区和四省藏区县、中西部地区国家扶贫开发工作重点县、省级扶贫开发工作重点县、西部地区原“两基”攻坚县（含新疆生产建设兵团的部分团场）、纳入国家西部开发计划的部分中部省份的少数民族自治州，以及西部地区一些有特殊困难的边境县、少数民族自治县和少小民族县。“农村义务教育阶段学校教师特设岗位计划”设岗县（市），必须是教师总体缺编、结构性矛盾突出的县（市）。

选聘对象和条件：①以高等师范院校和其他全日制普通高校应届本科毕业生为主，可招少量应届师范类专业专科毕业生；②取得教师资格，具有一定教育教学实践经验，年龄在30岁以下的全日制普通高校往届本科毕业生；③参加过“大学生志愿服务西部计划”、有从教经历的志愿者和参加过半年以上实习支教的师范院校毕业生同等条件下优先；④报名者应同时符合教师资格条件要求和招聘岗位要求。

4）选聘高校毕业生到村任职

2008年，中共中央组织部、教育部、财政部、人力资源和社会保障部出台了《关于印发〈关于选聘高校毕业生到村任职工作的意见（试行）〉的通知》（组通字〔2008〕18号），计划用5年时间选聘10万名高校毕业生到农村担任村党支部书记助理，村委会主任助理或团支部书记、副书记等职务。从2010年开始，扩大选聘规模，逐步实现“一村一名大学生村官”计划的目标。选聘的高校毕业生在村工作期限一般为2～3年。

选聘对象为30岁以下应届和往届毕业的全日制普通高校专科以上学历的毕业生，重点是应届毕业和毕业1～2年的本科生、研究生，原则上为中共党员（含预备党员），非中共党员的优秀团干部、优秀学生干部也可以选聘。

选聘的基本条件是：①思想政治素质好，作风踏实，吃苦耐劳，组织纪律观念强；②学习成绩良好，具备一定的组织协调能力；③自愿到农村基层工作；④身体健康。此外，参加人力资源和社会保障部、共青团中央等部门组织的到农村基层服务的“三支一扶”“大学生志愿服务西部计划”等活动期满的高校毕业生，本人自愿且具备选聘条件的，经组织推荐可作为选聘对象。

5）农业技术推广服务特设岗位计划

“农业技术推广服务特设岗位计划”由农业部牵头，人力资源和社会保障部、教育部、科技部共同组织实施。从2013年开始，每年招募一批普通高等学校应届毕业生，到乡镇或区域性农业技术推广机构从事为期 2 ～ 3 年的农业技术推广、动植物疫病防控、农产品质量安全服务等工作。

任务二　兵马未动，粮草先行——合理规划

案例导入

官渡之战

东汉献帝建安四年（199 年）六月，袁绍挑选精兵十万人、战马万匹，企图南下进攻许都（今河南许昌），官渡之战的序幕由此拉开。建安五年（200 年），曹军与袁军相持于官渡，双方僵持了几个月。曹军缺乏粮草，百姓疲乏，而此时袁绍派车运粮，命令淳于琼率兵万人护送。袁绍并没有采纳沮授关于“另外派遣蒋奇率领支援军队在运粮军队的外表，以断绝曹军的抄掠”的建议，致使军队内部出现嫌隙。淳于琼率领没有外表援军的运粮军队夜宿于距离袁军大营仅剩四十里路程的乌巢（今河南延津东南）。恰在这时，袁绍谋士许攸投奔曹操，他建议曹操采用轻兵奇袭乌巢，烧其粮草。曹操马上进行部署，留曹洪、荀攸守营垒，亲自率领步骑五千人，冒用袁军旗号，让战马口衔横枝，军士各带柴草一束，深夜走小路偷袭乌巢。曹军到达后立即围攻放火。袁绍获知曹操袭击乌巢后，一方面派援兵救援，另一方面命令张郃、高览率重兵猛攻曹军大营。可曹营坚固，久攻不下。曹军得知消息后士气大增，大破袁军，斩杀淳于琼等大将，并将其粮草全数烧毁。张郃、高览闻得乌巢被破，于是投降曹操，导致军心动摇、内部分裂、大军崩溃。官渡之战，经过一年多的对峙，以曹操的全面胜利而宣告结束。曹操以两万人左右的兵力出奇制胜，击破袁军十万人。这个战例成为中国历史上以弱胜强、以少胜多的典型战例。

案例分析

从官渡之战中我们可以看出粮草的重要性。曹操一度因为粮草不足想撤兵，而袁绍对于乌巢的粮仓掉以轻心，不派重兵把守，致使曹操抓住袁军漏洞轻而易举地偷袭成功，而失去粮草的袁军士气一落千丈，最终战败。

俗话说：“兵马未动，粮草先行。”战争如此，毕业生就业亦如此。只有熟悉就业流程中的各个环节，才能最大限度地避免失误，轻松就业。

一、毕业生就业流程

毕业生就业流程

（一）毕业生就业程序

毕业生与用人单位达成就业意向后，须签订全国普通高等学校毕业生就业协议书（以下简称“就业协议书”），已经签订就业协议书的需要将就业协议书上交学校就业中心，列入就业派遣计划，办理档案、党组织关系的转接，到用人单位或就业主管部门报到。

与用人单位达成就业意向但并没有签订就业协议书的毕业生，可以到所在地的公共就业和人才服务机构办理人事代理手续，之后档案会被派遣到所在地的公共就业和人才服务机构。没有办理人事代理手续和未就业的毕业生档案会被派回到生源地所在的公共就业和人才服务机构。

（二）就业过程中需要把握的几个主要时间节点

1. 就业前准备阶段：前一年 9—12 月

（1）了解国家相关就业政策、就业流程，特别是就业工作中各阶段的时间节点，做到心中有数。

（2）参加就业讲座及培训会，了解当前的就业形势及专业发展前景。

（3）查询和自己专业紧密相关的就业信息，了解相应的岗位要求和条件，全面、客观地认识自我，确定意向行业和求职目标。

（4）调整心态，做好就业前的心理准备，端正就业态度。

（5）准备适合自己的简历，同时准备推荐信、证书复印件等。

（6）密切关注学校就业信息网、各大就业招聘网站，初步了解就业信息的搜集途径及方式，积极参加招聘活动。

2. 双向选择阶段：次年 2—5 月

（1）通过多种途径、方式大量搜集就业信息。毕业生获取就业信息的主要渠道有：①浏览各类就业信息网站，包括国家及地方人力资源和社会保障部门主办的就业信息网站、高校就业信息网站和其他专业性就业信息网站等；②参与社会实践、毕业实习等活动；③查阅媒体广告，如报纸、刊物、电台、电视台、视频媒体等；④他人推荐，如老师、校友、亲友等；⑤主动到用人单位求职自荐。

（2）参加各类招聘会和双选活动，包括国家有关部门、各地政府、学校、用人单位组织的现场或网络招聘活动。

（3）签订就业协议书。毕业生与用人单位达成就业意向后，应尽快签订就业协议书，一方面有利于敲定工作，另一方面能最大限度地保护自身的就业权益。

（4）专升本考试的报名、缴费和考试。

3. 毕业前准备阶段：5—6 月

这一阶段主要是填写毕业鉴定、上交毕业材料等，已经签订就业协议书的毕业生应尽早上交就业协议书，以便学校就业中心制订就业派遣计划。

4. 派遣报到阶段：6—7 月

毕业生回校参加毕业典礼、领取毕业证等毕业材料，持相关材料去工作单位或公共就业和人才服务机构报到。同时，学校就业中心根据相关规定转递毕业生档案，毕业生须及时办理档案的转接手续。

5. 就业调整阶段：毕业两年内

毕业生在毕业两年内因更换工作单位、考取公务员等原因需要调整工作单位的，可以按照毕业院校的要求办理相关手续。

二、就业协议书

动画　微课

（一）就业协议书的内涵

就业协议书是明确毕业生、用人单位、学校三方在毕业生就业工作中的权利与义务的书面表现形式，是学校派遣毕业生的依据。每位毕业生各拥有唯一的编号协议书，实行编号管理。

就业协议书是毕业生与用人单位订立的确立劳动关系的协议，是毕业生与用人单位建立就业关系的正式凭证，因此必须妥善保管。就业协议书实质上是劳动合同的一种特殊表现形式，具有一定的法律效力，因此在签约时一定要慎重，在填写时也要更加注重规范性。

一旦签订就业协议书，就意味着毕业生的第一份工作基本确定，因此要特别注意签约事项。在签订就业协议书前，要认真查看用人单位的性质，机关、事业单位、国有企业等一般都有人事接收权。其他不具备人事接收权的企业可以委托人事代理机构按照一定的法律程序和政策规定，代办相关人事代理业务。因此，毕业生还要对不同地方人力资源和社会保障部门的特殊规定有所了解。

（二）就业协议书的基本内容

（1）毕业生的基本情况，包括姓名、性别、民族、学校、专业、学历、家庭住址、联系方式等。

（2）用人单位的基本情况，包括单位名称及隶属、组织机构代码、单位性质、联系人及联系方式、通信地址、档案转寄地址等。

（3）学校的基本情况，包括联系人、联系方式、通信地址等。

另外，在“备注”一栏还可填写毕业生与用人单位约定的内容，包括工作岗位、违约责任、协议失效条款、终止条款等。

（三）签订就业协议书时必须遵守的基本原则

（1）主体合法原则：签订就业协议书的当事人必须具备合法的主体资格。对于毕业生而言，必须取得毕业资格，如果毕业生在派遣时由于各种原因未取得毕业资格，则用人单位可以不予接收而无须承担法律责任。对于用人单位而言，应具有录用自主权和相应资质，否则毕业生可解除协议而无须承担违约责任。

（2）平等协商原则：签订就业协议书的当事人的法律地位是平等的。用人单位和毕业生需要经过协商一致，按照共同意愿签订就业协议书，双方约定的内容要在法律允许的范围内，学校作为第三方起到监督和鉴定的作用。因此，用人单位不应要求毕业生交纳过高的违约金、保证金等，学校也不得以行政手段强制要求毕业生签订就业协议书。

（四）就业协议书的签订步骤

就业协议书是由国家、省级毕业生就业工作部门统一印制的，是毕业生在择业过程中与用人单位，或者在尚未就业时与所在地的公共就业和人才服务机构签订就业或人事代理的唯一凭证。毕业生与用人单位达成一致意见后就可以签订就业协议书。毕业生在如实填写个人信息后，将其交由用人单位填写单位信息、签署意见并加盖单位及上级主管部门公章，上级主管部门的签章可依据单位具体情况而定。如有其他约定，可以文字的形式在“备注”一栏注明。双方签订好后，毕业生要及时将其交回到学校就业中心，经审核合格加盖系部及学校公章后，便可列入就业派遣计划。

例如，毕业生到市属国有单位就业的，应在“用人单位意见”一栏由单位盖章，有上级主管部门的还需到上级主管部门加盖公章；到县、区或市属非国有单位就业的，除用人单位盖章外，还需单位所在县、区公共就业和人才服务机构或市公共就业和人才服务机构盖章，最后到市大中专毕业生就业指导办公室盖章。

就业协议书的签订

（五）签订就业协议书的注意事项

（1）毕业生情况部分：毕业生要如实填写个人信息，避免造成不必要的麻烦。

（2）用人单位情况部分：用人单位名称要与签章名称一致，档案转寄地址要写清楚。值得特别注意的是，用人单位除了有单位性质之分，还有级别之分，同学们在签订就业协议书时一定要做好功课，将所有需要的公章盖全。

（3）双方协商达成的附加条款：将双方协商达成的附加条款落实在协议中，也可另备一份补充协议。

（4）毕业生不能伪造、复印就业协议书，每位毕业生只能与一家用人单位签订就业协议书，与多家用人单位签订就业协议书的，最先签约的协议有效，其余都按违约处理。

（5）毕业生与用人单位约定的其他条款一定要以文字的形式在“备注”一栏注明，任何口头承诺都不具有法律效力。

（6）毕业生因自身原因解除协议，要与用人单位充分沟通与协商，并承担相应的违约责任，切不可盲目逃避责任。如果用人单位发生违约情况，那毕业生也要及时向学校反映，学会保护自身的合法权益。

（六）就业协议书的解除步骤

毕业生与用人单位签订了就业协议书后，双方都要认真履行，若一方因特殊原因要求解除协议，则应承担违约责任，办理解约手续。就业协议书的解除分为单方解除和双方解除。不管哪种方式，都要经过双方同意才能办理解约手续。

就业协议书的解除步骤如下。

（1）与学校就业中心沟通，确认解约是否对自己有影响，了解解约后补办就业协议书需要携带什么材料，解约后多长时间才能办理新的就业协议书，需要慎重考虑后做出决定。

（2）与用人单位沟通，确认办理解约手续需要的流程及承担的风险，以及办理解约手续需要的时间。

（3）与学校及用人单位协商一致后，可向用人单位提出申请，按照协议签订时约定的内容办理解约手续，并要求用人单位提供解约通知书或解约函。

（4）持解约通知书或解约函、已经失效的就业协议书到学校就业中心办理新的就业协议书，及时跟进。

三、毕业生档案

动画　微课

毕业生档案在校时被称为学生档案，毕业后被称为人事档案。可以说，它是个人政治面貌、学习经历和工作经历的记录，也是人事管理和服务的依据。一般而言，档案袋里主要装着高中阶段和大学阶段的经历，具体包括个人简历、工作履历表、学生档案（包括学历档案）、单位证明、政治面貌材料（如党员材料）等。

（一）毕业生档案的去向

对于毕业未就业的毕业生的档案，有三种归档方式：一是档案留校，待落实工作单位后，将档案迁至工作单位，一般学校最多保存两年，超过两年仍未落实工作单位的，学校会将档案迁回其生源地所在的公共就业和人才服务机构；二是将档案转至生源地所在的公共就业和人才服务机构，这种方式比较适合准备在生源地范围内就业和暂时不想就业的毕业生；三是将档案转至所在地的公共就业和人才服务机构，这种方式比较适合灵活就业、创业的毕业生，易于解决毕业生的一些实际问题。

对于已经落实工作单位的毕业生的档案，有两种归档方式：对于具有档案管理权限的单位，可以将档案直接转至单位；对于不具有档案管理权限的单位，可以将档案转至单位所在地的公共就业和人才服务机构。因此，毕业生在签订就业协议书的时候一定要提前询问清楚用人单位的性质，以免档案投递错误，造成档案丢失。机关、事业单位、国有企业是有档案管理权限的，可以接收档案；其他各类非公单位、民营机构是无档案管理权限的，要通过公共就业和人才服务机构来接收档案。

（二）毕业生档案的重要性

对毕业生个人来说，考研、考公务员、出国留学、升学、就业等，都要用到档案，否则将无法办理相关证明。如果未归档，则今后会影响到入党、评定职称、考研政审、社会保险费缴纳及日后的离退休手续办理。另外，福利待遇、社会保险受保时间等也是以个人档案的记录为依据的。

小贴士

档案的管理机构

人事档案可通过县级以上人力资源和社会保障部门所属机构进行保管。人事档案在个人手中保存或在无档案管理权限单位保存的，应先到当地人力资源和社会保障部门所属公共就业和人才服务机构补办有关手续，完善档案材料，移交档案并及时办理人事代理和档案托管相关证明 。

按国家政策规定，人力资源和社会保障部门所属公共就业和人才服务机构具有资格保存毕业生就业后的人事档案，各种私营企业、民营企业、乡镇企业、中外合资企业、独资企业均无权管理员工的人事档案，一般由委托的各地公共就业和人才服务机构托管。毕业生也可以以个人名义委托公共就业和人才服务机构托管人事关系。

毕业生到具有档案管理权限的机关、事业单位、国有企业就业的，由单位直接接收、管理档案；到无档案管理权限的单位（私营企业、外资企业等）就业的，可由各地公共就业和人才服务机构负责提供档案管理等人事代理服务。

四、人事代理

动画　微课

人事代理是指政府人力资源和社会保障部门所属公共就业和人才服务机构，接受用人单位或个人的委托，按照相关规定，代办人事管理方面的事务。负责保管人事档案、办理转正定级、考评技术职称、调整档案工资、认证身份、考研政审、接转党组织关系、办理各种社会保险，以及办理成考或自考毕业生录用、职高（高中）毕业生录用手续，接纳家庭生活基础不在市区的大专以上毕业生户口关系落户等。同时，为用人单位提供企业诊断、人事设计、人才招聘引进、岗位技能培训等服务，是实现人员使用与人事关系管理分离的一项人事改革新举措。[①]

（一）人事代理的优点

人事代理实质上就是用人单位或毕业生本人委托各地公共就业和人才服务机构对其人事关系实行社会化管理的一种人事管理方式。它的优点包括以下四个方面。

（1）妥善解决了毕业生档案托管问题，有利于用人单位实现用人自主权，促进人才流动，实现自主择业。

（2）为毕业生办理转正定级、保留干部身份、调整档案工资、评定职称资格等，使其不会出现断档。

（3）对涉及考研升学、接转党组织关系的毕业生，委托代理机构可为其出具以档案材料为依据的相关人事证明等，并协助为其办理相关手续。

（4）协助毕业生办理社会保险及日后的离退休手续。

所以说，办理人事代理是毕业生就业的一种重要形式，对毕业后没有找到正式工作而延误人事关系管理的毕业生来说有重要的意义。我们鼓励毕业生毕业之后，特别是在私有企业工作的毕业生办理人事代理来保障自身的权益。

① 内容来源：《唐山人才就业周刊》2011 年 8 月 10 日第 30 期，唐山市人力资源和社会保障局主办。

（二）人事代理的服务对象、办理流程及不办理的影响

1. 服务对象

（1）各类非国有（三资、集体、民营、乡镇、私营等）单位和其他自愿委托的各类国有单位。

（2）辞职、被辞退和解除聘用合同的人员。

（3）各类事务所和其他社会中介组织聘用的人员。

（4）各类非国有单位聘用的人员。

（5）自谋职业的军队转业干部。

（6）自费出国留学人员和留学回国人员。

（7）其他各类流动人员。

2. 办理流程

《人才市场管理规定》第十九条规定："人事代理方式可由单位集体委托代理，也可由个人委托代理；可多项委托代理，也可单项委托代理；可单位全员委托代理，也可部分人员委托代理。"第二十条又规定："单位办理委托人事代理，须向代理机构提交有效证件以及委托书，确定委托代理项目。经代理机构审定后，由代理机构与委托单位签订人事代理合同书，明确双方的权利和义务，确立人事代理关系。个人委托办理人事代理，根据委托者的不同情况，须向代理机构提交有关证件复印件以及与代理有关的证明材料。经代理机构审定后，由代理机构与个人签订人事代理合同书，确立人事代理关系。"

3. 不办人事代理的影响

不办理人事代理，就不能转正、定级和转干，就失去了干部身份，你的档案不符合国有企业、事业单位和公务员录取的要求，所以你以后去这些单位就很难了！如果考公务员或其他需要政审的单位，则没有地方提供档案；个人如果想作为灵活就业人员缴纳社会保险费也无法实现。

小贴士

流动人员人事档案如何保管[①]

流动人员人事档案主要包括：

（1）非公有制经济组织和社会组织聘用人员的人事档案；

（2）辞职辞退、解除（终止）聘用（劳动）合同、取消录（聘）用、被开除等与用人单位解除或终止人事（劳动）关系的未就业的原机关公务员、国有企事业单位的管理人员和专业技术人员、军队文职人员的人事档案；

（3）未就业的高校毕业生及中专毕业生的人事档案；

（4）自费出国（境）留学的高校毕业生及其他因私出国（境）人员的人事档案；

（5）外国企业常驻代表机构的中方雇员的人事档案；

（6）自由职业或灵活就业人员的人事档案；

① 内容来源：根据《流动人员人事档案管理服务规定》整理。

（7）其他流动人员的人事档案。

流动人员人事档案工作遵循“集中统一、归口管理”原则，主管部门为政府人力资源社会保障部门，接受同级党委组织部门、档案主管部门的指导和监督。

流动人员人事档案管理服务机构（以下简称“档案管理服务机构”）包括县级以上（含县级）人民政府设立的公共就业和人才服务机构，以及经省级人力资源社会保障行政部门授权的单位。其他任何未经授权的单位不得开展流动人员人事档案管理服务工作。严禁个人保管本人或他人人事档案。

档案管理服务机构应当提供以下服务：

（1）档案的接收、转递；

（2）档案材料的收集、鉴别和归档；

（3）档案的整理和保管；

（4）为符合相关规定的单位提供档案查（借）阅服务；

（5）依据档案记载出具存档、经历、亲属关系等相关证明材料；

（6）为相关单位提供入党、参军、录（聘）用、出国（境）等政审考察服务；

（7）党员组织关系的接转等。

跨地区就业创业流动人员的人事档案，可由其户籍所在地或现工作单位所在地的档案管理服务机构管理。

档案管理服务机构应当提供免费的流动人员人事档案基本公共服务，不得收取档案保管费、查阅费、证明费、转递费等名目的费用。

五、劳动合同

动画　微课

《中华人民共和国劳动法》（以下简称《劳动法》）第十六条规定：“劳动合同是劳动者与用人单位确立劳动关系、明确双方权利和义务的协议。建立劳动关系应当订立劳动合同。”

（一）劳动合同的重要性

劳动合同的依法订立是减少和防止发生劳动争议的重要措施，能建立行之有效的劳动关系，一方面有利于保障劳动者自身的合法权益，另一方面为用人单位合理使用劳动力、巩固劳动纪律、提高生产效率提供了重要载体和手段。劳动合同一旦订立就具有法律效力，双方当事人必须遵守劳动合同的规定。

（二）劳动合同的特征

（1）劳动合同的主体具有特定性。劳动合同双方，一方是具有劳动权利能力和劳动行为能力的劳动者，另一方是具有法人资格的用人单位或能独立承担民事责任的经济组织和个人，二者在履行劳动合同的过程中，存在管理与被管理的关系。

（2）劳动合同的内容具有劳动权利和劳动义务的统一性及对应性。劳动权利和劳动义务相辅相成，任何一方都不能只享受劳动权利而不履行劳动义务，也不能只履行劳动义务而不享受劳动权利。

（3）劳动合同的客体具有单一性，即劳动行为。

（4）劳动合同具有诺成、有偿、双务合同的特性。劳动合同是在劳动者和用人单位协商一致的情况下签订的，劳动者需要获得与之劳动相匹配的劳动报酬，用人单位不能无偿使用劳动力，二者均享有一定的权利，也要履行相应的义务。

（5）劳动合同往往涉及第三人的物质利益关系。劳动合同中要明确相关的福利待遇和社会保险条款，而这些条款往往涉及第三人的物质利益关系。

（三）订立劳动合同时应遵循的原则

订立劳动合同，应遵循合法、平等自愿、公平、协商一致、诚实守信原则。

（1）合法原则。劳动合同必须依法以书面形式订立，要做到主体合法、内容合法、形式合法、程序合法。只有合法的劳动合同才能产生相应的法律效力。任何一方面不合法的劳动合同，都是无效合同，不受法律承认和保护。

（2）平等自愿原则。首先，劳动合同的订立必须出于劳动者与用人单位双方协商一致且自愿，劳动合同的内容必须是双方真实意愿的体现；其次，在劳动合同的订立过程中，双方当事人的法律地位是平等的，劳动者与用人单位不会因为各自性质的不同而处于不平等地位，任何一方不得对他方进行胁迫或强制命令。

（3）公平原则。劳动合同的内容必须是公平合理的，用人单位不得以任何理由强制或逼迫劳动者签订有失公平的合同条款。

（4）协商一致原则。劳动合同的订立必须是劳动者与用人单位双方协商一致的结果，在合法的前提下，是双方“合意”的表现，不能是单方意思表示的结果，任何一方不得将自己的意识强加给另一方。

（5）诚实守信原则。劳动者和用人单位在订立劳动合同的过程中要遵循诚实守信原则。劳动者有权获悉薪资待遇、工作内容和地点、职业危害等方面的情况，用人单位有权了解劳动者的基本信息，劳动者应当如实说明。

（四）劳动合同的类型

劳动合同分为固定期限劳动合同、无固定期限劳动合同和以完成一定工作任务为期限的劳动合同。

（1）固定期限劳动合同，是指用人单位与劳动者约定合同终止时间的劳动合同。用人单位与劳动者协商一致，可以订立固定期限劳动合同。固定期限劳动合同到期后，要根据双方意愿决定是否续签。

（2）无固定期限劳动合同，是指用人单位与劳动者约定无确定终止时间的劳动合同。

《中华人民共和国劳动合同法》（以下简称《劳动合同法》）第十四条规定：“用人单位与劳动者协商一致，可以订立无固定期限劳动合同。有下列情形之一，劳动者提出或者同意续订、订立劳动合同的，除劳动者提出订立固定期限劳动合同外，应当订立无固定期限劳动合同：

（一）劳动者在该用人单位连续工作满十年的；

（二）用人单位初次实行劳动合同制度或者国有企业改制重新订立劳动合同时，劳动者在该用人单位连续工作满十年且距法定退休年龄不足十年的；

（三）连续订立二次固定期限劳动合同，且劳动者没有本法第三十九条和第四十条第一项、第二项规定的情形，续订劳动合同的。

用人单位自用工之日起满一年不与劳动者订立书面劳动合同的，视为用人单位与劳动者已订立无固定期限劳动合同。”

（3）以完成一定工作任务为期限的劳动合同，是指用人单位与劳动者约定以某项工作的完成为合同期限的劳动合同。此类合同一般用于以下情形：①以完成单项工作任务为期限；②以项目承包方式完成承包任务；③因季节原因临时用工；④其他双方约定的以完成一定工作任务为期限的情况。

（五）劳动合同的内容

劳动合同应当具备以下条款。

（1）用人单位的名称、住所和法定代表人或者主要负责人。

（2）劳动者的姓名、住址和居民身份证或者其他有效身份证件号码。

（3）劳动合同期限。签订劳动合同主要是建立劳动关系，但劳动关系必须明确期限。劳动合同期限不明确则无法确定合同何时终止，如何给付劳动报酬、经济补偿等，从而引发争议。用人单位与劳动者在协商选择劳动合同期限时，应根据双方的实际情况和需要来约定。

（4）工作内容和工作地点。这一条款是劳动合同的核心条款之一。

工作内容指劳动者从事劳动的种类和内容，包括工作岗位、工作任务及工作职责。在这一必备条款中，双方可以约定工作数量、质量，劳动者的工作岗位等内容。劳动合同中的工作内容条款应当规定得明确具体，便于遵照执行。

工作地点是劳动者进行劳动或生产的主要场所，关系到劳动者的工作环境、生活环境，以及劳动者的就业选择。如果劳动者认为合同中约定的工作地点不合理，或者不能接受多地工作的要求，则可以拒绝与该单位签订相应的劳动合同。

（5）工作时间和休息休假。工作时间是指劳动者在企业、事业、机关、团体等单位中，必须用来完成其所担负的工作任务的时间。《劳动法》第三十六条规定：“国家实行劳动者每日工作时间不超过八小时、平均每周工作时间不超过四十四小时的工时制度。”

休息休假是指企业、事业、机关、团体等单位的劳动者按规定不必进行工作，而自行支配的时间。《劳动合同法》第三十一条规定：“用人单位应当严格执行劳动定额标准，不得强迫或者变相强迫劳动者加班。用人单位安排加班的，应当按照国家有关规定向劳动者支付加班费。”

（6）劳动报酬。劳动合同中的劳动报酬，是指劳动者与用人单位确定劳动关系后，因提供了劳动而取得的报酬。《劳动合同法》第三十条第一款规定：“用人单位应当按照劳动合同约定和国家规定，向劳动者及时足额支付劳动报酬。”因此，劳动报酬是劳动合同中必不可少的内容。

（7）社会保险。社会保险是指政府通过立法强制实施，由劳动者、劳动者所在的工作单位或社区及国家三方面共同筹资，用于抵御劳动风险，帮助劳动者在遭遇变故，收入中断、减少和丧失时以保障其基本生活需求的社会保障制度。《中华人民共和国社会保险法》

第二条规定："国家建立基本养老保险、基本医疗保险、工伤保险、失业保险、生育保险等社会保险制度，保障公民在年老、疾病、工伤、失业、生育等情况下依法从国家和社会获得物质帮助的权利。"

（8）劳动保护、劳动条件和职业危害防护。在这方面可以约定各项劳动安全与卫生的措施、对女职工和未成年工的劳动保护措施与制度，以及用人单位为不同岗位劳动者提供的劳动、工作的必要条件等。

（9）法律、法规规定应当纳入劳动合同的其他事项。劳动合同除前款规定的必备条款外，用人单位与劳动者可以根据双方的实际情况协商约定一些随机性的条款作为补充。例如，约定试用期时长、培训时间及内容、遵守用人单位商业秘密的事项、补充保险和用人单位内部的一些福利待遇等其他事项。劳动行政部门印制的劳动合同样本，一般都将必备条款写得很具体，同时留出一定的空白地用于双方随机约定一些内容。

小贴士

社会保险

1. 什么是社会保险？我国建立了哪些社会保险制度

社会保险是指国家通过立法，按照权利与义务相对应原则，多渠道筹集资金，对参保者在遭遇年老、疾病、工伤、失业、生育等风险情况下提供物质帮助（包括现金补贴和服务），使其享有基本生活保障、免除或减少经济损失的制度安排。

《中华人民共和国社会保险法》第二条规定："国家建立基本养老保险、基本医疗保险、工伤保险、失业保险、生育保险等社会保险制度，保障公民在年老、疾病、工伤、失业、生育等情况下依法从国家和社会获得物质帮助的权利。"其中，基本养老保险制度包括职工基本养老保险制度、新型农村社会养老保险制度和城镇居民社会养老保险制度；基本医疗保险制度包括职工基本医疗保险制度、新型农村合作医疗制度和城镇居民基本医疗保险制度。近年来，国家启动建立统一的城乡居民基本医疗保险制度，逐步推动并实现新型农村合作医疗和城镇居民基本医疗保险并轨，目前全国已有多个地区实现了城乡居民基本医疗保险制度整合并做出了具体规划。

2. 用人单位应该履行哪些社会保险义务？享有哪些社会保险权利

（1）社会保险义务：一是申请办理社会保险登记的义务；二是申报和缴纳社会保险费的义务；三是代扣代缴职工社会保险费的义务；四是向职工告知缴纳社会保险费明细的义务。

（2）社会保险权利：一是有权免费查询、核对其缴费记录；二是有权要求社会保险经办机构提供社会保险咨询等相关服务；三是可以参加社会保险监督委员会，对社会保险工作提出咨询意见和建议，实施社会监督；四是对侵害自身权益和不依法办理社会保险事务的行为，有权依法申请行政复议或者提起行政诉讼。此外，还有权对违反社会保险法律、法规的行为进行举报、投诉。

3. 参加社会保险的个人享有哪些权利

高校毕业生依法缴纳社会保险费后，享有以下权利。

（1）有权依法享受社会保险待遇。

（2）有权监督本单位为其缴费情况。

（3）有权免费向社会保险经办机构查询、核对其缴费和享受社会保险待遇权益记录。

（4）有权要求社会保险经办机构提供社会保险咨询等相关服务。

（5）对侵害自身权益和不依法办理社会保险事务的行为，有权依法申请行政复议或者提起行政诉讼。

此外，还有权对违反社会保险法律、法规的行为进行举报、投诉。

（六）劳动合同的终止与解除

劳动合同的终止是指劳动合同期满或双方当事人约定的劳动合同终止条件出现，劳动合同即行终止，劳动合同关系自然失效，双方不再履行。劳动合同的终止强调客观因素，是劳动合同的正常终结。《劳动合同法》第四十四条规定："有下列情形之一的，劳动合同终止：（一）劳动合同期满的；（二）劳动者开始依法享受基本养老保险待遇的；（三）劳动者死亡，或者被人民法院宣告死亡或者宣告失踪的；（四）用人单位被依法宣告破产的；（五）用人单位被吊销营业执照、责令关闭、撤销或者用人单位决定提前解散的；（六）法律、行政法规规定的其他情形。"

劳动合同的解除，是在劳动合同的目的完全实现之前一方或双方当事人的意思表示，通常是一方或双方当事人依法做出的终结劳动关系，提前结束彼此之间的权利和义务关系的决定。劳动合同的解除，要么是协商一致解除，要么是单方解除，强调主观因素，是劳动关系的提前终结。

（七）劳动合同的试用期问题

签订劳动合同可以不约定试用期，也可以约定试用期，但试用期最长不得超过 6 个月。

《劳动合同法》第十九条规定："劳动合同期限三个月以上不满一年的，试用期不得超过一个月；劳动合同期限一年以上不满三年的，试用期不得超过二个月；三年以上固定期限和无固定期限的劳动合同，试用期不得超过六个月。同一用人单位与同一劳动者只能约定一次试用期。以完成一定工作任务为期限的劳动合同或者劳动合同期限不满三个月的，不得约定试用期。试用期包含在劳动合同期限内。劳动合同仅约定试用期的，试用期不成立，该期限为劳动合同期限。"

《劳动合同法》第七十条规定："非全日制用工双方当事人不得约定试用期。"

小贴士

要约和承诺[①]

1. 要约

当事人订立合同，可以采取要约、承诺方式或者其他方式。要约是希望与他人订立合同的意思表示，该意思表示应当符合下列条件：（1）内容具体确定；（2）表明经受要约

① 内容来源：根据《中华人民共和国民法典》整理。

人承诺，要约人即受该意思表示约束。

要约邀请是希望他人向自己发出要约的表示。拍卖公告、招标公告、招股说明书、债券募集办法、基金招募说明书、商业广告和宣传、寄送的价目表等为要约邀请。商业广告和宣传的内容符合要约条件的，构成要约。

要约可以撤销，但是有下列情形之一的除外：（1）要约人以确定承诺期限或者其他形式明示要约不可撤销；（2）受要约人有理由认为要约是不可撤销的，并已经为履行合同做了合理准备工作。

撤销要约的意思表示以对话方式作出的，该意思表示的内容应当在受要约人作出承诺之前为受要约人所知道；撤销要约的意思表示以非对话方式作出的，应当在受要约人作出承诺之前到达受要约人。

有下列情形之一的，要约失效：（1）要约被拒绝；（2）要约被依法撤销；（3）承诺期限届满，受要约人未作出承诺；（4）受要约人对要约的内容作出实质性变更。

2. 承诺

承诺是受要约人同意要约的意思表示。承诺应当以通知的方式作出；但是，根据交易习惯或者要约表明可以通过行为作出承诺的除外。

承诺应当在要约确定的期限内到达要约人。要约没有确定承诺期限的，承诺应当依照下列规定到达：（1）要约以对话方式作出的，应当即时作出承诺；（2）要约以非对话方式作出的，承诺应当在合理期限内到达。

要约以信件或者电报作出的，承诺期限自信件载明的日期或者电报交发之日开始计算。信件未载明日期的，自投寄该信件的邮戳日期开始计算。要约以电话、传真、电子邮件等快速通讯方式作出的，承诺期限自要约到达受要约人时开始计算。

受要约人超过承诺期限发出承诺，或者在承诺期限内发出承诺，按照通常情形不能及时到达要约人的，为新要约；但是，要约人及时通知受要约人该承诺有效的除外。受要约人在承诺期限内发出承诺，按照通常情形能够及时到达要约人，但是因其他原因致使承诺到达要约人时超过承诺期限的，除要约人及时通知受要约人因承诺超过期限不接受该承诺外，该承诺有效。

承诺的内容应当与要约的内容一致。受要约人对要约的内容作出实质性变更的，为新要约。有关合同标的、数量、质量、价款或者报酬、履行期限、履行地点和方式、违约责任和解决争议方法等的变更，是对要约内容的实质性变更。承诺对要约的内容作出非实质性变更的，除要约人及时表示反对或者要约表明承诺不得对要约的内容作出任何变更外，该承诺有效，合同的内容以承诺的内容为准。

六、就业协议书与劳动合同的区别

就业协议书与劳动合同的区别

小孙是信息管理专业的应届毕业生，毕业后入职某商贸公司从事会计工作。公司以与小孙签订了就业协议书为由，认为双方已经建立了劳动关系，就迟迟未与其签订劳动合同。小孙当时非常看好这家公司，一心想着尽快入职，便接受了公司的解释，未再就劳动合同问题提出异议。一年后，小孙与商贸公司因薪资待遇等问题发生争议，双方商议无果之后，小孙便提起诉讼。商贸公司以双方间无劳动合同为由，主张与小孙间并无劳动关系。虽然最终法院依据其他相关证据材料认定了小孙与商贸公司间的劳动关系并判决商贸公司向小孙支付工资，但双方间没有劳动合同文本的客观情况确实给小孙此前的维权行为带来了不小的障碍。

在此案例中，商贸公司将就业协议书视同于劳动合同，并以此为由未与小孙签订书面劳动合同，此行为有违法律规定。就业协议书是明确毕业生、用人单位、学校三方在毕业生就业过程中的权利和义务的书面文件。而劳动合同是用人单位与劳动者就工作岗位、工作待遇等权利和义务关系进行约定的书面文件。因此，在签订就业协议书的情况下，用人单位仍应依法与劳动者签署书面劳动合同。

那么，就业协议书和劳动合同有什么异同呢？就确定劳动关系这一点来说，就业协议书和劳动合同是相通的，就业协议书的实质就是预约合同，一经签订就具备法律效力，不论是毕业生还是用人单位都应按照约定履行。但二者又有本质上的区别。

1. 适用法律不同

就业协议书适用于国家有关毕业生就业分配的法律法规和其他相关政策规定，一经签订，各方应严格履行，否则按违约处理。劳动合同适用于《劳动法》《劳动合同法》《中华人民共和国劳动争议调解仲裁法》等法律。

2. 主体不同

就业协议书适用于毕业生与用人单位、学校三方，三方是平等的主体。劳动合同的主体双方则是劳动者和用人单位，用人单位和劳动者之间是管理与被管理的关系。

3. 内容不同

就业协议书是确定用人单位录用毕业生的书面协议，体现了双方选择的结果，是双方意愿的体现。就业协议书可规定毕业生的自身情况、就业意向，以及用人单位同意接收、学校同意派遣等。

劳动合同是劳动者与用人单位确立劳动关系、明确双方权利和义务的合同，内容涉及劳动报酬、劳动保护、工作内容等方方面面，更为具体，劳动权利和劳动义务更为明确。

4. 签订时间不同

一般来说，就业协议书签订在前，劳动合同订立在后。就业协议书是毕业生落实工作单位后签订的，签订于毕业生离校前。劳动合同是劳动者到用人单位报到后订立的。

5. 适用人员不同

就业协议书只适用于高校毕业生，是专指高校毕业生与用人单位签订的工作协议。

劳动合同适用于各类人员。凡是中华人民共和国公民，只要有劳动能力并符合法律规定的条件，经过双向选择，一经录用都可以与用人单位签订劳动合同。

6. 纠纷解决方式不同

若因就业协议书发生纠纷，任何一方均可向人民法院提起诉讼，不能提起劳动争议仲裁。

若因劳动合同发生纠纷，任何一方均可向当地的劳动争议仲裁委员会申请仲裁。当事人对仲裁裁决不服的，可向人民法院提起诉讼。仲裁是诉讼的前置程序，如果当事人就劳动争议直接向人民法院提起诉讼，则人民法院不予受理。

任务三　“相见时难别亦难”——合法维权

案例导入

多出来的违约金

2020年6月，小王入职某公司从事会计工作，双方签订了为期3年的劳动合同，还签订了一份《会计人员劳动合同补充协议》。该协议第八条约定：因涉及岗位的特殊性，若小王提前主动离职，则视为违反协议约定，须支付违约金20 000元。

工作至2021年8月，小王因故向公司提出辞职，公司在为其办理离职手续的时候，认为小王违反了《会计人员劳动合同补充协议》，要求其支付违约金20 000元，小王拒绝支付。双方经协商无果，由公司申请劳动争议仲裁，要求小王支付违约金。

仲裁庭庭审后认为，公司要求小王支付的所谓违约金，不在法律规定的范围，故对公司的仲裁请求不予支持。

案例分析

《劳动合同法》第二十五条规定：“除本法第二十二条和第二十三条规定的情形外，用人单位不得与劳动者约定由劳动者承担违约金。”即用人单位可以与劳动者约定由劳动者承担违约金，但只限于依法约定服务期和竞业限制，其中服务期又只限于用人单位提供专项培训费用、进行专业技术培训。除此之外，用人单位不能约定劳动者承担违约责任。在本案中，补充协议的违约金条款既不属于违反培训服务期协议，也不属于违反竞业限制协议，故约定无效。仲裁庭裁决，对公司要求不予支持。

在就业过程中，由于毕业生的社会经验不足、法律意识淡薄，常会发生侵权行为。这些侵权行为严重影响了毕业生的合法权益，也为今后的各种纠纷埋下了隐患。因此，在就业过程中，毕业生一方面要加强法律法规的学习，增强法律修养，另一方面要擦亮眼睛，学会鉴别各种侵权行为，当自己的权益受到侵害时，也要知晓维权途径。

一、毕业生的基本权利

毕业生的基本权利

毕业生作为就业过程中的重要主体，享有多方面的权利，根据《中华人民共和国宪法》《劳动法》《中华人民共和国高等教育法》等法律、法规和政策的规定，毕业生主要享有以下几个方面的基本权利。

（1）自主选择权。实行并轨招生后的普通高校应届毕业生（委培生、定向生除外），在国家就业方针的指导下实行“双向选择，自主择业”的就业政策。只要符合国家的就业方针，毕业生就可以自主选择用人单位，学校、其他单位和个人均不得干涉。

（2）被推荐权。毕业生享有被推荐权，包括：①如实推荐，即学校在对毕业生进行推荐时，应实事求是，根据毕业生本人的实际情况向用人单位进行介绍、推荐；②公正推荐，即学校对毕业生进行推荐应做到公平、公正，应给每一位毕业生就业推荐的机会；③择优推荐，即学校根据毕业生的在校表现，在公正、公开的基础上，还应择优推荐。

（3）获取信息权。毕业生享有获取信息权，应包括三个方面的含义。

① 毕业生有权向用人单位了解具体的岗位职能、工作环境、薪资待遇、发展前景等情况，从而做出符合自身条件的选择。

② 学校向毕业生提供的就业信息必须是及时有效的，就业信息应向全体毕业生公开，不得隐瞒。

③ 用人单位应如实向学校及毕业生介绍本单位情况，并提供相关证件。

（4）公平录用权。用人单位招录毕业生，应坚持公开、公平、公正的原则，凭关系、走后门及性别歧视等都是对毕业生公平录用权的侵犯。《劳动法》第十二条规定：“劳动者就业，不因民族、种族、性别、宗教信仰不同而受歧视。”

（5）违约求偿权。毕业生与用人单位签订协议后，任何一方不得擅自毁约。如果用人单位无故要求解约，则毕业生有权要求对方严格履行就业协议书，否则用人单位应对毕业生承担违约责任，支付违约金，毕业生有权要求用人单位对其进行补偿。

（6）接受就业指导权。毕业生有权从学校接受就业指导，学校应成立就业部门，安排专人对毕业生进行政策宣传、择业技巧、职业规划、心理辅导等方面的指导，引导毕业生根据社会需要和自身实际情况准确定位、合理择业。

除此之外，毕业生还享有平等就业权、劳动报酬权等基本权利。

常见的就业侵权行为

二、常见的就业侵权行为

（一）就业歧视

就业歧视是指用人单位没有法律依据，对未来的就业人员自行订立各种限制性条款，从而侵害了本该符合相关要求人员的平等就业权的一种现象。常见的就业歧视包括以下几项。

（1）学历歧视：主要体现为对学历、毕业院校的不合理要求。一些用人单位在招聘中往往把学历放在第一位，片面地追求高学历，或者出于某种原因而限制高学历人群，或者对毕业院校要求过高，这都损害了毕业生的平等就业权。

（2）年龄歧视：主要体现为对求职者年龄的明确限制，排斥某些年龄段的毕业生就业群体，导致部分优秀的毕业生无法找到心仪的工作，也造成了人才的流失。

（3）性别歧视：一些用人单位在招聘中明确提出“只招男生”“男生优先”的条件，或者在招聘中提高对同一岗位女生在学历、技能等方面的要求，变相对女生设置就业障碍。

（4）生理歧视：主要体现为对求职者的身高、相貌等方面要求过于严格。同等条件下，一些用人单位往往愿意选择相貌较好的求职者，而不是从工作的实际出发。

（5）户籍歧视：一些用人单位不仅对地域有要求，还对户籍性质有要求。这种不重视能力而以区域划分求职者的歧视，成为当前求职中较为严重的问题。

（6）健康歧视：主要体现为歧视某些病毒的携带人群或歧视残疾求职者。这种歧视不但违反了就业政策，也违反了国家法律的相关规定。

（7）经验歧视：一些用人单位经常对求职者提出工作经验的要求，这就造成一部分应届毕业生因为缺乏工作经验而成为经验歧视的受害者。

（二）合同瑕疵

（1）口头合同：一些用人单位利用毕业生没有就业经验的劣势，不与其订立书面劳动合同，口头承诺优厚的待遇，等毕业生入职后发现承诺无法兑现，想维权也没有依据。

（2）格式合同：一些用人单位考虑到毕业生急于工作的心理，在合同中暗含陷阱条款，让毕业生签下对自己不利的劳动合同。

（3）空白合同：一些用人单位在签订劳动合同时对关键条款留空，要求毕业生先签名确认，后任意改变曾经口头约定的内容。

（4）就业协议型合同：一些用人单位利用毕业生手中的就业协议书，让毕业生误以为签订了就业协议书就等于签订了劳动合同，以此逃避劳动合同中的责任。

（5）违约金合同：一些用人单位在合同中规定过高的保证金、违约金等，无形中对毕业生形成了一种限制，约束了毕业生离职的权利。

（6）收费型合同：一些用人单位利用优厚的待遇吸引毕业生，骗取毕业生所谓的押金、培训费等。一些毕业生被待遇条件所吸引，选择交纳一定数额的费用，最终落入骗局。

小贴士

七类合同要慎签

慎签简单合同：这类合同没有细节条文约束，看似没有什么问题，一旦遭遇解除劳动合同等情况，则劳动者的合法权益往往得不到充分的保障。

慎签生死合同：防止用人单位在发生安全生产事故后，逃避应该承担的赔偿责任，特别是在建筑、化工、采矿等高危行业，求职毕业生一定不可以抱有侥幸心理，不认真阅读合同条款。即使签订了此类合同，只要是工作原因造成的工伤，劳动者仍然可以申请工伤认定。

慎签暗箱合同：这类合同往往不向劳动者讲明合同的内容，只规定用人单位的权利和劳动者的义务，很少或不规定用人单位的义务和劳动者的权利，是一种故意隐瞒劳动合同内容的做法，签订时要仔细查看。

慎签阴阳合同：有的用人单位为了应付检查，以可以少缴税款为由，同时准备了一份低薪的假合同和另一份高薪的真合同。而当发生劳动纠纷时，如果牵涉到经济补偿或赔偿金的数额，则很有可能按照低薪的假合同来计算。

慎签抵押合同：《劳动合同法》第九条明确规定，“用人单位招用劳动者，不得扣押劳动者的居民身份证和其他证件，不得要求劳动者提供担保或者以其他名义向劳动者收取财物。”

慎签霸王合同：这类合同往往只从用人单位的角度出发，迫使劳动者在违背真实意愿的情况下签订合同，使劳动者处于被动地位。例如，要求入职非涉密岗位的劳动者，几年内不可跳槽至同行业公司工作，女职工在合同期内不得结婚生子，劳动者在试用期离职则不结算工资，劳动者要无条件服从加班安排等。这些内容于法无据，毕业生要慎重对待。

慎签口头合同：口头合同也叫口头协议，是指双方当事人以谈话、电话等口头形式对合同内容达成一致意见，无任何书面或其他有形载体来表现合同内容。一旦发生纠纷则举证困难，维权也很不容易。

（三）人身权利和财产权利侵犯

用人单位不能按照合同的规定支付毕业生劳动报酬，或者找各种借口要求其加班，却拒付加班费，这都侵害了毕业生的劳动报酬权。而用人单位在与毕业生沟通时拒绝回答毕业生提出的关于工资岗位、薪资待遇等方面的问题，侵害了毕业生的知情权，更有甚者在面试时提出各种冒犯性问题，侵犯了毕业生的隐私权。

三、违约责任与劳动争议

违约责任与劳动争议

在现实生活中，毕业生与用人单位签订就业协议书后，任何一方违反协议约定都要承担违约责任。此外，毕业生在签订劳动合同时不认真阅读，工作后对一些条款有异议，也会与用人单位产生劳动争议。

（一）违约责任

违约责任是指当事人不履行合同义务或履行合同义务不符合约定而依法应当承担的民事责任，是合同责任中一种重要的形式。《中华人民共和国民法典》第五百七十七条规定：“当事人一方不履行合同义务或者履行合同义务不符合约定的，应当承担继续履行、采取补救措施或者赔偿损失等违约责任。”

违约方承担责任的主要形式有以下五种。

（1）继续履行。继续履行也称强制实际履行，是指违约方根据对方当事人的请求继续履行合同义务的违约责任形式。继续履行是一种独立的违约责任形式，构成要件主要包括：存在违约行为；须有守约方请求违约方继续履行合同义务的行为；须违约方能够继续履行合同义务。

（2）采取补救措施。采取补救措施作为一种独立的违约责任形式，主要用于矫正合同的不适当履行，使履行缺陷得以消除。在实际操作中，应在确定当事人一方确有违约责任的情况下，以标的物的性质和损失为依据，采取合理的方式进行补救。

（3）违约金。当事人可以约定一方违约时，根据违约情况向对方支付一定数额的违约金，也可以约定因违约产生的损失赔偿金额的计算方法。

（4）赔偿损失。当事人不履行合同义务或履行合同义务不符合约定，给对方造成损失的，损失赔偿金额应当相当于因违约所造成的损失，但不得超过订立合同时预见到或应当预见到的因违反合同而可能造成的损失。

（5）定金责任。当事人可以依照《中华人民共和国民法典》，约定一方向对方给付定金作为债权的担保。债务履行后，定金可抵作价款或收回。给付定金的一方不履行约定的债务的，无权要求返还定金；收受定金的一方不履行约定的债务的，应当双倍返还定金。

合同双方当事人应根据实际情况，选择以上一种或多种作为合同违约时承担责任的形式，以促使合同双方尽力履行自己的义务。

（二）劳动争议

劳动争议是指劳动关系的当事人之间因执行劳动法律法规和履行劳动合同而发生的纠纷，即劳动者与所在单位之间因劳动关系中的权利和义务而发生的纠纷。

劳动争议的处理方式主要有以下四种。

1. 协商（和解）

劳动者与用人单位发生劳动争议后，针对特定的双方，采取私下沟通的方式解决劳动争议，有利于促进问题的快速解决。但是，协商的前提是自愿，任何人不能强迫双方进行协商。协商达成一致，应当签订书面和解协议。和解协议对双方当事人具有约束力，当事人应当履行。

2. 调解

调解是指劳动争议的一方当事人针对已经发生的劳动争议向劳动争议调解委员会申请调解。劳动争议调解委员会由劳动者代表、单位代表和工会代表组成。调解程序由当事人自愿申请，发生劳动争议后，当事人没有提出调解申请，劳动争议调解委员会可以在征得双方当事人同意后主动调解。

调解协议由双方当事人签名或盖章，经调解员签名并加盖劳动争议调解委员会印章后生效。生效的调解协议对双方当事人具有约束力，当事人应当履行。

3. 仲裁

劳动争议仲裁委员会是劳动争议的法定前置程序受理和处理机构。

（1）仲裁时效：一年，从当事人知道或者应当知道其权利被侵害之日起计算。

（2）举证责任倒置：证据由用人单位掌握的，由用人单位举证，否则用人单位承担不利后果。

（3）集体劳动争议：劳动者一方在十人以上的劳动争议，或者因履行集体合同发生的劳动争议，劳动争议仲裁委员会可优先立案、优先审理。劳动争议仲裁委员会处理因履行集体合同发生的劳动争议，应当按照三方原则组成仲裁庭处理。发生劳动争议的劳动者一方在十人以上，并有共同请求的，可以推举代表参加调解、仲裁或诉讼活动。

（4）仲裁调解达成协议的，仲裁庭应当制作调解书，加盖劳动争议仲裁委员会印章，送达双方当事人。调解书经双方当事人签收后，发生法律效力。

4. 诉讼

劳动争议仲裁委员会给出的同一仲裁裁决同时包含终局裁决事项和非终局裁决事项，当事人不服该仲裁裁决向人民法院提起诉讼的，应当按照非终局裁决处理。

综上所述，毕业生在与用人单位发生劳动争议时，可以通过协商解决。当事人不愿协商或协商不成的，可以向调解组织申请调解；不愿调解、调解不成或达成调解协议后不履行的，可以向劳动争议仲裁委员会申请仲裁；对仲裁裁决不服的，除法律另有规定的情况外，可以向人民法院提起诉讼。

小贴士

仲裁①

仲裁是指由双方当事人协议将争议提交（具有公认地位的）第三者，由该第三者对争议的是非曲直进行评判并给出裁决的一种解决争议的方法。

1. 适用范围

《中华人民共和国仲裁法》第二条规定："平等主体的公民、法人和其他组织之间发生的合同纠纷和其他财产权益纠纷，可以仲裁。"这里明确了三条原则：一是发生纠纷的双方当事人必须是民事主体，包括国内外法人、自然人和其他合法的具有独立主体资格的组织；二是仲裁的争议事项应当是当事人有权处分的；三是仲裁范围必须是合同纠纷和其他财产权益纠纷。

2. 劳动争议仲裁委员会

劳动争议仲裁委员会由劳动行政部门代表、工会代表和企业方面代表组成。劳动争议仲裁委员会组成人员应当是单数。

劳动争议仲裁委员会依法履行下列职责：

（1）聘任、解聘专职或者兼职仲裁员；

（2）受理劳动争议案件；

（3）讨论重大或者疑难的劳动争议案件；

（4）对仲裁活动进行监督。

劳动争议仲裁委员会下设办事机构，负责办理劳动争议仲裁委员会的日常工作。

劳动争议仲裁委员会应当设仲裁员名册。仲裁员应当公道正派并符合下列条件之一：

（1）曾任审判员的；

（2）从事法律研究、教学工作并具有中级以上职称的；

（3）具有法律知识、从事人力资源管理或者工会等专业工作满五年的；

（4）律师执业满三年的。

3. 仲裁程序

1）申请和受理

劳动争议申请仲裁的时效期间为一年。仲裁时效期间从当事人知道或者应当知道其权利被侵害之日起计算。

申请人申请仲裁应当提交书面仲裁申请，并按照被申请人人数提交副本。仲裁申请书应当载明下列事项：①劳动者的姓名、性别、年龄、职业、工作单位和住所，用人单位的名称、住所和法定代表人或者主要负责人的姓名、职务；②仲裁请求和所根据的事实、理由；③证据和证据来源、证人姓名和住所。书写仲裁申请确有困难的，可以口头申请，由

① 内容来源：根据《中华人民共和国劳动争议调解仲裁法》整理。

劳动争议仲裁委员会记入笔录，并告知对方当事人。

劳动争议仲裁委员会收到仲裁申请之日起五日内，认为符合受理条件的，应当受理，并通知申请人；认为不符合受理条件的，应当书面通知申请人不予受理，并说明理由。对劳动争议仲裁委员会不予受理或者逾期未作出决定的，申请人可以就该劳动争议事项向人民法院提起诉讼。

劳动争议仲裁委员会受理仲裁申请后，应当在五日内将仲裁申请书副本送达被申请人。被申请人收到仲裁申请书副本后，应当在十日内向劳动争议仲裁委员会提交答辩书。劳动争议仲裁委员会收到答辩书后，应当在五日内将答辩书副本送达申请人。被申请人未提交答辩书的，不影响仲裁程序的进行。

2）开庭和裁决

劳动争议仲裁委员会裁决劳动争议案件实行仲裁庭制。仲裁庭由三名仲裁员组成，设首席仲裁员。简单劳动争议案件可以由一名仲裁员独任仲裁。

劳动争议仲裁委员会应当在受理仲裁申请之日起五日内将仲裁庭的组成情况书面通知当事人。

仲裁员有下列情形之一，应当回避，当事人也有权以口头或者书面方式提出回避申请：①是本案当事人或者当事人、代理人的近亲属的；②与本案有利害关系的；③与本案当事人、代理人有其他关系，可能影响公正裁决的；④私自会见当事人、代理人，或者接受当事人、代理人的请客送礼的。劳动争议仲裁委员会对回避申请应当及时作出决定，并以口头或者书面方式通知当事人。

仲裁庭应当在开庭五日前，将开庭日期、地点书面通知双方当事人。当事人有正当理由的，可以在开庭三日前请求延期开庭。是否延期，由劳动争议仲裁委员会决定。

申请人收到书面通知，无正当理由拒不到庭或者未经仲裁庭同意中途退庭的，可以视为撤回仲裁申请。被申请人收到书面通知，无正当理由拒不到庭或者未经仲裁庭同意中途退庭的，可以缺席裁决。

当事人申请劳动争议仲裁后，可以自行和解。达成和解协议的，可以撤回仲裁申请。

仲裁庭在作出裁决前，应当先行调解。调解达成协议的，仲裁庭应当制作调解书。调解书应当写明仲裁请求和当事人协议的结果。调解书由仲裁员签名，加盖劳动争议仲裁委员会印章，送达双方当事人。调解书经双方当事人签收后，发生法律效力。调解不成或者调解书送达前，一方当事人反悔的，仲裁庭应当及时作出裁决。

仲裁庭裁决劳动争议案件，应当自劳动争议仲裁委员会受理仲裁申请之日起四十五日内结束。案情复杂需要延期的，经劳动争议仲裁委员会主任批准，可以延期并书面通知当事人，但是延长期限不得超过十五日。逾期未作出仲裁裁决的，当事人可以就该劳动争议事项向人民法院提起诉讼。仲裁庭裁决劳动争议案件时，其中一部分事实已经清楚，可以就该部分先行裁决。

四、就业权益保护“五意识”

动画　微课

在就业形势严峻的当下，由于缺乏经验，加之就业意愿迫切，毕业生就业侵权事件时有发生，如在初入职场时经常会被要求交纳培训费、体检费、工装费等各种费用，上交身份证、毕业证等各种证件。毕业生往往意识不到里面的问题，等到权益受到侵害时，又苦于没有证据，大多会选择忍气吞声。其实，在进入职场之前，毕业生就应该有倾向性地增强意识，有效地做到就业权益的自我保护，正所谓“行动之上，意识先行”，必须牢固树立以下五种意识。

1. 法律意识

毕业生要树立法律意识，首先要懂法守法，系统地了解《劳动法》《劳动合同法》等与就业相关的法律法规和政策制度，了解企业用工的相关规定，并且在学习的过程中逐步形成一种从法律的角度进行思考的意识，进而能在这种意识的指导下，真正做到懂得法律、遵守法律、使用法律。

其次，有了法律意识，还要有法律思维。毕业生在求职过程中，要学会用法律思维来思考问题，碰到问题切莫慌张，想一想涉及的相关法律法规是怎样规定的、什么样的情况是违法的、什么样的情况是法律允许的、自己应该怎样去解决。只有有了这种思维和意识，毕业生才能意识到自身行为的性质及法律后果，才能最大限度地进行自我保护，保护自身权益。

2. 契约意识

由于我国就业体制的特殊性，就业协议书在明确用人单位和毕业生权利及义务等方面扮演着重要的角色，因此契约意识的作用在毕业生就业过程中显得更加突出。

契约意识在毕业生就业过程中的作用主要体现在两个方面：一是要求毕业生充分重视和深刻理解就业协议书的重要性，要有通过就业协议书来保护自身合法权益的意识；二是就业协议书一旦签订就具有法律效力，必须具有严格遵守、履行就业协议书内容的意识。

3. 维权意识

在碰到问题时学会运用法律武器来积极主张自身权利，是毕业生走出权益自我保护的实质性一步。毕业生要养成强烈的维权意识，不违法、不畏法，学会运用各种途径来保护自身的就业权益，如由学校出面调解，向劳动监察部门申诉、举报，向劳动争议仲裁委员会申请仲裁，向人民法院提起诉讼等。只有这样，毕业生在维权过程中才有资格与用人单位进行平等的对话，才能据理力争，切实保护自身合法权益。

4. 证据意识

牢固树立证据意识，要求毕业生在就业过程中应“多留一个心眼”，因为法律是用证据说话的，只有证据充足才能在维权过程中立于不败之地。

证据意识的培养主要体现在三个方面。一是收集证据的意识。毕业生在就业时要有意识地要求对方出示或提供相关资料，来佐证一定的事实，如要求用人单位出示营业执照、要求对方出示表明身份的证件等。二是保存证据的意识。毕业生要注意保存现有的证据，以便将来在仲裁或诉讼时支持自己的观点，如要注意保存用人单位在招聘时的海报，与用人单位往来的传真、邮件等。三是运用证据的意识。毕业生要有用证据证明案件事实的意识，知道什么样的事实需要什么样的证据证明，知道一定事实的举证责任是在对方还是在己方，等等。

5. 诚信意识

作为会计专业的毕业生，诚实守信是最基本的要求，这不仅体现在专业素养上，而且体现在工作和生活的各个方面。近年来，毕业生在就业过程中的失信现象时有发生，如简历造假、频繁违约等，已经严重影响了毕业生的就业形象。

诚信意识的培养主要体现在两个方面。一是毕业生在求职过程中必须如实向用人单位介绍自己的情况，要实事求是。如果毕业生故意隐瞒自身情况、欺骗用人单位，则很有可能导致就业协议书无效，并要承担相应的过失责任。二是要能够意识到用人单位是否诚信，如用人单位介绍的情况是否真实、其招聘的真实目的是什么，等等。然而，一些毕业生在这方面做得还不够，主要是因为严峻的就业形势使毕业生不敢向用人单位问太多的问题、提更多的要求。许多初入职场的毕业生缺乏经验，认为用人单位说的话都是对的，用人单位要求的就应该去做，不知不觉中自己的权益已经遭受侵害。因此，毕业生必须强化自己的诚信意识，特别是锻炼识别用人单位的能力，以保护自身合法权益。

拓展案例

诚信小故事

诚信作为公民的第二个“身份证”，是人际交往的基础。下面为大家整理了关于诚信的经典故事。

1. 季札挂剑

季札第一次出使去拜访北方的徐国君主。徐君非常喜欢季札身上所佩的宝剑，但没有说出来。季札心里知道徐君很喜欢他的佩剑，但考虑到自己还要出使别国，就没有送给他。等季札再回到徐国的时候，得知徐君已经死了，于是他解下宝剑，把它挂在徐君墓前的树上。他的随从说：“徐君已经死了，您为什么还要将剑送给他？”季札说：“不是这样的，我当初心里已经要把这把剑送给他了，怎么能因为徐君死了而违背自己的诺言呢？”

2. 立木建信

法令已经准备完备，还没有公布，商鞅担心民众不相信自己，于是就在国都集市的南门前竖了一根三丈高的木头，告诉民众只要能把它搬到北门就给他十金。民众都认为这个想法很奇怪，没有一个敢去搬。商鞅又说：“能搬的人给他五十金。”这时，有一个人站了出来将木头搬到了北门，商鞅依言给了他五十金。

诚信为本

3. 济阴之贾人

济阴有一个商人，在渡河时船沉了，只能停留在水中的浮草上求救。这时，有一个渔夫划着船去救他，还没有靠近，商人就急忙喊叫道：“我是济阴的大富翁，如果你能将我救起，我会给你百金！”渔夫用船将他从水里救上岸后，商人却只给了他十金。渔夫说道：“当初你答应给我百金，可我把你救上来后只给了我十金，恐怕不可以吧！”商人勃然大怒道：“你一个捕鱼的人，一天的收入能有多少？突然间得到十金难道还不满足吗？”渔夫失望地走了。后来有一天，商人乘船顺湖而下，船触到石头沉没了，他再一次落水，正好原先救过他的那个渔夫也在那里。有人问渔夫：“你为什么不去救他呢？”渔夫说：“他就是那个答应给我百金而没有给我的人。”最终，渔夫并没有救起那个商人。

项目小结——敲黑板，画重点

了解形势：

毕业生就业难的主要原因、毕业生就业相关政策（鼓励引导高校毕业生面向城乡基层、中西部地区、东北地区、艰苦边远地区以及革命老区、民族地区、贫困地区就业；鼓励企业特别是中小微企业吸纳高校毕业生就业；鼓励大学生应征入伍，报效祖国；鼓励支持高校毕业生自主创业，稳定灵活就业；为高校毕业生提供就业指导、就业服务和就业援助）

合理规划：

毕业生就业流程：就业前准备阶段（前一年9—12月）、双向选择阶段（次年2—5月）、毕业前准备阶段（5—6月）、派遣报到阶段（6—7月）、就业调整阶段（毕业两年内）。

就业协议书的签订与解除步骤、毕业生档案的去向及重要性、人事代理、劳动合同（内容、终止与解除）。

就业协议书与劳动合同的区别：适用法律不同、主体不同、内容不同、签订时间不同、适用人员不同、纠纷解决方式不同。

合法维权：

常见的就业侵权行为：就业歧视、合同瑕疵、人身权利和财产权利侵犯。

就业权益保护“五意识”：法律意识、契约意识、维权意识、证据意识、诚信意识。

课后测试题——闯关测试验所学

前三道测试题的具体内容见二维码。

在线测试

四、综合训练

（1）结合当前毕业生的就业形势及出现的就业难问题，阐述毕业生应该如何树立正确的就业观。

（2）结合所学知识，讨论毕业生应该如何提升自身的就业能力。

（3）“儒有不宝金玉，而忠信以为宝”，出自《礼记·儒行》，意思是在儒者的心目中，金玉不能算作宝贝，真正的宝贝应该是忠信。诚信作为立身之本，体现了一个人良好的素养和能力。请结合所学所感和自身生活实际，谈一下你对这句话的理解。

主要参考文献

[1] 李君霞，谢小明，王义友．新编大学生职业规划与就业指导 [M]．上海：上海交通大学出版社，2018．

[2] 新道．先天特质沙盘 [DB/OL]．[2022-02-06]．https://www.seentao.com/service/fuwu_xiantian.html．

[3] 贾宁．财务思维课 [DB/OL]．[2022-03-17]．https://www.dedao.cn/course/detail?id=9LnlWEqDj76VzmMsodKmOA4epMBPxa．

[4] 宗敏，夏翠翠．大学生职业生涯规划 [M]．北京：人民邮电出版社，2019．

[5] 袁国辉．企业财务风险规避指南 [M]．北京：人民邮电出版社，2018．

[6] 古典．超级个体 [DB/OL]．[2022-02-24]．https://www.dedao.cn/course/detail?id=9LnlWEqDj76VzmMsvNKmOA4epMBPxa．

[7] 卢子慧．13 节目标管理课 [DB/OL]．[2022-04-15]．https://www.icourse163.org/columns/1207549208.htm?from=searchPage&outVendor=zw_mooc_pcssjg_．

[8] 樊旭敏．职业生涯规划 [M]．北京：中国财政经济出版社，2015．

[9] 赵文平．大学生职业生涯规划与发展 [M]．北京：中国人民大学出版社，2019．

[10] 平淮．会计出纳做账纳税财务分析岗位实战 [M]．3 版．北京：人民邮电出版社，2019．

[11] 聂瑞芳．财务大数据分析 [M]．北京：人民邮电出版社，2022．

[12] 吴晋慧．求职突围 [M]．北京：台海出版社，2018．

[13] 肖晓．职场礼仪——职场生存与发展的智慧 [M]．北京：经济管理出版社，2014．

[14] 宫宇．这样求职就对了 [M]．北京：时代文华书局，2020．

[15] 李靖．面试官不会告诉你的那些面试技巧 [M]．天津：天津人民出版社，2018．

[16] 王德炎．大学生就业指导案例 [M]．成都：西南交通大学出版社，2010．

[17] 金新．大学生就业与创业指导 [M]．北京：中国轻工业出版社，2019．

[18] 吴新中．大学生就业实用教程 [M]．北京：人民交通出版社股份有限公司，2018．